小学館文庫

逆説の日本史㉓明治揺籃編

井沢元彦

小学館

逆説の日本史　23明治揺籃編〔目次〕

近現代史を考察するための序論

第一章／近現代史を歪める人々——日本を蝕み続ける「バカトップ」問題　9

歴史学者の良心とは何か？　近現代史における「事実捏造」／朝日新聞編集幹部による「日本新聞史上最低最悪の記事」とは？／「世論を自分たちの望む方向に導くことこそ正義」という鼻持ちならないエリート意識／自らの誤りを反省も謝罪もしないエセジャーナリストの正体／全マスコミがまんまとダマされた「北朝鮮は天国」という大嘘／「北朝鮮による日本人拉致などあり得ない」という情報工作に加担したマスコミの罪／「日本人」に生まれたのは「罪」なのか？　筑紫哲也の驚くべき恥知らずな発言／「開き直り」と「問題の矮小化」——懲りない『朝日新聞』のごまかしの手口／旧帝国陸軍と朝日新聞社の不気味なほどの共通点／昭和史最大の研究課題「バカトップ」問題について考える／「身につけるべき基本的常識の欠如」こそ日本文化の構造的問題／予断と偏見に満ち相手を見下す「傲慢の権化」／常識に欠け、きわめて傲慢——旧陸軍と朝日の酷似した特徴／信長軍は帝国陸軍に勝利する——そう言い切れる理由とは？／「安倍政権の時代になって言論の自由は変わった」は本当か？／異を唱えれば人間の屑扱いされた「非武装中立」という机上の空論／「遵守すればするほど国民を守れない」日本国憲法は改正すべし／護憲派が陥った、日本史における「リングワンダリング現象」とは？／神代以来の「ケガレ忌避信仰」が復活した「憲法九条死守」という主張／朝鮮学校で使われている「歴史教科書」の内容を知っていますか？／きわめつきのお人好し集団「愚かな日本通りの人々」／「お涙頂戴作戦」に何度も引っかかる「間抜け国家」ニッポン／日本のホテルで水を出しっぱなしにした中国人「愛国者」へ／「親日派」――それは韓国人にとって「大悪人」を意味する／歴代韓国大統領が性懲りも無く不正を繰り返すあきらかな「原因」／朱子学がもたらすもう一つの「猛毒」歴史歪曲作用／愚かで滑稽な人物が〝主筆〟になってしまう朝日新聞社に人材はいないのか？／韓国人が自然科学分野で誰一人ノーベル賞を獲れないのはなぜか？／「亡国の哲学」朱子学がもたらす「ウリジナル」という毒酒／日本からパクったキャラを愛国的ＣＭに登場させる盗作国家・韓国

大日本帝国の構築Ⅰ

第二章／琉球処分と初期日本外交――朱子学という亡国の「毒酒」 235

言語、文化、宗教――琉球人のアイデンティティは日本に近い／家康が琉球を「王国」のまま存続させた深慮遠謀とは？／「琉球王国」カードを有効に使った薩摩藩の経済的センス／「貿易の道具」であったがゆえに守られた琉球独自の文化／北海道開拓、シベリア開発を百年以上遅らせた朱子学という「毒酒」／「朱子学中毒は不治の病」と確信させた絶好の「教材」／勝海舟が抱いた「日本、中国、朝鮮の三国同盟」という理想／「野蛮人が支配する日本などやがて滅びる」という朝鮮人の思い込み／愛国者を極悪人呼ばわりする朝鮮国に絶望した福澤諭吉／『脱亜論』が正確に予測した、中国・朝鮮の「亡国」への道

大日本帝国の構築Ⅱ

第三章／廃仏毀釈と宗教の整備――「平和ボケ」ニッポンを「内教」で立て直す　313

欧米列強に負けないための「神道＋朱子学」という新宗教／世界宗教史上でも類を見ない「民族宗教と世界宗教の対等合併」／「日本の神々こそ最高の存在」と説く「反本地垂迹説」理論／神道信者の保科正之が仏教を弾圧したのはなぜか？／朱子学の独善性排他性に影響され猖獗をきわめた「廃仏毀釈運動」／鹿児島県にはなぜ国宝、重要文化財クラスの仏像や寺院が皆無なのか？／古都奈良にも吹き荒れた「廃仏毀釈」の嵐／興福寺五重塔さえスクラップにして売り払おうとした狂気／明治天皇の伊勢神宮参拝で〝格下げ〟された全国神社の総元締め／「仏教を滅亡に導く陰謀」と受け止められた「肉食妻帯解禁」／「僧侶

の妻帯、寺院の世襲相続は一般的だった」という歴史的事実／仏教を捨て神道に転じた鴻雪爪が「僧侶の妻帯解禁」を進めた真意／「日本仏教のプロテスタント化」を完成させた田中智学の「僧侶肉妻論」／信長、秀吉、家康が成し遂げた「武教の完全分離」という大偉業／仏教は「殺人」を肯定しなかったから滅びた？／国民全体が抱いていた「清国は東洋の主役の座から降りるべき」という思い／「大日本帝国には『国家神道』という言葉は存在しなかった」という事実／戦後の「ゆりかえし」に毒された人々による洗脳にダマされるな／明治、大正期の初等教科書には一切記載が無い「現人神」なる単語／伝統的キリスト教式結婚式の実体は「ドライでロジカル」である／「ウエットでイロジカル」な日本人が繰り返す欧米ではあり得ないミス／差別を放置し民主主義の根本原則を踏みにじる「護憲派」弁護士たち／「平和主義のためには犠牲者が出てもやむを得ない」という押しつけ／戦争撲滅の「平和ボケ国家」から「戦う国家」へ／「神道派」薩摩と「仏教派」長州の激しい対立／「敵」であるキリスト教を研究し「親近感」すら抱いた僧・島地黙雷／「真宗こそ日本の宗教界の頂点に立つべき宗教である」という深意／日本文化の根幹にかかわる大事件「洞村強制移転」の歪められた「横暴」

第一章 近現代史を歪める人々

近現代史を考察するための序論

日本を蝕み続ける「バカトップ」問題

■歴史学者の良心とは何か？　近現代史における「事実捏造」

この『逆説の日本史』においては近現代史の始まりを、一八七八年（明治11）の大久保《おおくぼ》利通《としみち》が暗殺された時点ととらえている。その理由は、一八六八年の明治維新において確かに幕府政治は終わりを告げ新たな政治がスタートしたが、それに対する不満や抵抗も多く一八七七年（明治10）には最大の抵抗とも言える西南戦争が起こったからである。つまりこのあたりまではまだ新しい国家をどのような方向で構築し運営するかという点について、大きな対立があったということになる。しかしその反乱も鎮圧され、鎮圧した側のリーダーとも言える大久保利通が暗殺されることによって、幕末という時代を生み出したリーダーたちは退場し、ニューリーダーによる歴史が始まったと考え、それを近現代史のスタートとみなすというわけだ。

もちろん歴史には連続性がある。この後もしばらく勝海舟《かつかいしゅう》や岩倉具視《いわくらともみ》といった「古兵」は生存していたし、逆にニューリーダーとなった伊藤博文《いとうひろぶみ》、大隈重信《おおくましげのぶ》、板垣退助《いたがきたいすけ》といった人々も幕末という時代と無縁だったわけでは無い。しかしあきらかに維新の三傑と呼ばれた西郷隆盛《さいごうたかもり》、大久保利通、木戸孝允《きどたかよし》（桂小五郎《かつらこごろう》）、あるいは若くして死んだ高杉晋作《たかすぎしんさく》、坂《さか》本龍馬《もとりょうま》らに比べれば、年齢よりも経験において「後輩」である。従って、近現代史のスタートは伊藤らニューリーダーがいかにして大日本帝国の構築を進めていったか、というところから始まる。

さっそく、その考察分析に入りたいところなのだが、じつは日本においてとくに近現代史を研究する場合、必ずクリアしなければならない大きな問題があると私は考えている。そしてもう一つ重要なことは、この大きな問題に対しては、当然ながら日本歴史学界が対処すべきであるのに、私の偏見かもしれないが、どうも適切に対処しているとは思えないという事実がある。と言っても抽象的でわかりにくいだろうから、具体的な実例を挙げよう。

藤原彰《ふじわらあきら》という人物（故人）の業績に対する評価である。この人物のことをインターネットで検索すると、たとえば次のように経歴が紹介されている。

藤原彰（ふじわら　あきら、１９２２年7月2日-２００３年2月26日）は、日本の歴史学者。日本近代史専攻。一橋大学名誉教授。１９８０年日本学術会議会員。元歴史学研究会委員長。

（フリー百科事典「ウィキペディア（Wikipedia）日本版」２０１７年10月現在の表記）

要するにこの人は歴史学界の重鎮で、近代史の権威とされているのである、しかし率直に言って私は、この藤原彰を歴史学者とは認めない。

理由は簡単で歴史学者とは、偏見を持たず個人の思想信条に左右されずに、あくまで真実の追究を行なうべき職業であるにもかかわらず、この人物はその職業倫理を守っていたとは到底思えないからである。

かつて朝鮮戦争という戦争があった（正確には現在も休戦中で終結はしていない）。この戦争の発端について一般向けの『現代用語の基礎知識２０１７』（自由国民社刊）には、「１９５０年6月25日未明、北朝鮮軍の全面的な南侵によって開始された」と記述されている。また日本歴史学界の通説的見解が一覧できる『国史大辞典』（吉川弘文館刊）では、もう少し詳しく「朝鮮戦争の直接的な原因は一九五〇年六月二十五日に開始された北緯三八度線を越えての朝鮮民主主義人民共和国（北朝鮮）軍の全面的な武力南侵に求められる。北朝鮮軍の攻撃は午前四時に西海岸の甕津《オンジン》半島で開始され、順次東に向けて拡大されていった。（中略）大韓民国（韓国）の首都ソウルが陥落したのは六月二十八日の正午過ぎのことであった。北朝鮮軍の攻撃は航空機と戦車を先頭にした本格的な作戦であり、『計画的に調整され、極秘のうちに準備された』（国際連合朝鮮委員会六月二十六日の報告）ものであった。また、それがソ連による事前の承認と援助なしには不可能なものであることも明白であった。開戦はモスクワ・平壌の共同決定であったとみてほぼ間違いない」と解説している。つまり朝鮮戦争は、北朝鮮の韓国に対する奇襲攻撃で始まったのである。ところが近代史の権威藤原彰は共著の著書『昭和史』（岩波書店）の中で、「北朝鮮軍が攻撃してきたという理由で、韓国軍は三八度線をこえ進撃を開始した」と述べていた。つまり韓国のほうが先に仕掛けた戦争であると断定したのである。共著であるからこの文章自体を書いたのは藤原では無いかもしれないが、藤原が異なる見解を持っていたなら、論文や自著で何度でも訂正する機会はあったのに、彼は一度もそれをしなかった。つまり学者として「朝鮮戦争は韓国軍の奇襲によって始まった」という主張を生涯崩すことは無かったのである。

世の中には基本的な軍事常識というものがある。たとえばこの朝鮮戦争において、韓国軍の奇襲によって戦争が始まったということはあり得ない。なぜなら奇襲攻撃とは相手の不意を衝くわけだから、仕掛けたほうの優位はしばらく続くものであるからだ。仕掛けられたほうは挽回するのに相当な時間を必要とするということでもある。日本の真珠湾攻撃のことを考えても、これが常識だというのが理解できるだろう。ところがこの朝鮮戦争においては開戦わずか三日で、韓国軍は北朝鮮軍に首都ソウルを占領されているのである。韓国が先に奇襲したとしたらあり得ない事態だ。逆に北朝鮮の奇襲であったとしたら、たった三日で首都が陥落させられたのも納得できる。しかし、じつはこうした常識が常識として定着するのにはあきれるほど長い時間を必要とした。

藤原と同じ「進歩的文化人」であった評論家丸山邦男《まるやまくにお》（丸山真男《まさお》の弟）は、彼らの大応援団であった『朝日新聞』に「朝鮮戦争の原因について、北と南（アメリカを含めて）のどちらかが〝侵略軍〟であったかについての解釈ほど、今日〝二つの世界〟でハッキリと真っ二つに分かれているものはない」（1960年2月1日付朝刊）などと書いて喜んでいた。つまりこの時代、日本では「韓国が侵略軍」という事実と逆の主張をすれば「進歩的」で「良心的」な学者あるいは評論家・ジャーナリストとみなされ、「あれは北朝鮮の先制攻撃だ」などと言えば保守親米の右翼だと非難されたのである。現在二十代あるいは三十代の若い人たちは信じられないかもしれないが、これは本当の話である。

だが、本来事実というものはイデオロギーとは関係無い。事実は事実だ。そしてその事実をできうる限り公平に客観的に追究するのが、学者・評論家・ジャーナリストの崇高な使命である。ところが、いわゆる進歩的文化人や一部のマスコミはこのことがまったくわかっていなかった。彼らは事実を追究することよりも、自分たちだけの価値観で「正しい」と信じた国の行為を無条件で礼賛していた。だから「朝鮮戦争は韓国軍の先制攻撃によって始まった（北朝鮮はあくまで被害者である）」などというデタラメに藤原彰は固執したというわけだ。

もっとも人間は神では無い。人間は必ずミスを犯す動物である。だから、藤原は確信犯では無く単純にミスを犯したのだと考える善男善女もいるかもしれない。

しかし、そうとは思えない。朝鮮戦争から四半世紀を経過した一九八四年（昭和59）十月三十一日、朝日新聞が第一面で「スクープ」を飛ばした。「旧日本軍による毒ガス戦の決定的証拠写真発見」である。朝日新聞が発見したその「証拠写真」について「毒ガスに違いないと思う（同記事）」とお墨付きを与えたのが、誰あろう藤原彰一橋大教授（当時）であった。そして、この発言は決定的な重みを持った。なぜなら藤原は実際に中国戦線で戦闘経験があったからである。それも終戦末期に学徒動員で派遣されたなどというような小さな軍歴では無い。子供のころから職業軍人を目指し陸軍士官学校を卒業（55期）し、歩兵連隊の中隊長として中国大陸を転戦したという経験の持ち主なのである。だからこそ、その証言は決定的だった。

ところがすぐにサンケイ新聞（当時）が疑問を表明し、調査の結果単なる「発煙筒使用」の写真であることが確認された。滑稽なことに同じ年に出た毎日新聞社発行の写真集にも、同じ写真が掲載されていた。新発見でも何でも無かったのである。

それにしても不思議なのは、陸軍士官学校を卒業し現地で中隊長を経験していた元軍人が、なぜ写真を取り違えるようなミスをしたのか？　ということだろう。あるいは軍事関係者からは歩兵連隊の中隊長であっても化学兵器の使用法については詳しいとは限らないという弁護があるかもしれないが、この場合は成立しない。なぜなら藤原は「日中戦争での化学戦の実証的研究を進めて」いたからである。

当時朝日新聞の現役記者で、こうした朝日の「事実捏造」を強く批判していた稲垣武《いながきたけし》は著書で次のように述べている。

毒ガスはまず、おおむね空気より比重が重いから、写真の煙のように勢いよく立ち昇ったりはしない。また遠くからもはっきり判るほど、色が濃くては役には立たない。（中略）色が濃くてはすぐ気づかれ、敵に逃げられるか、いちはやくガスマスクや防護衣を着用されて効果が少ないからである。

（『朝日新聞血風録』文藝春秋刊）

これが軍事常識というもので、元軍人で化学戦を研究していた人間なら知らないはずは無い。

しかしそれでもミスだったとしようか。確かに、人間は後から考えると「なぜこんな単純なことを間違ったのか」と思うことがある。私にもそういう経験はある。何度も言うが人間は神では無い。

しかし、それならそれで訂正し、多くの人に誤解を与えたことについて最低限謝罪すべきだろう。軍人経験のある藤原の言うことなら確かだ、と思った人も少なからずいたはずだし、最近はさすがに減ってきたが、それでも今なお朝日の書くことはすべて正しいと思い込んでいる日本人が少なくないのだ。真実を追究する真の学者ならばそうすべきである。それが最低限の義務だ。ちなみに稲垣によれば、朝日ですらじつに姑息なやり方だが小さな三面記事で「これは別の作戦の写真だったと判明した」という形で、謝罪はしなかったものの訂正はしたという。

しかし私の知る限り藤原は訂正も謝罪もしていない。発行部数数百万部を誇る大新聞に載った話である。影響力は大きい。論文や著書で多くの人に知らしめる形で訂正すべきであろう。しかし「朝鮮戦争は韓国の奇襲攻撃だ」と同じで、藤原はそういう形では訂正をしていないのである。いわゆる「南京事件」についても藤原は中国の主張する「二十万人が大虐殺された」という説に従って研究を進めていた。中国当局にとってはこんな強い味方はいないだろう。何しろ中国で実戦経験のある元軍人で、近現代史の権威なのだから。

私はあきらかに、藤原はデタラメとわかっていて、こうしたことを主張していたのだろうと思う。理由はすでに述べたとおりだ。

問題はなぜ歴史上の事実を追究するという学者本来の使命に、まったく相反するような主張をして平気なのかということである。また、進歩的文化人の後ろ盾であった朝日新聞も、戦後はとくにソビエト連邦（現ロシア）や中国や北朝鮮のような共産主義勢力の行動はすべて正しく、日本やアメリカの行動はすべて間違いだと主張することが「正義」だと考えていた。今や老人となってしまったが、団塊の世代の方々は朝日新聞が「ソビエトは労働者の天国」「中国の文化大革命は人類の壮挙」「北朝鮮は理想の国」などと国民を洗脳する報道を繰り返していたのをよく覚えているはずである。じつは近現代史の現場でも同じことが行なわれていたのだ。

なぜ彼らは本来学者としてジャーナリストとしてもっともやってはいけないことをやるのか。しかも彼らは恬《てん》として恥じるところが無い。彼らの「良心」とはいったい何なのか？

それを探ることこそまず、本格的な近代史研究の前にやらねばならない重要なステップである。

■朝日新聞編集幹部による「日本新聞史上最低最悪の記事」とは？

ジャーナリズムと歴史学はその基本的な使命で共通性がある。それは真実の追究を最大の目的とするということだ。ジャーナリズムは現代の、歴史学は過去の問題を扱うという相違点はあるが、近現代史においてはこれが重なり合うことが少なく無い。たとえば戦争犯罪の追及等の問題である。

ところが日本においては、近代史の権威と言われるような学者、評論家や新聞やテレビなどの巨大マスコミが、予断と偏見を持っているとしか思えない態度で近現代史の問題を扱うことがある。それも特定の学者、評論家（いわゆる進歩的文化人）や特定の大新聞やテレビ局がそういう態度に出ることが少なく無い。これでは本当に良心的な歴史学者が近現代史を研究する際に大きな障害となる。「先生の研究は新聞と違うじゃないですか」などと疑問を持つ善男善女が出てくるからだ。だから、そうした障害を無くさない限り、まともな近現代史の議論はできない。と言ってもとくに若い読者にはこういうことが初耳かもしれないので、少しこの問題自体の歴史を振り返ってみることにしよう。

中高年以上の人ならば明確に覚えていると思うが、かつて日本の歴史教科書に「中国への侵略」という表現があったのを、文部省（当時）が教科書検定の場において「侵略→進出」と改変させたという情報が流れた。ほとんどすべてのマスコミはこれを事実として報道し、中国は日本に対して激しく抗議した。ところが、じつはこれはまったくのガセネタ、つまり虚偽の情報であることが判明したのである。当然、それは事実では無かったということを確認した各マスコミは、誤報と認め社告などで訂正し謝罪した。

ところがこの誤報によって日中関係が著しく損なわれた後も、なかなか明確に訂正謝罪しない新聞社が一つあった。朝日新聞社である。『朝日新聞』の読者というのは失礼ながら、大部分は何があっても朝日は常に正しい「朝日真理教」の信者だと私は思っているが、もちろんそうで無い人もいた。他のマスコミはすべて訂正しているのに朝日だけが訂正謝罪しないのはおかしいと思ったのだろう。その件に関して質問の投書をしたのである。

それに対して朝日新聞社を代表して編集幹部の一人である中川《なかがわ》昇三《しょうぞう》東京本社社会部長（当時）の長文の記事が、一九八二年（昭和57）九月十九日付の朝刊に掲載された。タイトルは「読者と朝日新聞」である。前にもマスコミ論として書いたことがあるが、私はこれを日本新聞史上最低最悪の記事だと思っている。少なくとも昭和二十年以降はこれが最悪であるということを確信している。しかし、残念なことにはそういう認識がまだまだ少ない。とくに朝日新聞の愛読者には、これを良心的で謙虚な記事だと思っている人がまだまだいるようだ。とんでもない誤解だと申し上げたい。

残念ながらこの記事は古い記事だということだろうか、現状では一般向けのデータベースには入っておらず縮刷版で確認するしか無いのだが、私の見解を理解していただくために、なぜこれが最低最悪の記事か逐一説明しよう。

まず大前提として、誤報に対する訂正は誰の目にも明確で理解できるものでなくてはならない、ということがある。しかし、じつは朝日はこの件に関して、訂正に類する行為を行なったのは、前節で述べた「日本軍の毒ガス写真発見」の記事に対する「訂正」と同じで、後日「文部省の見解（侵略→進出という書き換えは無かった）は正しい」という小さな記事を掲載しただけなのである。確かに論理的に言えば、そうすることによって前の記事を否定したわけだから、「訂正」には違いないかもしれない。しかし、これは多くの読者に真実を知らせる新聞紙上で犯された間違いなのである。しかもその間違いは日中関係の悪化という結果を招いた。その点から考えてみても、まず第一にもっと明確に訂正しなければいけないし、第二に悪いことをしていない人を悪人呼ばわりした、つまり無実の罪を着せたわけだから、被害者（この場合は文部省および日本政府）にきちんと謝罪しなければいけない。

朝日新聞はよくご存じのように、中国政府や韓国政府あるいは公害や薬害の被害者たちには、日本政府は真摯に謝罪しなければいけないと執拗に繰り返すが、自分たちが日本政府に被害を与えた時にはまったくと言っていいほど謝らない。少なくとも明確に謝罪はしない。

この日本新聞史上最低の記事「読者と朝日新聞」においても中川社会部長は、読者に対しては「一部にせよ、誤りをおかしたことについては、読者におわびしなければなりません」と書いているが、直接の被害者である文部省および日本政府に対しては何の謝罪もしていない。それどころか、さらにこんなことを書いている。「ところで、ここで考えてみたいのは、中国・韓国との間で外交問題にまで発展したのは、この誤報だけが理由なのか、という点です。(中略)つまり、ことの本質は、文部省の検定の姿勢や検定全体の流れにあるのではないでしょうか」。

よく読んでいただきたい。確かに「外交問題にまで発展したのは、この誤報だけが理由では無い」かもしれない、しかしこの時点で日中韓間の外交関係がきわめて悪化したきっかけは、この誤報が原因であったことは間違いの無い事実なのだ。そういう誤報を出してしまった組織が、こういう言い訳を口にすべきではないし、どうしても口にしたいのならば、きちんとした訂正および被害者への謝罪を済ませてからのことであろう。つまり、話を逸らして開き直っているのである。これのどこが、謙虚で良心的なのか?

誤報を出してしまった場合マスコミとしてやるべきことは、明確な訂正、迷惑をかけた人間や組織への真摯な謝罪、そしてもう一つある。なぜ誤報を出してしまったかという徹底的な検証である。過ちを繰り返さないためにはそれが絶対必要だということは、素人でも理解できるだろう。ところがこの点に関して中川社会部長は次のように書いている。

今回問題となった個所については、当該教科書の「原稿本」が入手できなかったこと、関係者への確認取材の際に、相手が「侵略→進出」への書き換えがあったと証言したことなどから、表の一部に間違いを生じてしまいました。

（前出同紙）

私が、この「読者と朝日新聞」を日本新聞史上最低の記事と断ずるのは、じつはこの部分があるからなのである。と言ってもジャーナリズムに無縁な素人には非常にわかりにくいだろう。じつはその点も問題で、あきらかに中川社会部長は「こう書いておけば素人はダマせるだろう」という意識のもとにこれを書いている。また「表の一部に」という表現で問題を矮小《わいしょう》化しようとしている。だがそれ以上の問題は、朝日新聞の現場の記者が、ジャーナリストとしての基本中の基本を守らなかったということを、彼らの上司で監督責任者でもあるはずの社会部長が平気で書いているということなのである。

新聞記者であれ雑誌記者、テレビ記者であれ、その一年生が先輩から徹底的に叩き込まれることは「情報のウラは必ず取れ」ということである。「ウラ」とは「裏づけ」と言ってもいいし「証拠」と言ってもいいが、人間は嘘をつく動物だし世の中にはデタラメの情報を流すヤツもいる、だから必ず裏づけを取らなければ記事にしてはならないということで、これはジャーナリズムの基本中の基本、イロハのイとも言うべきことだ。読者の中に、もし自分は素人だが知り合いに記者がいるというような方がいたらぜひ聞いてごらんなさい。この言葉を否定する人間はいないはずだ。

ところが中川社会部長は、「侵略→進出という書き換えがあったという証拠になる『原稿本』が入手できなかった(だから誤報を出してしまった)」と堂々と書いているのである。「うちの新聞はウラは取らずに記事を書きます」と公言しているのと同じことだ。あること無いこと証拠も無いのに勝手に書きまくるゴシップ誌と違って、朝日は日本を代表する一流新聞社であるはずだ。世界中の一流のマスコミそれが新聞社であれ通信社であれテレビ局であれ、一記者ならともかく編集幹部がこんなことを書いたら直ちにクビだし、そのマスコミもいっぺんに信用を無くして倒産するだろう。

さらに問題なのは「確認取材の際に相手は書き換えがあったと証言したこと」を誤報の原因にしていることである。つまり「相手が嘘を言ったのでダマされた」と、これも堂々と書いているのである。確かに人間は嘘をつく。だから記者はダマされないように感覚を磨きウラを取ることが必要なのだが、ここでダマされたというのはあきらかに現場の朝日新聞社会部記者であろう。要するに中川社会部長は「うちの教科書問題の担当はジャーナリストの基本中の基本であるウラも取らず、しかも嘘つきにまんまとダマされるような記者でした（それが誤報の原因です）」と主張しているのだ。何と担当の上司がすべてを部下の責任にし、しかもその部下はナマケモノ（ウラを取らない）でアホ（すぐダマされる）な記者だったと貶《おとし》めているのである。

私は「天下の朝日新聞」が教科書問題担当という重要なポストに、そんな無能な記者を送ったとは到底信じられない。しかしウラを取ったわけではないので、ここは中川社会部長の言うとおりだったとしようか。もしそうならば、中川社会部長は社会部長として重要なポストにそんな無能な記者を配置したという責任、つまり担当幹部としての責任があるはずだが、そんな文言はどこにも無い。

「すべては部下の責任、私は関係無い」なのである。史上最低の記事という意味がおわかりだろう。

ところで、これは世界に共通することかもしれないが、部下がとんでもないミスを犯した場合、それが本当に部下の責任であったとしても「いや、上司である私の責任です」という「美学」が存在することは常識と言っていいだろう。

にもかかわらず、少なくとも一九八二年当時の朝日新聞東京本社社会部にはそういう「美学」がまったく存在しなかったということは、まさにこの日本新聞史上最低最悪の記事がはっきりと示している。

では、それは、この時点だけのことだったのか？　逆に言えば「部下に責任を押しつけるという」傾向は中川昇三東京本社社会部長だけの特殊なケースであって、朝日新聞社全体の社風とはまったく関係の無いことなのか？

そうでは無いことは容易に想像ができるだろう。中川部長は朝日新聞社を代表して読者の疑問に答えているのである。しかも、この後の彼の経歴をたどってみても、この記事がマイナスとなって出世が止まったというような事実は無い。むしろ順調に昇進している。もし、この記事の内容が朝日新聞社の最高幹部の意に沿わないものであったとしたら、そういうことはあり得ない。

つまりこの「都合の悪いことは全部現場の部下の責任にして幹部は責任を取らない」という考え方は、朝日新聞社全体の社風であるとも考えられるのである。

近現代史に詳しい人は、そういう組織が他にも存在し日本の運命を大きく狂わせたことをご存じのはずである。大日本帝国陸軍には参謀本部という中枢組織があって、一九三九年（昭和14）には悪名高いノモンハン事件を起こした。事件というより戦争である。参謀本部の命令でとても勝負にならないような旧式の装備で、ソ連の近代陸軍と対決させられた現場の一連隊長（大佐）のことを国民作家司馬遼太郎は次のように書いている。

この大佐とその部下たちはその程度の装備をもってソ連の近代陸軍と対戦させられ、結果として敗れた。その責任は生き残った何人かの部隊長にかぶせられ、自殺させられた人もあった。（中略）大佐はこのばかばかしさに抵抗した。このため、退職させられた。しかしこの悲惨な敗北のあと、企画者であり演出者であった〝魔法使い〟（作戦参謀のこと　引用者註）たちは、転任させられただけだった。

（『この国のかたち　一』文藝春秋刊）

責任を取らない幹部たちはこの後に日本を破滅の道へと導いた。

果たしてこの朝日新聞と旧陸軍の類似点、単なる偶然の一致なのだろうか？

■「世論を自分たちの望む方向に導くことこそ正義」という鼻持ちならないエリート意識

朝日新聞と旧陸軍には、その組織・気風・人員について、かなりの類似点が存在する。決して偶然では無い。この視点について先に紹介した朝日新聞記者出身でありながら、朝日新聞の偏向報道を痛烈に批判していた稲垣武は、著書『朝日新聞血風録』（文藝春秋刊）で、「昔『陸軍』いま『朝日』」と述べている。団塊の世代なら誰でも知っている名言「昔陸軍、いま総評」のもじりだが、注意すべきは総評（日本労働組合総評議会。１９８９年に解散したが、それまでは日本最大の労組団体）あるいは朝日新聞のように、戦前（１９４５年＝昭和20年以前）の旧陸軍（大日本帝国陸軍）に対して徹底的な批判を繰り返す組織の、旧陸軍に対する批判の内容とくに方法論が、もっとも批判している当の相手である旧陸軍にきわめて似通ってしまうということである。

　これでは本当の批判になっていない。彼らはよく「過ちは繰り返さない」あるいは「過ちは繰り返させない」と執拗に主張するが、本当にそうしたいのならなぜ過ちを起こしたのか、その精神的風土まで踏み込んで徹底的に追究すべきである。

　ところが、それがまったくできていない。その点はまさに稲垣武が『朝日新聞血風録』で詳細に述べているところなのだが、その内容を簡単に言えば、朝日新聞はかつて「ソ連は労働者の天国」「文化大革命は人類の壮挙」「北朝鮮経済は韓国を凌駕している」などという、まさに現代史ではすべて否定されている真逆の報道をやっていた。それも一部の偏向記者が紙面の片隅でやっていたのでは無い。いわゆる朝日のスター記者、名記者と呼ばれる人が堂々と第一面や社説やコラムで、事実とはまったく相反する報道をするという、ジャーナリストとしてももっとも恥ずべき行為を行なっていたのだ。『朝日新聞血風録』はそれを批判するために書かれたのである。

「天下の朝日新聞」がそんな破廉恥行為を行なっていたということを若い人はひょっとしたら信じられないかもしれないだろうから、稲垣武と同じく朝日新聞社記者出身でありながら、ジャーナリストの良心にかけて朝日の批判を続けていた百目鬼《どうめき》恭三郎《きょうざぶろう》の著書『新聞を疑え』（講談社刊）を紹介しよう。

たとえば、私たちは、韓国というと、軍事独裁政権によって、あらゆる自由は抑圧され、国民はこの世の生き地獄にあえいでいるといったイメージしかもっていないのが普通である。（中略）いまや工業の競争力で日本の脅威になりつつある、という現実はほとんど知られていないのである。日本の新聞にとって、韓国は、独裁政治がつづく限りあくまでも生き地獄でなければならないから、国民の生産意欲が高まって日本に追いつこうとしている事実を、認めることができない。だから、その事実を故意に隠蔽しているというわけなのだ。

一九八四年（昭和59）に書かれた文章だが、若い人にご注意申し上げる。文中の「韓国」は「北朝鮮」の誤植では無い。かつて日本のマスコミは、ほとんどがこのような傾向で報道していた。もっともひどかったのが朝日新聞で、百目鬼は続く文章で次のように述べている。

韓国の世論が、国家権力の情報操作によって作り出されているにすぎない、というのも日本の新聞が抱きつづけている一大偏見だが、私がまだ朝日新聞にいたころに社内のある会合で、編集局長が「あの偏見は少しどうにかならんものかねえ」と嘆くのを聞いたことがある。

一方、中高年の読者の中には「サムスンが世界企業になるとは夢にも思わなかった」という人もいるだろうが、そうした「油断」が成田空港よりも二十三年も後に開港した韓国の仁川《インチョン》空港に東アジアのハブ空港の地位を事実上奪われるという間抜けな事態の引き金にもなったわけだ。マスコミというのは本来そういうことが起こらないように、的確な情報を流すのが務めなのであるが、朝日新聞にそういったものがあるかどうか、きわめて明白ではないか。だからこそ稲垣武は『朝日新聞血風録』を書き、百目鬼恭三郎は『新聞を疑え』を世に問うたのである。

ところで、なぜ韓国の実態をねじ曲げて報道したのか？　それはライバルである北朝鮮を持ち上げるためである。彼らは共産主義体制こそ理想の体制と信じていたようだ。でなければ、実際には労働者を抑圧し東欧諸国を弾圧していた今は亡きソビエト連邦を「労働者の天国」と持ち上げたり、実際には自国民の大虐殺であった文化大革命を「人類の壮挙」などと持ち上げたりはしまい。

もちろん韓国にも問題があった。朴槿恵《パククネ》前大統領の父親である朴正熙《パクチョンヒ》大統領の時代には、野党の有力政治家が拉致《らち》されて殺されかけるというとんでもない事件（金大中事件）もあった。これは確かに民主主義に対する暴挙である。しかし、曲がりなりにも野党が存在しマスコミも存在したのが韓国だ。それに比べて北朝鮮は当時も今も完全な一党独裁、いや金日成《キムイルソン》（金正恩《キムジョンウン》の祖父）ファミリーの独裁国家である。野党も民間のマスコミも存在しない、いや存在を許されない。だとしたら、どちらが人間を弾圧している国家かわかりそうなものだが、日本の知識人、とくに進歩的文化人と呼ばれた人々、そして朝日新聞を筆頭とする偏向マスコミは頑《かたく》なに、先進国なら中学生でも理解しているこの道理を、まったく理解しようとしなかった。

そして当然政治家たちもそういう文化人やマスコミから強い影響を受けた。あまりのことに私は北朝鮮に媚《こ》びる政治家に対する警鐘として一九九二年（平成4）に「訪朝政治家に捧げる『初級民主主義講座』」（『「言霊《コトダマ》の国」解体新書』小学館刊に所収）という文章を書いた。内容は紹介するまでもあるまい。タイトルどおりの話である。しかしその時痛切に思ったのは、日本の教育はいったい何を教えているんだ、ということであった。

岩波書店という出版社が現在もある。これも若い人は日本や世界の古典を中心に発行している良心的な出版社というイメージがあるかもしれない。だが昔ここには安江《やすえ》良介《りょうすけ》という人物がいた。社長まで務めた大物である。彼は入社後一貫して岩波書店発行の雑誌『世界』の編集にかかわり、いわゆる進歩的文化人を積極的にサポートし続けた。彼自身も金日成は北朝鮮を豊かにした偉大な政治家だと言い続けた。まったく民主主義というものがわかっていなかったのである。

この朝日新聞＋岩波書店そして進歩的文化人グループというのは、日本の世論に対してきわめて強い影響力を持っていた。前出の百目鬼の嘆きを見てもそれがよくわかるだろう。しかも、かつては彼らに反論すると「右翼」と呼ばれ弾圧された。ところが現在は、逆に拉致問題などから北朝鮮は人民を弾圧する国家であるということが誰の目にもあきらかになったので、彼らはそれまで散々非難していた韓国に、散々悪口を言ったことは謝罪はせずに彼らの主張を代弁し始めた。「従軍慰安婦は性奴隷である」という主張である。そして今度はこれを批判すると、また「右翼」と言って相手を批判する。

もっとも許しがたいのは、ジャーナリストは国民に正確な情報を提供し国民の判断を助けるのが使命であるのに、彼らは情報を歪曲し捏造し世論を自分たちの望む方向に導くことが正義だと思い込んでいることだ。戦前、大日本帝国の軍部は大本営発表という国民に対する大きな罪を犯した。実際には戦争に負けているのに「勝った、勝った」と偽りの発表をし国民を欺《あざむ》いたのである。なぜ味方であるはずの国民を欺くのか？　彼らの理屈は「国民に本当のことを知らせると動揺し士気が衰えるから事実は伏せる」であった。いかにももっともらしいが、そこには彼らの鼻持ちならないエリート意識がある。「愚かな国民は（我々選ばれた人間とは違って）負けたという事実に耐えられない」という傲慢《ごうまん》な偏見である。人間、相手が対等の知性と能力を持っていると信じるならば、真実をそのまま告げるはずである。そうしないというのは、じつは相手を見下しているということであり、まさにこの点でも「昔『陸軍』いま『朝日』『岩波』『進歩的文化人』」だったのである。

この北朝鮮に対する大きく偏向した報道は当然、日本の現代史にも強い影響を与えた。北朝鮮はかねてから大陸間弾道弾つまり核ミサイル開発をしている。これはかつてノドンと呼ばれた時代には日本海に落下していた。つまり日本までは届かなかったのである。ところが現在のテポドンは日本を飛び越してアメリカに迫っている。日本のすべての領域はテポドンの射程に入ったわけだ。北朝鮮は独裁国家であるから指導者である金正恩の一存でいつでも日本を攻撃できる。もちろん、他の国が黙っていないから実行には踏み切らないと思うが、人間頭がおかしくなるということもある。独裁国家の指導者はそういう意味できわめて危険だ。

それにしても、若い人は疑問に思わないだろうか。ノドンが初めて発射され日本海に落ちたのは一九九三年（平成5）である。この時すでに弾頭は日本を飛び越していた（日本領内が射程に入った）という見方もあるが、ならばなおさら強力なミサイルが日本の生殺与奪の権を握るという、「仁川空港」よりもはるかに間抜けで深刻な事態を招く前に何とか手を打てなかったのか。後世日本の歴史を研究する人間は必ず疑問を持つはずだ。なぜそんなことになったのか？　答えはもうおわかりだろう。誤った信念を抱くマスコミが日本人に「そんなに心配しなくてもいいですよ」という誤ったメッセージを与えることに腐心したからだ。

■自らの誤りを反省も謝罪もしないエセジャーナリストの正体

朝日新聞夕刊の名コラムと呼ばれている「素粒子」がある。もちろんこれを書くのは朝日を代表する（と幹部が考える）スター記者である。

一九九八年（平成10）八月三十一日、ノドンよりも強力なテポドンが初めて発射された時、日本は一時大騒ぎになったのだが、数日たって北朝鮮の朝鮮中央テレビが「あれは人工衛星の打ち上げだった」つまり平和目的だと発表すると、当時「素粒子」の筆者は鬼の首を取ったように次のように書いた。

打ち上げたのは、兵器ではなく、人工衛星だったという。まことに結構だ（だったら早く言え！）。

本当だったらいい教訓だ。精密を誇る米国の偵察システムは一度の恥、日本の防衛庁などは、二重三重に恥をかく。それもまた結構。

ただ「将軍の歌」とか流さないでもっと気の利いた歌を流したら。例えば山本リンダの「困っちゃうな」とか、ベルディの「行け、わが思いよ、金色の翼に乗って」とか。

（『朝日新聞』１９９８年9月5日付東京本社夕刊）

まさにハシャギまくっていると言ってもいい。要するに自分たちの「北朝鮮は脅威では無い」という主張が揺るぎそうになっていた時、北朝鮮がそれを否定してくれたのでよほど嬉しかったのであろう。

現在のTBSテレビ『報道特集』のメインキャスターの一人として活躍している金平茂紀《かねひらしげのり》は雑誌のコラムに次のように書いた。タイトルは「弾道ミサイルと人工衛星じゃ全然、話が違うぜ。でも、今さら修正もできないしなあ」。

北朝鮮が8月31日に発射した「飛行物体」は、当初、新型ミサイル、テポドン1号で、日本列島を飛び越えて、三陸沖に着弾した可能性が高い、と発表されたことから、大騒ぎになりました。と、まあ、他人事みたいに書いていますが、大騒ぎしたのは僕らマスメディアです。ところが、その後、話が随分変わってきてしまって、北朝鮮側は、9月4日に朝鮮中央テレビで、「人工衛星の打ち上げに成功した」と、打ち上げの際の映像を見せながら発表。（中略）ついには、9月14日、日本の頼みの綱、米国務省までも「北朝鮮は小型の人工衛星を軌道に乗せようとしたが、失敗したのだ」と結論づけてしまったわけです。

これは日本にとって相当恥ずかしいことではないでしょうか。何がと言って「国家存亡の危機」（関谷建設相）だの「交戦状態になってもおかしくない」（森幹事長）だの、かなり舞い上がった発言を導いた「前提となる事実」が違っていたわけですから。ところが軍事評論家とか、新聞の大方の論調は「弾道ミサイルだろうが、人工衛星だろうが脅威の質は同じ」と辻褄合わせをしている。結果的にウソついちゃったわけですから、マスメディアも含めてカッコ悪い成り行きです。

（『ダカーポ』「ニュースじゃなければテレビじゃない」１９９８年10月21日号）

こういう文章を読めば日本人は安心する。そして「北朝鮮は日本人を拉致している」などと叫ぶ人間は「右翼の嘘つき」ということにもなるわけだ。

このコラムで金平が批判の根拠にしているアメリカ国務省の記者会見は、実際は次のようなものであった。

【ワシントン14日＝内田明憲】米国務省のルービン報道官は十四日の記者会見で、朝鮮民主主義人民共和国（北朝鮮）が先月末に弾道ミサイルを発射した際、「極めて小さな人工衛星を軌道に乗せようとし、失敗した」との米政府の見解を正式に表明した。（中略）

そのうえで、「北朝鮮はこの発射により、より長い射程の弾頭の運搬能力を示した。我々はこのミサイルが近隣国やこの地域の米国の同盟国、米軍の脅威とみている」と述べ、北朝鮮のミサイルが日米両国などにとって脅威である点は変わらないとの考えを強調した

（『読売新聞』１９９８年9月16日付東京朝刊）

よくお読みいただければわかるように、当時のアメリカ国務省はテポドンが人工衛星を

軌道に乗せようという意図を持っていたことを認めたが、あくまでアメリカの認識としてはテポドンは人工衛星打ち上げ用のロケットでは無く弾道ミサイルなのであり、しかも「日米両国にとって脅威である点は変わらない」と強調しているのである。つまり「弾道ミサイルだろうが、人工衛星だろうが脅威の質は同じ」という見解は間違っていないし、アメリカはテポドンを脅威だと認めていたのである。

それが真実だ。

だからこそ現在は朝日新聞でもTBSでも「テポドンは弾道ミサイル」という共通認識のもとに報道しているはずである。つまり「ウソ（真実と違うこと）」を「ついちゃってる」のは他のマスコミ（大方の論調）では無く、金平記者のほうなのである。

もちろん、人間は神では無い。ミスをする動物である。だからまさに思い違いやニセ情報に惑わされるなどして、「結果的にウソついちゃった」ということはじゅうぶんにあり得るだろう。

しかしどうも腑《ふ》に落ちないのは「軍事評論家」も「辻褄合わせをしている」と一方的に決めつけていることだ。私もこの『逆説の日本史』シリーズにおいて、日本史の専門家である歴史学者を間違っていると批判したことは何度もある。しかし、相手はその道の専門家であるから、批判するならばなぜ自分はそう思うのか詳しく論拠を掲げ論理的に明快に読者に説明すべきである。私はそうしている。

一方、軍事評論家は軍事の専門家である、もちろん彼らにも間違いは無いとは言えないが、彼らの見解が間違いだと思うのなら素人にもわかるように明快に説明すべきだろう。

確かに短いコラムにおいては紙数の不足という問題はあるが、この「弾道ミサイルと人工衛星打ち上げ用ロケットは基本的に同じもの」という見解は、かなり一般的な理論であり昔から唱えられていることだ。だからこそ日本の防衛庁（当時）もアメリカ国務省も軍事評論家たちもテポドンを平和に対する脅威と見たわけで、それを素人に過ぎない金平記者がなぜ「辻褄合わせ」とか「結果的にウソついちゃった」などと断定できるのか。日本の軍事評論家というのは「ウソつき」ということなのか。

少なくとも確実に言えることは、日本にはこうした予断と偏見を持って北朝鮮問題を報道しようとするジャーナリストが、いや本当はこういう人々はジャーナリストと呼ぶべきでは無いのだが、大勢いるということだろう。それはもちろん一九九〇年代に始まった話では無い。

■全マスコミがまんまとダマされた「北朝鮮は天国」という大嘘

これも若い人はあまりご存じないだろうが、私が戦後つまり一九四五年（昭和20）以降日本のマスコミが犯した最大の犯罪は「北朝鮮帰国事業礼賛報道」だと思っている。

北朝鮮帰国事業とは何か？

１９５９年12月14日から84年まで続いた北朝鮮帰国事業。在日朝鮮人と日本人妻ら9万３３４０人が新潟港から北朝鮮に渡った。

（『週刊朝日』２０１３年11月15日号）

北朝鮮とその出先機関である日本の朝鮮総連が組んでマスコミを巻き込み、在日朝鮮人（北朝鮮系）に対し「日本の差別に悩むより、労働者の天国である北朝鮮に帰国しなさい。祖国は歓迎します」と全財産を持って帰国するよう推奨した運動である。何しろマスコミや進歩的文化人がこぞって「北朝鮮は天国」と書き立てるものだから、週刊朝日の記事にもあるように約十万人の人間が北朝鮮に渡った。そして、驚くべき貧困に悩まされた上に差別され奴隷労働をさせられ帰国も許されなかった。これらの人々の中には、北朝鮮からの脱出に成功した人々（いわゆる脱北者）もおり、人生を取り戻した人もいたが、大半は苦しみながら死んだか今でも地獄の苦しみに喘《あえ》いでいる。しかし脱北者のおかげで「北朝鮮は天国」という大嘘はバレるようになった。

じつはこの北朝鮮帰国事業に賛同したのは朝日新聞など左翼支持のマスコミだけでは無く、産経新聞や読売新聞も同一歩調を取っていた。「自分の故国に帰って幸せになるならばそれでよいではないか」という考えからである。そういうところにうまく朝鮮総連がつけ込んで情報操作をしたのである。だから全マスコミがまんまとダマされた。しかし脱北者によって北朝鮮は天国どころか地獄だということがわかるようになると、当然産経や読売は北朝鮮帰国事業に協力するのをやめた。しかし最後まで「北朝鮮の真実を報道しない」という形で帰国事業に「協力」し続けたマスコミもあった。その代表が朝日新聞である。週刊朝日は言うまでも無く朝日新聞社の発行だが、昔から本紙に批判的な記者が原稿を書けるという傾向がある。その理由を元朝日新聞記者で『朝日新聞血風録』の著者稲垣武に直接聞いたら「派閥争いですよ」と苦笑して答えていたが、それが事実であろうと無かろうと本当のことが書けることはいいことだ。そして前出の週刊朝日の記事にはこういう記述もある。

北朝鮮社会のすばらしさを謳《うた》い、多くの在日朝鮮人に「日本人が書いた本だから」と地上の楽園を信じさせた『38度線の北』の著者、歴史学者の寺尾五郎氏（99年没）に帰国後会うや、

「聞くと見るとは大違いでした」

と率直に吐露した。

「そうなんだよ」

と、平然とうなずく寺尾氏に、この人は自分をごまかしていると直感した、と小島さんは言う。

文中の「小島さん」とは、当時日本共産党で帰国事業にかかわっていた小島晴則《こじまはるのり》のことで、帰朝報告会を開き多くの在日朝鮮人をダマし帰国の途に就かせたことを反省し、いわば懺悔の形でこの記事に登場しているのである。

小島さんは新潟県内80カ所で、訪朝報告会を開いた。ここでも平然と、

「帰国者はなんの心配もなく幸福に暮らしている」

としゃべったという。

「まだ、社会主義への幻想があったから」

と釈明するが、それだけではなかったろう。帰国事業は「仕事」だった。やめたら飯の食い上げだ。訪朝後、帰国しようか迷っている人に、「何も心配ない」と背中を押す

こともあった。

（前出同書）

かつて日本共産党の機関紙『赤旗』の平壌《ピョンヤン》特派員だったが、北朝鮮と日本共産党のデタラメぶりに憤り敢然として批判する側に回った作家萩原遼《はぎわらりょう》（『北朝鮮に消えた友と私の物語』で大宅壮一ノンフィクション賞受賞）は、私との対談で次のように語っている。

井沢　金日成が帰国運動に目をつけたのは、北朝鮮に足りない技術や医者などを補《おぎな》うためではなかったのですか。

萩原　最初は千里馬運動（チョンリマ運動＝北朝鮮が朝鮮戦争後に復興・建設事業を進めるために行なった運動　引用者註）のための単純な労働力だったと思います。炭鉱で石炭を掘らせたりするためです。

井沢　奴隷労働みたいなものですか。

萩原　朝鮮戦争で一〇〇万人ほど労働力が失われたでしょう。その補充というのがあったと思いますが、そのうちだんだん知恵がついてきて、まず技術のほうが役に立つことがわかったり、金持ちの家の子どもを人質に取って、日本にいる親からせびるとか、いろいろ選択するようになってきたのです。

(『朝鮮学校「歴史教科書」を読む』祥伝社刊)

この「人質政策」によっても多くの在日朝鮮人は犠牲になったと考えられる。つまり本当は「北朝鮮は地獄だ」と真実を口にしたいのだが、身内を人質に取られていてはそうもいかないというわけである。何しろ北朝鮮にいる人間を、今でも独裁者は一存で裁判も無しに銃殺することができるのだから。その実態は北朝鮮が崩壊しない限り、つまり人質が解放されない限り白日の下に晒《さら》されることは無いだろう。

こうした事態を招いたマスコミの責任は重い。とくに北朝鮮に幻想を抱いているとしか思えない、あるいは日本人では無く北朝鮮人ではないかと思えるぐらい理屈抜きで北朝鮮の体制を支持する人たちによって、日本のマスコミは牛耳《ぎゅうじ》られてきた。

それが日本の戦後史の現実である。

小島晴則も萩原遼もかつては日本共産党の有力支持者であったが、今はそれをやめている。真実を追究し同時に反省すべきだと考えたからである。しかし、日本のマスコミに巣食うエセジャーナリストたちの多くは他者には執拗に「謝罪せよ、反省せよ」と繰り返すのに、自分たちのことになるとまったく反省しないし謝罪もしない。

テポドン問題において日本の真面目な政治家や官僚をバカ扱いにした記者たちもそうだ。たとえそれが故意ではなく偶然のミスだったとしても、自分の思い違いで他者を侮辱したことには違いないのだから反省謝罪すべきであろう。

また、この北朝鮮帰国事業についても命からがら北朝鮮を脱出してきた人々にまず謝罪すべきは、礼賛記事を書いた記者であり掲載したマスコミあるいは事業を応援した文化人であるべきなのだが、それを話題にすると責任が問われることを恐れているのだろうか、そういう話もまず耳にしない。確かに、マスコミ報道を真実と信じ被害に遭った人の権利は、たとえそのマスコミの報道がきわめてデタラメであったと証明しても法律上救済することは難しい。

しかし、それは報道の自由にかかわる問題であるから、被害者の権利が制限されているためなのであって、報道する側はこれにあぐらをかいてはならない。積極的に基金を設けるなりして援助すべきなのだが、そういう話も聞いたことが無い。

それどころか日本のマスコミは北朝鮮帰国事業で北朝鮮にダマされた後も、さらにダマされ続けた。私が何を言いたいのかはもうおわかりだろう。

■「北朝鮮による日本人拉致などあり得ない」という情報工作に加担したマスコミの罪

一九七〇年代から八〇年代にかけて北朝鮮の工作によって多数の日本人が日本から北朝鮮に拉致された。北朝鮮という国家が日本という国家に仕掛けた最大の犯罪行為である。何の罪も無い日本人の男女が彼らに誘拐され自分の人生を失った。そして、この歴史的事実に対する日本のマスコミの報道は、ほんの一部の例外を除いてジャーナリズムの名に値しないひどいものであった。

すでに述べたように、私は朝日新聞の東京本社社会部長が書いた「読者と朝日新聞」という記事（1982年9月19日付朝刊）を日本新聞史上最低の記事であると考えており、前節で紹介した「北朝鮮帰国事業の初期における一連の評価報道」が日本マスコミ史上最大の犯罪的行為だと思っているが、それに優るとも劣らないのがこの「北朝鮮の日本人拉致問題に対する報道」である。その中でも朝日新聞やTBSなどの一部「突出」したマスコミの報道は、報道の名に値しない情報操作かつ洗脳行為であった。

そもそも本来外国が仕掛けてきた謀略行為はマスコミの調査・報道によってあきらかになり、それを糾弾する国民の世論も高まり、政府はそれを受けて公式に抗議する、というのが民主主義国家におけるプロセスである。国家の抗議が最後になるのは、政府も外務省も確たる証拠が無ければ動けないからだ。

しかしマスコミはもっと早く身軽に動ける。

ところがこの拉致問題に関して、「北朝鮮の犯行」を正式に認めさせたのは「マスコミの報道」では無く「政府の行動」であった。二〇〇二年（平成14）九月十七日、北朝鮮の首都平壌を訪れた小泉純一郎《こいずみじゅんいちろう》首相（当時）は当時北朝鮮のトップであった金正日《キムジョンイル》国防委員会委員長に直談判し、「北朝鮮は日本人を拉致していた」と正式に認めさせた。国家というものは自国の汚点は滅多に認めず、ましてや独裁者はその傾向がきわめて強いのだから、日本側から見れば拉致という犯罪を北朝鮮の最高首脳に認めさせたことは、日本外交の金字塔であり、政治家小泉純一郎の不滅の功績と言える。

これに引き替え、情けないのは日本のマスコミだ。本来このような事実を白日の下に晒すのは政治家では無くマスコミの役割だ。最終的に事実を確定させるのは政治家であっても、いやしくも民主主義が行なわれ報道の自由が認められている国家のマスコミであるならば確たる証拠を集め、北朝鮮が認めざるを得ないような形に追い込んでいくことが本来の使命である。

しかしこう書けばおわかりのように、じつはその反対をやっていたマスコミが日本には存在したのだ。「反対」というのは、いかにも北朝鮮はそんな犯罪行為はしていないように国民に印象づけるような報道である。しかも偶然では無くあきらかに故意である。「偶然」というのは「まさか北朝鮮がそんなことをするとは思ってもいなかった」という善意からの信頼心があったので「結果的に北朝鮮に有利な報道をしてしまった」ということだが、そんなことはあり得ないことはわかっていただけるだろう。北朝鮮が「この世の楽園」で無いことは、脱北者の証言などによって、どのマスコミも一九七〇年代には思い知らされていたはずなのである。つまり当時の日本には「北朝鮮はよい国で拉致などやっていない。そんなことを言うのは右翼の陰謀だ」と国民に錯覚させるような、あきらかな故意による宣伝工作があったということなのである。

その典型的な事例が、TBSの看板ニュース番組『筑紫哲也《ちくしてつや》NEWS23』のメインキャスターを務めていた筑紫哲也の北朝鮮報道であった。ちなみに、筑紫哲也は朝日新聞OBであり朝日時代にも北朝鮮の宣伝工作としか思えないような記事を書いていたのだが、TBSにキャスターとして移籍し、その姿勢に拍車がかかった。

たとえば一九九七年（平成9）九月の放送ではスクープとして、たまたま北朝鮮を訪問した民間の日本人が北朝鮮で日本人妻、つまり北朝鮮への帰国事業の際に北朝鮮人の夫に同行した複数の日本人女性に聞いた、ビデオインタビューと称するものを「ニュース」として放映した。その中で堂々と顔出しで登場した日本人妻たちは「不満は無いし、差別も無い、生活に困窮してもいない」と口々に語ったのである。

外国の一流のニュース番組では決してこのような報道はしないだろう。北朝鮮は独裁国家なのである。顔出しで批判をすれば下手をすれば命にかかわるし、死刑にならなくても収容所行きは免れない。北朝鮮のみならず、かつてのソビエト連邦や中国など共産主義を国是とする独裁国家は常にそういうものであることを、戦後日本のマスコミは痛い思いを何度もして学んできたはずなのである。それなのにそういう常識を故意に無視するジャーナリストがいる。日本にも北朝鮮の工作員は多数潜入しテレビもチェックしている。だからこそ拉致も可能だったのであり、そういう状況下で顔出しインタビューに登場した人間が本音など語るはずが無い。だからこんなインタビューは情報として価値が無いというのが世界のマスコミの常識である。

仮に百歩譲って「参考資料」として放映するにしても、キャスターは必ず「独裁国家のことですから彼らは本音を語っている可能性はまずありません」などと注意すべきなのである、それをせずに活字よりインパクトの強い映像をタレ流しにするのは情報操作に他ならない。

もちろん実例はこれだけで無く、『筑紫哲也NEWS23』ではことあるごとに「北朝鮮はそんな悪い国では無い」という「情報」をタレ流していた。だからこそ、北朝鮮も認めた日本人拉致という事実が国民の共通認識になるのが遅れに遅れたのだ。

こうした情報操作は新聞でも行なわれていた。

たとえば北朝鮮について何か不利な状況が報道されると、それを「埋め合わせるように」翌日の朝日新聞には「電車の中で朝鮮学校の女生徒のチマチョゴリが切られた」という記事が載せられた。それを読んだ日本人の善男善女の中には「右翼ってひどいことをするな。やっぱり北朝鮮はかわいそうだ」と思った人も少なからずいただろう。そういう方々にぜひ申し上げておきたいのは、こうした一連の事件で私の知る限り「右翼の犯人」が逮捕されたことは一度も無い。そして、これは善意に解釈すれば不幸中の幸いなのだが、カミソリで衣服を切られたらケガをする可能性も高いのだが、これも私の知る限りケガをさせられた女生徒も一人もいない。とても不思議な話である。

ジャーナリストなら当然この不思議さに疑問を持ってもおかしくない。フリーの雑誌記者で在日朝鮮人三世のきむ・むい（本名＝金武義《キムムイ》）は、この問題を取材し真相に迫ろうとした時、自宅アパートで不可解な死を遂げた。一応、薬物中毒死というのが公式発表である。それ以後この問題を追及しようというジャーナリストも私の知る限りいない。

「北朝鮮による日本人拉致などあり得ない」という情報工作に加担していたのはマスコミだけでは無い。たとえば、小泉首相が訪朝して真実を白日の下に晒した二〇〇二年九月に入っても、社民党（当時）のホームページには次のような論文（執筆者：北川広和）がアップされていた。

「産経新聞に掲載された工作員の証言を検討すると、拉致の事実がハッキリするのではなく、拉致疑惑事件は安企部（韓国安全企画部。当時韓国のＣＩＡと呼ばれていた　引用者註）の脚本、産経の脚色によるでっち上げ事件との疑惑が浮かび上がる」

「拉致疑惑事件はつい最近考え出されたのではないか。そもそも北朝鮮には日本人少女を拉致する理由がない」

ここにもあるように日本の新聞でもっとも早く、北朝鮮は日本人を拉致しているという確信的な報道を行なってきたのが産経新聞だった。しかもそれは脱北者の証言など確かな証拠に基づく客観的な報道である。だから、この論文によって逆に日本における北朝鮮支持派が何をしようとしていたか明確になる。「拉致疑惑事件は日本の右翼あるいは韓国によるでっち上げ」だと印象づけたいということだ。

ところが小泉首相によってこれがでっち上げどころか、まったくの事実であることが証明されてしまった。

そこで社民党は「これは一研究員の論文であって党の見解を代表するものでは無い」と責任を回避した。書いたのは一研究員でも、それを党の公式ホームページに載せるということは、少なくともその見解を党は暗黙に支持しているというのは常識だが、土井たか子党首（当時）ら社民党の幹部にはそういう感覚はまったく無かったようだ。

社民党の前身である日本社会党も「北朝鮮は友邦」という態度を貫いており、社会党時代から長年最高幹部だった土井たか子は、拉致事件の中でもっとも確定的な事件として早くから報道されていた「横田めぐみさん拉致事件」についてのみ、「（北朝鮮の）少女拉致疑惑」というあくまで不確定（疑惑）であるという表現で問題にしただけで、他の拉致事件についてはそんなものはあり得ないという態度を死ぬまで貫いていた。ちなみにその土井たか子の愛弟子が福島瑞穂（みずほ）である。福島はその後社民党党首を五期務め、例の北朝鮮ミサイル問題についても、国会で北朝鮮のミサイルを迎撃するという日本政府の方針を批判し「当たった場合でも人工衛星だったらどうなるのか（２００９年３月26日参院予算委員会）」と述べ、あくまで北朝鮮のミサイルは人工衛星だという印象を与えるような質問を繰り返した。

一方、筑紫哲也をＴＢＳに招き活動の土台を整備したのが、先述の『報道特集』のメインキャスター金平茂紀である。

では、小泉首相が訪朝し、北朝鮮支持派にとっては「情報工作が破綻した」歴史的な日（２００２年９月17日）の筑紫哲也の態度はどうだったのか？

これから書くことは友人（複数）の証言による。私は当日のTBSのニュース番組は見ていないからだ。そんなバカバカしいものを見ても時間のムダだからである。しかし、当日テレビを見ていた友人たちの証言によると、その日筑紫は「拉致問題なんてでっち上げに決まっている」と「うそぶいていた」そうだ。ところがニュースの本番中に「北朝鮮が拉致を認めた」という一報が入ってきて、筑紫は形相を変え絶句したという。当然この場面の映像はTBSに保存されているだろう。この問題を検証する時は（そういう意志があるならばだが）ぜひとも放映していただきたいものだ。

■「日本人」に生まれたのは「罪」なのか？　筑紫哲也の驚くべき恥知らずな発言

北朝鮮という、正式な国号（朝鮮民主主義人民共和国）では民主主義を名乗りながら、実際には民主主義の片鱗も見られない独裁国家によって、多くの日本人が不当に拉致されその人生を奪われた。この歴史的事実に対し、日本のマスコミの大部分は事実とはまったく逆の「北朝鮮はよい国だ」というような印象を与える報道を繰り返し、その情報操作によって日本人は洗脳され事態の解決が著しく遅れた。これも歴史的事実である。

その中でもっとも責任の重い日本のマスコミと言えば、すでに述べたように新聞では朝日新聞、雑誌ジャーナリズムでは岩波書店、テレビではTBSである。そして個人でその

「洗脳工作」に最大貢献した人物を一人挙げよと言われれば、私はTBSの看板番組『筑紫哲也NEWS23』のメインキャスターを務めていた、朝日新聞OBでもある筑紫哲也を挙げる。

前節で述べたように、筑紫は二〇〇二年に小泉純一郎首相（当時）の訪朝によって真実が白日の下に晒されるまで、北朝鮮はそんなことをしていないという印象を与える報道を繰り返していた。本当に不思議な話である。当時、筑紫は本当に「北朝鮮は拉致するような国家では無い」と思い込んでいたように見えたからだ。だからこそ多くの日本人が筑紫にダマされたのだが、ジャーナリストあるいは記者として通常の感覚を持ってさえいれば、少なくとも「北朝鮮はどこか変だ」という最低限の疑いは持てたはずなのである。それなのに当時、社民党のホームページに掲載されていた論文のように「拉致問題はでっち上げで、韓国と産経の陰謀だ」と思い込んでいたのだろうか？

それなら、ジャーナリストの資格は無いと言えるほどの見識の無さである。

しかし人間失敗することはある。何度も言うとおり人間は神では無いからだ。仮にこれを故意では無くミスだとしよう。つまり本気で、無邪気にも「北朝鮮はそんなワルでは無い」と思い込んでいたとしよう。しかし、たとえそうであったとしても真実があきらかにされた二〇〇二年九月十七日以降は態度を改め反省すべきである。ジャーナリスト、いやそれ以前に人間として当然のことだ。

ところが筑紫は反省するどころか、拉致被害者の一時帰国に際し『筑紫哲也NEWS23』の中に持っていた「多事争論」という、言わば「署名入りの映像コラム」で次のように述べた。

もし、拉致された人、そして亡くなった人たちに何かの過失があるとすれば、それは、「日本人」に生まれたということでしょう
（『筑紫哲也「妄言」の研究』「『多事争論』は妄言でいっぱい！」高橋秀実　宝島社刊）

まったく驚くべき発言である。いや恥知らずの発言と言ってもいい。何の罪も無いのに誘拐され人生を奪われた被害者にどんな落ち度があるというのだ。「『日本人』に生まれた」というのは「罪」なのか？

驚くべきことに、この発言を弁護する日本人もいる。その理由はこの発言の後半部分にある。

自国民が自国の領土でさらわれることについて、それを止められず、その後も24年に

わたって放置したという、そういう国に生まれたということの過失ぐらいしかありません。

（前出同書）

つまりここで筑紫の言う「日本人に生まれた過失」というのは「政府の拉致問題に対する無能さ」のことであり、政府批判であるから問題無いという弁護論である。

この弁護論は筑紫や朝日新聞に限ってはまったく成立しないことはおわかりだろう。拉致被害者やその家族なら「国はいったい何をしていたんだ！」と叫ぶ権利はある。しかし、執拗な情報操作で拉致問題の解決を二十四年も遅らせた責任者の一人である筑紫にはそんなことを口にする資格は無い。

そもそも何の罪も無い被害者に「過失あり」と決めつけること自体問題なのに、さらにその責任を一方的に国だけに押しつけている。おわかりだろう、国に責任を転嫁することによって自分の責任を逃れようとしているのである。人間としてもっとも卑怯な態度である。少なくとも政府においては小泉首相が「拉致があったこと」を北朝鮮側に認めさせた点で筑紫よりずっとマシであり、あらゆる日本人の中でこういった発言をする資格がもっとも無いのが筑紫哲也ではないか。それゆえ、この発言は、あらゆる日本のジャーナリストの発言の中で、もっとも恥知らずな発言であると私は断じる。

とにかく筑紫の北朝鮮を擁護する姿勢は常軌を逸していたと言っても過言ではあるまい。拉致被害者の一人で、現在は帰国している曽我《そが》ひとみさんの夫チャールズ・ジェンキンス氏の、北朝鮮からの日本への帰国が危ぶまれたことがあった。いわゆる「ジェンキンス帰国問題」である。ところがこの問題で、日本の雑誌『週刊金曜日』は当時平壌の病院に入院していたジェンキンス氏の「単独インタビュー」に「成功」した。このあたりの事情を詳しく語ることは、『逆説の日本史』のテーマからは少し外れるので割愛する（興味のある方は拙著『「拉致」事件と日本人』〈祥伝社刊〉をご覧いただきたい）が、要するに北朝鮮の思惑に乗せられた『週刊金曜日』が結果的に北朝鮮に有利な報道をし、それに対して日本に帰国していた曽我ひとみさんがショックを受けたという事件である。「9・17以降」の時点でもあるし大半の日本のマスコミは『週刊金曜日』の取材姿勢を批判した。ところが敢然と擁護に立ったのが筑紫哲也である。この時筑紫は「多事争論」で、概略次のように述べた。

「湾岸戦争の時アメリカCNNの記者は、アメリカ人でありながらイラクにとどまり報道を続けた。これに対しアメリカ国内で利敵行為だという批判があったが、アメリカのジャーナリストはそういう批判に批判的だった。たとえば敵軍に従軍を許されたカメラ取材陣が、アメリカ軍を待ち伏せ攻撃しようとしているという事実を知った時どうすべきかというような議論があったが、アメリカを代表する二人のキャスターはともにアメリカ軍にその情報を知らせるべきでは無くカメラを回し続けるべきだと結論した」

そう述べた後、筑紫は、

「国の方針に水を差すような報道取材をすべきでは無いという議論になると、自由な報道や言論というものが死んでしまって、北朝鮮と何ら変わらない国になってしまう。私はこの国が北朝鮮のようになってしまうことは決していいことだと思いません」

と述べて『週刊金曜日』の姿勢を擁護したのである。

じつに巧妙なレトリックで、「筑紫哲也の妄言」というのは大学のマスコミ学科で「教材」にしたらいいと思う。もちろんジャーナリストたるもの、こんなインチキはすべきでは無いという反面教師としてである。

筑紫がこの前段のアメリカの例で述べていることは、報道機関はあくまで公平な第三者であるべきだという原則でこれ自体は当然のことなのだが、公平な報道というのは日本の言い分と、北朝鮮あるいは中国の言い分をそのまま同じ分量だけ載せるということでは無い。相手が民主主義国家ならそれでいいが民主主義の無いところでは、常に情報は統制され操作されているのである。そのことを無視して両者を平等に扱えば、結果的に情報統制国の宣伝工作に乗せられることになる。まさに、それに乗せられたからこそ拉致問題は白日の下に晒されるまで数十年もかかり、いまだに最終解決の道が見えないのではないか。

こうした報道における常識を無視してアメリカの例と単純比較することは、結果的に北朝鮮を擁護するマスコミを擁護していることになる。

さらに問題なのは、筑紫はこの時点で公平な第三者では無かったということだ。

当時、筑紫は『週刊金曜日』の編集幹部だったのである。つまり、『週刊金曜日』の問題についてニュース番組で論評するなら、最低限自分が『週刊金曜日』の関係者であることに言及しなければいけない。実際は、まともなジャーナリストなら、「この問題について私はコメントをする資格は無い」と論評を避けるだろう。

要するに公私混同してはいけないということだ。これはジャーナリスト以前の社会人としての常識であるはずだ。しかし日本ではそんな常識もわからない上に、恥知らずの責任転嫁を繰り返す人間が「名ニュースキャスター」などと呼ばれていたのである。

そもそも筑紫も朝日新聞OB、『週刊金曜日』も朝日新聞OBによって創られた会社だが、母体の朝日新聞にも恥知らずの暴言を吐く記者はいる。

拉致被害者の横田めぐみさんの父親の横田滋さんはかつて、朝日新聞に対し次のようにコメントしていた。

99年8月31日朝日新聞の「『テポドン』一年の教訓」と題する社説に「日朝の国交正常化交渉には、日本人拉致疑惑をはじめ、障害がいくつもある」とあった。私は「拉致問題で騒いでいる私たち自体が、交渉の障害になっているかのようにとられる」などと抗議文を送り、親の代から購読していたのを中止した。

(『朝日新聞』2002年12月27日付朝刊)

こういうコメントを掲載するという姿勢自体は評価できないわけでは無いが、問題はそのコメントに対する釈明である。いや釈明というより暴言といったほうが正確だが、同じ日の紙面に掲載された村松泰雄論説副主幹(当時)の記事の該当部分は次のとおりである。

ご指摘を受けたのは、日朝交渉と拉致問題とのかかわりでした。交渉のなかで問題解決を、という朝日新聞の主張は、交渉のために拉致問題を棚上げにしてもいいということではなく、むしろ逆に、北朝鮮という特異な体制を相手に拉致問題を打開するには日朝交渉が大きな手がかりになるという判断があってのことでした。「障害」という表現も、乗り越えなければならない、つまり解決されなければならない課題という意味を込めたものです。（中略）北朝鮮の国家犯罪を私たちも憎みます。「障害」という表現によって私たちの思いが十分に伝わらなかったかもしれません。家族のお気持ちを傷つけたとすれば、残念です。

「障害」という言葉には「乗り越えなければならない、つまり解決されなければならない課題という意味」は無いわけでは無い。だが、手元の辞書をひくと語義として最初に載せられているのは「物事のさまたげ。じゃま」（『改訂新版国語辞典』講談社刊）である。ちなみに「さまたげ」をひくと「じゃま、さわり、妨害」とある。

日本でもっとも権威あるとされる国語辞典をひいても「障害」とは「さまたげをすること。じゃまをすること。また、そのさまたげとなるもの。さわり」（『日本国語大辞典』小学館刊）であり、念のため「障」をひくと「妨げること。じゃますること。妨げ」とあり、「害」は「人や事物に与えるよくない影響。わざわい。さわり。また、さまたげ」とある。

つまり障害とは「乗り越えるべき（できれば存在しないほうがいい）悪いもの」という意味なのである。確かに「乗り越えなければならない」ものではあるが公害、殺害、被害など「害」の一字がつくものは「悪」なのだ。だから朝日新聞が「拉致問題は日朝交渉の障害」と表現したのは、朝日にとって拉致被害者は「邪魔者」であり「悪」ということなのである〈念のためだが、「身体障害者」と「悪」を結びつけているわけでは無い。「障害者基本法」によれば、「障害者」とは、〈継続的に日常生活又は社会生活に相当な制限を受ける状態にあるもの〉であり、現在では「障がい者」と表記されることが多くなっているのも、「害」の持つニュアンスと区別するためだろう〉。

　これは決して言いがかりでは無い。朝日新聞が善意を持って拉致問題を考えているならば、まさに「乗り越えなければならない、解決されなければならない課題」というニュートラルな表現にすればいいのであって、障「害」などという言葉を使う必要はまったく無い。言葉にはそれぞれニュアンスというものがある。当たり前の話だが、新聞記者はこれに敏感でなければいけない。もちろんすべての言葉に精通しているということはあり得ないのだが、そのためにその道の専門家が書いた国語辞書というものがあるのだ。第一「害」がつく言葉は基本的に悪い言葉だというのは、日本語の知識としては常識の部分に属するものである。それなのに社説の筆者もこれを使い、必ずチェックしたはずの校正者も「問題無し」としたことは、朝日新聞の中に「北朝鮮を擁護するためには拉致問題が邪魔だ」という考えが普遍的に存在する何よりの証拠だろう。

　人間は相手にまったく危害を与えるつもりが無くても与えてしまうことがある。そんなつもりは無いのに自分の不注意でケガをさせてしまった、というような場合である。そんな時「お前のせいで私は傷ついた」と抗議されたら、そういうつもりはまったく無かったとしても、取りあえず謝罪するのが当然であろう。ところが、実際にそうした横田滋さんに対し村松論説副主幹は「残念です」としか言っていない。まるで謝罪はしていないのだ。これも朝日新聞が、拉致被害者とその家族は「障害」つまり「悪」とみなしている証拠である。相手が「悪」である以上、謝罪をすることは「悪」を認めることになるから必要無い。つまり、これは「朝日は正しい。そのことをお前たちが理解できないのは残念だ」ということなのである。

何という傲慢な言葉だろうか。

■「開き直り」と「問題の矮小化」――懲りない『朝日新聞』のごまかしの手口

それにしてもあらためて痛感するのは朝日新聞社や朝日新聞ＯＢその関係者に見られる、とてつもない傲慢さである。他者に対して常に「上から目線」で「我々が正義だ。お前たちは反省せよ、謝罪せよ」という態度を執拗に繰り返すのに、自分のこととなると反省も謝罪も言を左右にして実行しようとしない。

その体質が典型的に露呈したのが、いわゆる「従軍慰安婦誤報問題」である。

今、世界では「日本は戦時中、朝鮮半島の若い女性を強制連行して性奴隷とした」という認識が広まっている。この認識には大きな問題（それについてはいずれ詳しく触れる）があるのだが、その認識が事実であると日本ばかりか世界が信じるようになった大きなきっかけが、一九八二年（昭和57）の朝日新聞の報道である。朝日新聞が吉田清治《よしだせいじ》という人物の「私は戦時中、済州島《さいしゅうとう》で約二百人の若い朝鮮人女性を強制連行しました」という「証言」を大々的に報道したことである。

　ところがこれがまったくのデタラメだったのだ。

　この「証言」については報道当初から虚偽ではないかという批判があった。歴史学者や他の報道機関の多くもこの「証言」は事実では無いという見解を発表し、朝日新聞社以外の世界ではそうした認識がいわば常識となっていたのだが、朝日だけが頑なにその事実を認めようとしなかった。なんと三十二年の長きにわたってである。

　これだけでも真実を報道しなければならない報道機関としては許されない態度と言うべきだが、内外で高まる批判に頑迷固陋《がんめいころう》であった朝日もついに真実には敗北せざるを得なくなり、ようやく「吉田氏が済州島で慰安婦を強制連行したとする証言は虚偽だと判断し、記事を取り消します。当時、虚偽の証言を見抜けませんでした。済州島を再取材しましたが、証言を裏付ける話は得られませんでした」と、三十二年もたった二〇一四年八月五日付の朝刊でようやく認めた。

ところが、この紙面には誤報を出したことに対する謝罪の言葉は一切無かった。そもそも誤報を認めた前記の文言も、第一面では無く第十六〜十七面の検証記事の片隅に掲載されたのだが、では第一面には何が載っていたかと言えば「慰安婦問題の本質　直視を」という編集担当杉浦信之《すぎうらのぶゆき》の署名がある「社説的記事」である。

杉浦は当時編集担当取締役つまり朝日新聞における編集部門の最高責任者であったのだが、その最高責任者が何を書いていたか『逆説の日本史』の熱心な読者ならばこのタイトルから容易に想像がつくだろう。

私が日本新聞史上最低最悪と考える、朝日新聞の中川昇三東京本社社会部長（当時）が執筆した記事「読者と朝日新聞」（１９８２年9月19日付朝刊）を思い出していただきたい。「日本政府と文部省（当時）が教科書検定において『中国侵略』という文言を強制的に『中国進出』に改めさせた」という誤報について、現場の最高責任者である中川部長は、悪者扱いした政府と文部省には一切謝罪せず、「ここで考えてみたいのは、中国・韓国との間で外交問題にまで発展したのは、この誤報だけが理由なのか、という点です。（中略）つまり、ことの本質は、文部省の検定の姿勢や検定全体の流れにあるのではないでしょうか」と書いた。前にも述べたように、この時点で問題が「外交問題にまで発展した」のはこの誤報が原因なのである。中川自身もこの記事で「新聞、放送各社ともこの個所についてはほぼ同様の報道をしましたが、七月二十六日になって、中国が『日本軍国主義が中国を侵略した歴史の事実について改ざんが行われている』と抗議、続いて韓国も抗議し、外交問題となりました」と書いている。にもかかわらず、全体としては「この誤報だけが理由なのか」と開き直り、「本質直視を」という言い方で問題を逸らそうとしているのだ。

これが朝日のごまかしの手口であり社風なのだろう。

だからこの時から三十年以上経過した二〇一四年になっても、編集幹部の杉浦信之は同じ「コンセプト」で「言い訳」を書いた。内容はもう想像がつくかと思うが次のようなものだ。

戦時中、日本軍兵士らの性の相手を強いられた女性がいた事実を消すことはできません。慰安婦として自由を奪われ、女性としての尊厳を踏みにじられたことが問題の本質なのです。

(『朝日新聞』2014年8月5日付朝刊)

この日の朝日紙面は誤報を訂正するのが目的だったはずだ。ならば、訂正および謝罪を第一面にもってくるべきであって、それ以外のことは訂正・謝罪をじゅうぶんに尽くしてから言うべきだろう。ところが、これである。杉浦は気がついていないのかも知れないが、こういう文章を書く人間の心理の底には、「目的が正しければ、その実現のために情報を操作しても構わない」という傲慢な「信念」がある。人間、謝罪をすべきなのに謝罪しないのはどのような時か？　別に難しい問題では無い。それは「自分が正しいという確信がある時」である。つまり朝日の幹部は、かつて大本営発表という情報操作で国民をダマしながらそれを正義だと考えていた戦前の軍部と、本質的にはまったく同質の存在だということだ。

また杉浦は次のようにも書いている。

90年代初め、研究は進んでいませんでした。私たちは元慰安婦の証言や少ない資料をもとに記事を書き続けました。そうして報じた記事の一部に、事実関係の誤りがあったことがわかりました。

（前出同紙）

中川記事では同様のところを、「一部にせよ、誤りをおかしたことについては、読者におわびしなければなりません」と書いている。

おわかりだろう。「問題の矮小化」である。「教科書問題」が外交問題に発展したのはマスコミの誤報が原因であり、「従軍慰安婦問題」が大問題に発展したのは朝日新聞の誤報が原因なのである。それを問題の一部という言い方でごまかそうとしている、手口と評するゆえんである。

ひょっとしたら朝日新聞の熱烈なファンには、私の主張を言いがかりのようにとらえている人もいるかもしれない。私の主張は客観的かつ常識的なもので偏見でも何でも無いのだが、世の中には朝日新聞の「毒」にどっぷりと染まってしまった人が大勢いるのも事実である。そこでこの問題に関して公平かつ客観的な視点を持つ人物の、この問題に対する評価を紹介しよう。

ジャーナリスト池上彰《いけがみあきら》は、当時から朝日新聞紙上に「池上彰の新聞ななめ読み」という紙面批評のコラムを連載していた。もちろん何を書いてもいいという条件のもとにである。そこで池上はこの「従軍慰安婦誤報問題」に対する朝日新聞社の姿勢について次のように論評した。

過ちがあったなら、訂正するのは当然。でも、遅きに失したのではないか。過ちがあれば、率直に認めること。でも、潔くないのではないか。過ちを訂正するなら、謝罪もするべきではないか。

朝日新聞は、8月5日付と6日付朝刊で、「慰安婦問題を考える」と題し、自社の過去の慰安婦報道を検証しました。これを読んだ私の感想が、冒頭のものです。（中略）この証言に疑問が出たのは、22年前のことでした。92年、産経新聞が、吉田氏の証言に疑問を投げかける記事を掲載したからです。

こういう記事が出たら、裏付け取材をするのが記者のイロハ。朝日の社会部記者が「吉田氏に会い、裏付けのための関係者の紹介やデータ提供を要請したが拒まれたという」と検証記事は書きます。この時点で、証言の信憑《しんぴょう》性は大きく揺らいだはずです。朝日はなぜ証言が信用できなくなったと書かなかったのか。今回の特集では、その点の検証がありません。検証記事として不十分です。

（『朝日新聞』２０１４年9月4日付朝刊）

おわかりだろう。まともなジャーナリストの眼から見れば、誰が見ても「朝日は異常」なのである。

ところが、この話には続きがある。大騒ぎになったからご存じかもしれない。なんと朝日新聞社はこのコラムの掲載を拒否したのである。そして池上が当初の約束とは違う朝日の態度に腹を立てたのか、それとも朝日新聞内部にも少数はいる良心的な記者が情報をリークしたのか、とにかくこのことは外部に漏れ大問題となった。

慌てた朝日は池上に詫《わ》びを入れ前出のコラムを掲載した、それゆえ我々は現在このコラムを読むことができるし、このように引用することもできる。

しかし、ここでちょっと考えていただきたいのは、もしこのコラムを朝日新聞社の社員である記者が執筆していたら、いったいどうなっていたかということである。

おそらくは闇に葬られただろう。最高幹部の命令なのである、拒否はできない。現在はそれでも、勇気をふるってインターネットに投稿するという手はあるが、それをやれば当然業務命令違反で左遷か解雇だろう。そういうリスクを冒してまで真実を世に問おうという記者が果たして朝日新聞にはいるのか?

この問題に関して、ツイッターなどで会社の姿勢を批判した朝日新聞記者がほんの少数いたのは事実だが、それは問題が表面化してからのことである。少なくとも確実に言えることは、朝日新聞社においては記者を、真実を追究するという姿勢よりも、会社としての主張をいかに守れるかという点で評価し、そういう能力に長けた人間ほど出世するということだろう。それはかつての中川社会部長そして杉浦編集担当取締役の例を見てもあきらかなことである。

この話にはさらに続きがある。

この件について朝日は二〇一四年九月十二日付朝刊の紙面で最高責任者の木村伊量《きむらただかず》社長（当時）が謝罪した。

ところが、この日の第一面（左）をよく見ていただきたい。

朝日新聞

2014年（平成26年）9月12日 金曜日

吉田調書「命令違反し撤退」報道

本社、記事取り消し謝罪

慰安婦巡る記事 撤回遅れを謝罪

吉田調書 政府が公開

信頼回復へ検証委

池上氏連載判断「責任を痛感」

人・空気・未来 高砂熱学工業

吉田調書関連ニュース
本社報道の経緯 2面
識者の見方 3面
事故当時の政権中枢の証言 4面
専門家の指摘 5面
公表された調書の抜粋 14.15面
慰安婦特集・コラム問題の経緯 38面
本社社長会見の詳報 39面

オピニオン・社説・声・こころ 16.17面

女性登用 数値化に経営側反発 7面

米、シリアにも空爆拡大へ 9面

吉田、五輪・世界選手権15連覇 27面

プーチン大統領訪日 今秋は困難か 5面

謝罪会見翌日の、2014年９月12日付『朝日新聞』１面。「吉田調書『命令違反し撤退』報道」について「記事取り消し謝罪」が行なわれたという見出しが目立つ紙面構成になっている（『朝日新聞縮刷版』より転載）

木村社長が主に謝罪しているのは、これとは別件の「吉田調書誤報問題」(東京電力福島第一原発事故当時の所長、故・吉田昌郎の政府事故調査委員会聴取記録を入手し、「事故の際に職員たちが吉田の命令に違反して福島第二原発に撤退した」と報じたが、それはまったくの事実誤認であった)についてであって、「慰安婦誤報問題」は紙面を見れば一目瞭然まさに付け足しの扱いである。

この段階で杉浦編集担当取締役は解任されたのだが、リードには「(吉田調書について報じた)記事を取り消し、読者と東京電力の関係者に謝罪した。杉浦信之取締役の編集担当の職を解き」とある。朝日が(木村社長が)杉浦を解任したのは、あくまで「吉田調書誤報問題」の責任を問うたのであって、「池上コラム掲載拒否」については木村社長の「責任を痛感している」というコメントは載せているものの、直接の解任の理由では無いという立場を貫いているのである。

この理由もおわかりだろう。「我々朝日は慰安婦問題報道について完全に正しい立場だ。だから謝罪する必要はまったく無い。従って謝罪を求めた池上コラムなど掲載拒否をするのが当然だ」と朝日は思っていたということである。

しかし、これだけ言っても世の中には「朝日は正義」と頑なに思っている人間がいる。朝日新聞社自体もそういう人間の巣窟であるかもしれない。では、これから「朝日人はそう思い込んでいる」という確実な証拠をお見せしよう。それは他ならぬこの紙面に載せられた、木村社長自身のコメントである。木村社長はこの池上コラムの掲載を見合わせた判断については「言論の自由の封殺であるという思いもよらぬ批判があった」と述べているのだ。

「バカじゃなかろうか」と正直私は思った。この人はいったい何年ジャーナリストをやっているのか。「自由に書いてください」と依頼した原稿が自分の所属する組織にとって不都合だった、だから掲載を拒否するというのは、普通の民間企業なら許されるケースもあるだろうが、報道機関としては絶対やってはいけないことである。常識中の常識ではないか。しかし木村社長は「思いもよらぬ」などと言っている。この結果が予想できなかったのだ。

欧米先進国のマスコミだけでなく、日本のマスコミでもこのような結果は確実に予想できることである。そんなこともできない人間が社長になれるとは、朝日新聞とはまさに驚くべき組織である。

ではなぜ木村社長は「池上斬り」を悪いことだと思わなかったのか。「朝日は正義」と信じ込んでいたからだろう。それ以外にジャーナリストの常識中の常識に反してまでも、このことを悪事と考えない理由は無いではないか。

この問題に関して朝日は外部の有識者を招いて調査にあたらせることにした。この件に関する朝日の一連の行動の中で唯一「英断」と評価できるものである。

しかし、その第三者委員会の出した結論は、またまたとんでもないものであった。そもそも「池上斬り」を決断したのは杉浦担当取締役では無く、木村社長その人だったのである。

■旧帝国陸軍と朝日新聞社の不気味なほどの共通点

ひょっとしたら、『逆説の日本史』シリーズの愛読者の中でも決して少なくない人々が、本章で行なっている現代のジャーナリズム問題の分析、とくに朝日新聞の誤報偏向報道については、追及するのはいいがそれは本題である日本史の研究を外れた、ムダな寄り道であると思っているのではないだろうか。

もちろんそうでは無い。もし、あなたがそう思っているとしたら、残念ながらまだまだ日本歴史学界の非常に近視眼的な日本史の見方に惑わされていると申し上げよう。

今朝たまたまテレビを見ていたら、高名な野球評論家が、都市対抗野球の試合前に、これから戦う敵同士のチームが互いにエールを交換するという美風に触れ「こんなことは日本人しかしませんよ」と誇らしげに言っていた。隣にいた元アメリカ人（現在は日本に帰化）のゲストも、「アメリカにはありません」とうなずいていた。

なぜアメリカに（つまり外国には）無いものが日本にはあるのか？

これを日本人はいつごろからそうなのか？　と言い換えれば日本史の問題になる。しかし、いわゆる専門の日本史学はいくら学んでもこういった問いに答えられない。だからこそ、これはあきらかに専門家による歴史学の欠陥であり、常々申し上げているようにその欠陥を補うために素人である私がこの『逆説の日本史』を書こうと思ったのだし、書く必要があるとも言えるのだ。

では「なぜ、こういう習慣が日本だけにあるのか」と言えば、聖徳太子《しょうとくたいし》が「十七条憲法」で鋭く指摘した「和の精神」があるからだ。そして、その底には「敗者が怨霊と化すことへの恐怖」がある。戦えば必ず「勝者と敗者」が生じ、敗者は負けた恨みから怨霊と化し、この世に祟《たた》りを為す。だから戦いはできるだけ避けようともするし、避けられない場合は後に恨みが残らないように様々な工夫をする。

飛鳥《あすか》時代に「仏教を日本に取り入れるか否か」で蘇我《そが》氏と物部《もののべ》氏は戦争をした。仏教支持派の蘇我氏の血を引く聖徳太子はともに戦ったが敗色濃厚となった。そこで聖徳太子は仏教の守護神である四天王《してんのう》に祈り「この戦いに勝たせ給え、勝利の暁には必ず四天王を祀る寺を建立する」と誓った。すると味方の兵士が敵の大将物部守屋を弓で射殺するという大手柄をたて、形勢は逆転し蘇我氏が勝った。守屋はさぞ無念だっただろう。

ところが今、聖徳太子が建てた大阪の四天王寺に行くと、いつの間にか守屋を祀る「神道式」の祠《ほこら》が建立されている。それが日本だ。これはイギリス史で言えばトラファルガーの海戦でフランスのナポレオンを破り、ナポレオン没落のきっかけを作ったネルソン提督の墓所に、ナポレオンの霊が祀られているということである。外国では絶対にあり得ない。

しかし、日本では決して珍しいことでは無い。西洋でもラグビーでは試合が終わると「ノーサイド」つまり「敵も味方も無い」と言うが、日本では試合が始まる前から「ノーサイド」であろうとする。そうした精神的風土があるからこそ「敵にエールを送る」習慣も生まれたのだ。これが本当の歴史、日本史を知るということだ。

歴史は大河の流れのようなものだ。上流に何か起これば、それは必ず下流に影響をもたらす。大きいか小さいかは別にして、もっとも下流つまり現在起こっていることの原因は一千年以上遡《さかのぼ》った上流（過去）にあることだって珍しくは無い。そしていずれ下流（現在）もさらに下流（未来）では過去となる。だから歴史は長いスパンで見なければ本当の形はわからない。

本章で私がやっていることは、まさに日本史という川のもっとも下流で起こった二〇一四年の朝日新聞の「池上斬り」事件だが、その分析を現時点で行なう理由は、じつはこの事件が昭和前半史つまりいわゆる「戦前」の時代を考えるのにきわめて有効なヒントになるからなのである。

「戦前」の歴史を簡単にまとめれば、満州事変（1931年）以降、大日本帝国は戦争に次ぐ戦争の時代に突入し昭和二十年（1945年）に破綻したわけだが、その破綻を招いた最大の責任者は戦前の軍部、とくに帝国陸軍であることに異論を唱える人はいないであろう。右であれ左であれ、この点は変わらないと言っていい。そして「戦後」の朝日新聞社が組織として旧帝国陸軍の悪を徹底的に追及する目的を持っていたことを、否定する人もおそらくいないだろう。私も朝日を厳しく批判する者だが、朝日がその目的のために努力していたことは認める。

それならば朝日新聞社は絶対に旧帝国陸軍のような組織になってはならない。当たり前のことだが、朝日が陸軍を「悪」として糾弾するなら、朝日自身は陸軍のような組織と化してはいけないに決まっている。

しかし、朝日新聞の記者だった稲垣武は、朝日の体質を批判して「昔『陸軍』いま『朝日』」と言った。朝日新聞の記者や社員、あるいは関係者やOBは「冗談も休み休み言え。陸軍の悪を徹底的に追及してきた朝日が陸軍と同じはずが無いじゃないか！」と抗議の声を上げるかもしれない。私に言わせれば、それは歴史を知らない者の言う言葉だ。

朝日と陸軍とは不気味なほど共通点がある。

すでに述べたように陸軍（正確には海軍も）は実際には戦争に負けているにもかかわらず、「勝った、勝った」と偽りの情報を流して国民をダマした。大本営発表である。一番肝心な点は、彼らはそれを露ほども悪だとは思っていなかったことだ。彼らの理屈はこうだ。「真実を発表すれば国民の士気低下を招く」。この美辞麗句の底にあるのは国民に対する徹底的な侮蔑と鼻持ちならないエリート意識である。要するに「日本国民は我々軍人のように優秀では無いから真実を受け止められない。だから国民の士気が落ちないように偽りの情報を流すことは悪では無い」ということだ。

朝日は従軍慰安婦問題で「強制連行をした日本人がいた（吉田虚偽証言）」という偽りの情報を三十二年間も訂正せずに読者をダマし続けた。とうとうごまかしきれなくなって訂正する時も第一面ではなく第十六面の片隅で小さく訂正し、第一面では「慰安婦問題の本質直視を」という言い方で誤報をごまかそうとした。

もし朝日の編集幹部や記者たちが自分たちはエリートなどでは無く、読者を真に対等の存在だと考えているなら、ごまかす必要などはまったく無く率直に真実を告げればいいし、間違っていたら直ちに訂正すればいいのである。彼らだって自分の家族や信頼できる友人に対してはそうしているはずだ。それなのに三十二年間も「大本営発表」を維持したのは

「うっかり訂正すると右翼の連中が元気づき、読者が引きずられるかもしれない」と思ったからだろう。それが読者をバカにしているということなのである。相手を自分と対等の知性を持つ人間だと考えれば、人間は決してそういう態度には出ないものだ。胸に手を当てて考えてみればわかることだ。

彼らはそう考えていないから、言葉のはしばしに「バカな役人」「バカな読者」に対する侮蔑が出る。すでに紹介したように、夕刊の「名」コラム「素粒子」は防衛庁（当時）やアメリカ国防省の人間をバカ扱いしてそれが間違いだとわかった後も訂正も謝罪もしなかったし、拉致被害者や家族を日朝交渉の「障害」呼ばわりした編集委員は「『障害』という表現も、乗り越えなければならない（中略）課題という意味を込めたもの」と述べて撤回せず「思いが十分に伝わらなかったかもしれません。家族のお気持ちを傷つけたとすれば、残念です」と謝罪もしなかった。言葉は丁寧だが「オレたちは日朝友好という崇高な使命を遂行中なんだよ。それがわからないのか、バカ」ということである。いずれも自分が正しいし相手よりも偉いという思い込みがあるから、訂正する必要も謝る必要も無いと考え、結局こういう言葉遣いになる。

そして、前節で述べた池上彰のコラムを朝日本紙に掲載拒否した問題でも、最高責任者の木村伊量社長（当時）は、まるで以前に紹介したノモンハン事件の真の責任者である陸軍参謀のように、現場の編集担当に全責任を押しつけ素知らぬ顔をしていた。ところが、新たに設けられた第三者委員会は調査の結果、そもそも「池上斬り」を決断したのは木村社長その人であると結論付けた。社長自らも読者をダマしていたのである。

戦前の陸軍では、部内に設けられた第三者委員会がノモンハン事件や満州事変の責任者を調査し責任者を名指しする、などということは絶対にあり得なかったから、この点だけは戦前よりも進歩していると言える。また、これは進歩と言えるかどうかわからないが、言葉遣いも確かに丁寧にはなった。しかしやっていることは本質的にまったく同じである。

■昭和史最大の研究課題「バカトップ」問題について考える

陸軍と朝日の類似点はこれだけでは無い。じつは最大の問題が残っている。

それは私が「バカトップ」問題と呼んでいるものである。私は昭和史の最大の研究課題はこの「バカトップ」問題であるとすら思っている。念のために言うが茶化しているのでも無ければ、ふざけているのでも無い。これは本当に深刻な問題なのだ。そしてその問題が一般人にももっとも理解しやすいのが、この「池上斬り」問題なのである。

ご説明しよう。そもそも、この「池上斬り」があきらかになった時、朝日新聞もさすがにまずいと思ったのか、従軍慰安婦についての吉田虚偽証言の時と違って、第一面に訂正と木村社長の謝罪コメントを載せた。この時点では木村社長はまだ責任に頰かむりしていたのだが、とにもかくにも訂正謝罪を第一面に載せるというその姿勢自体は評価できる。しかし問題は記事の内容である。前節で紹介したように木村社長は「言論の自由の封殺であるという思いもよらぬ批判があった」と述べた（２０１４年9月12日付朝刊）。

どの新聞でもそうだが、いくら社長のコメントだからといってスルーで紙面に載るということはほとんど無い。まず記事を書いた記者がいる。記者は記事を書く時、おそらくはこの何倍かの量があった社長のコメントの中から、とくにこの二つを選んだ。それを担当デスクがチェックし、最終的には整理部という校閲部門がチェックする。それが普通の新聞社の仕組みで、この点については朝日も他社と大きく違うとは思えない。

それにしても事は重大だ。これは酒席で社長がつい失言してしまったのを、誰かがスマホで撮ったという話では無い、朝日新聞社を代表する社長の発言として本紙に載せられたものなのである。朝日新聞はなぜこんなコメントを堂々と載せてしまったのか？

朝日新聞の記者諸君！　現役ならばほとんど私より年下だろうから、あえてこういう言い方をさせてもらうが、君が社会部の記者だったとしよう。もし、人をナイフで刺した犯人が「死ぬとは思いませんでした」というならまだしも「まさか傷害罪になるとは思いませんでした」と言ったら君はどう思うか？

君が政治部の記者だったとしよう。もし、職務に関する問題で大金を受け取った政治家が「収賄の疑いをかけられるとは思いもよらぬことでした」とうそぶいたら君はどう思うか?

あるいは君が学芸部の記者だったとしよう。人の文章を丸写しにして自作だと発表した作家が「盗作という思いもよらぬ批判があった」と感想を述べたら君はどう思うか?

これと同じことだ。いやしくもジャーナリズムの頂点に立つ新聞社の社長が、自社が社外の人間に「自由に紙面批評を書いてくれ」と依頼した原稿を、「これは掲載できない」などと判断し掲載拒否をしたらどういう結果を招くか、まるでわかっていなかった。

では朝日新聞社というのは上から下まで、そういう常識に基づく妥当な判断ができない人間の集団なのか? まさかそうではあるまい。

するとこういうことになる。朝日新聞社には的確な判断ができる人間は他にいくらでもいるのに、よりによってもっとも常識的な判断のできない人物がトップに登りつめたということだ。

これが私の言う「バカトップ」問題で、戦前の陸軍もまさにそういう「バカ」が「トップ」になる組織であった。だからこそ大日本帝国は滅亡したのである。

きわめて深刻な問題であることがおわかりだろう。

この大日本帝国を滅亡に追いやり、今また「朝日帝国」を滅亡させようとしている「バカトップ」問題は、もう一度念を押すが、ふざけているのでも茶化しているのでも無い。これは本当に深刻な問題なのである。

ただしここで言う「バカ」とは知能指数とか偏差値が低い人間のことを指すのでは無い。むしろまったく逆で世間的には「秀才中の秀才」「選ばれたエリート」と見られる人々である。

ここで私の好きなユダヤジョークを一つ紹介しよう。

ユダヤ民族は子弟の教育にはきわめて熱心である。ところがアメリカで移民として育った、ある夫婦は貧しくて二人とも大学に行けなかった。そこで一生懸命働き息子をようやく大学に入れた。その息子が夏の休暇で帰ってきた。父親は息子がどれぐらい学問教養を身に付けたかとても楽しみにしていて、帰ってくるなり一ドル銀貨を手のひらに握り込み、「息子よ、私が握っているものが何かわかるかい？」と尋ねた。息子は経済学とか生物学とか様々な教養を持ち出して父親の手の中にあるものが丸いものだと結論付けた。父親は息子の成長を喜び「そうか、丸いものだとわかったか」と感涙にむせび「では何だと思う？」と最後の答えを求めた。息子は「丸いもの、そう自動車のタイヤでしょう」と答えたと言うのだ。

どうです、このジョーク笑えましたか？　私の経験ではこのジョークはあまり日本人には受けない。「何が面白いの？」と言った人も少なからずいる。

そもそも、このジョークは何を言いたいのか？　自動車のタイヤを手のひらに握り込めるわけが無い。それを学問以前の「常識」という。この「常識」は別に学校に行かなくても身に付くものだ。ところがなまじ学問をすると、人間は本来子供でもわかる「常識」がわからなくなってしまうことが往々にしてある、と言っているのだ。

そんなバカなことがあるのかと思う向きもあるかもしれないから、ここで日本史における実例を挙げよう。

戦前の旧帝国陸軍において、将官つまり少将以上になれるのは陸軍大学校の卒業生と決まっていた。陸大に入るためにはエリート士官の養成校である陸軍士官学校を卒業しただけではダメで、一度現場に少尉として配属され中尉、大尉に昇格した後、連隊長の推薦を受けなければならない。しかもそれは受験資格を得たというだけで、それから猛勉強の末試験に合格しなければいけないのである。まさにエリート中のエリートだ。そして首席卒業者ら数名だけに、天皇から直々に恩賜《おんし》の軍刀が与えられる。もちろんこれは大変な名誉で、これをもらった優秀な卒業生たちをとくに「軍刀組」と呼んだ。文官を育成する東京帝国大学では同じく首席卒業者ら数名だけに恩賜の銀時計が与えられたが、昭和史とくに戦前の歴史を動かしていた人々の多くはこの軍刀組であり銀時計組なのだ。誤解してはいけないのは、当時の陸軍大学校は東京帝国大学に匹敵するほどの難関であったということだ。大変失礼ながら今の防衛大学校と同じようなものだと考えてはいけない。

日清、日露、第一次世界大戦と大日本帝国は戦争に勝ち続けることによって世界の一流国に上りつめた。それゆえ軍人というのは若い男性にとってはもっとも人気のある職業の一つであり、若い女性にとってはもっとも人気のある嫁ぎ先でもあったのだ。だから陸軍大学校はひょっとしたら日本で一番入学が難しい大学であったかもしれない。しかし、ノモンハン事件を取材した作家司馬遼太郎のエッセイにも書かれていたように、この無謀な「戦争」を起こしておきながら自分の責任とは考えようともせず、現場の人間に腹を切らせた高級参謀たちは主に陸大卒の「軍刀組」であった。ノモンハンの戦闘において日本の兵器とくに戦車は完全に時代遅れで、ソビエト軍の戦車の砲弾は日本軍の戦車の装甲を紙のように貫くのに、日本軍の戦車の砲弾は跳ね返されてしまう。幕末の火縄銃とミニエー銃の戦いのようなもので勝負にならないのだが、このエリートたちはそうしたところを一切改良せずにさらなる大戦争への突入を決断した。それも世界で一番広い大陸である中国大陸で中国軍と戦っているのに、今度は世界で一番広い海洋である太平洋でアメリカやイギリスを中心とした連合軍と戦うという決断である。

最近の子供はあまり喧嘩をしないようだが、いっぺんに二人以上の人間を相手にしたら喧嘩に負けるというのは、砂場で遊ぶ幼稚園児でもわかるはずの「常識」である。しかし、彼らエリートたちは、孫子《そんし》の兵法から最新の軍事学まで学びながら、最終的には「常識」から見ればまったくあり得ない決断を下したのである。

まさに「パパ、握っているのは自動車のタイヤだよね」である。

そうした戦争に無理矢理参加させられ九死に一生を得た評論家山本七平《やまもとしちへい》が「自らの体験をできる限り正確に次代に伝え」る目的で書かれたのが、ノンフィクション『私の中の日本軍』（文藝春秋刊）だが、この作品にはノモンハンの生き残りである九州出身のベテラン兵士が、軍の最高司令部である大本営のエリート集団をどのように評価していたかが書かれている。そのまま引用すれば「大本営チュートコは、気違イとメクラの寄り集りジャロカ、ありゃみんな偉カ人のハズに」である。現代から見れば差別語に満ちた表現だが、彼ら「バカトップ」の決断で兵士たちは死地に追いやられたのである。その不満と怨念を忘れてはいけない。そして再びこういうことを繰り返さないためにも、こうした「史料」は次の世代に伝えなければいけない。差別語が入っているという理由だけで「史料」自体を抹殺してしまえば過ちを繰り返すことになる。

では、こうした「バカトップ」がなぜのさばるのか、きわめて不思議ではないか？　組織にとってもっともトップにしてはいけないのは、幼稚園児でも持てるはずの「常識」を持っていない人間である。ところが帝国陸軍においてトップとなったのは、そうした人々であった。現場の兵士から見れば、まともな人は他にいくらでもいるのに、頭がおかしいとしか見えない人がトップになっていた。

「だから戦前の陸軍は狂信的な国家主義に毒されたとんでもない集団であった」というのがこれまでの歴史学であった。

そうでは無いことを証明するために、私は今朝日新聞を取り上げているのだ。朝日新聞はそうした狂信的な国家主義を日本から排除しようという意図を持った人々の集団である。ならば、旧陸軍と同じ「バカトップ」問題は決して起こらないはずだ。

しかし現実には起こった。

戦後の代表的な「バカトップ」となってしまった木村伊量朝日新聞社社長（現時点では元社長というのが正確だが）の経歴を見てみると、じつに輝かしい。早稲田大学政治経済学部を卒業後朝日新聞社に入社し、若いころは東京本社政治部で記者として活躍、続いてアメリカの大学では研究員を体験し、その後ワシントン特派員としてホワイトハウスを担当。帰国後は論説委員から東京本社政治部長そして編集局長、取締役を経て、朝日新聞社代表取締役社長となった。まさに、旧陸軍なら陸大卒の軍刀組で後にドイツに留学したようなエリート中のエリートと言っていいだろう。当然ながら英語も堪能のようだ。

ところがこの超エリートはジャーナリストなら、幼稚園児とは言わないがマスコミ志望の高校生あたりなら絶対にわきまえているはずの常識、つまり「社外のジャーナリストに紙面批評を頼んでおきながら、それを気に入らないからと掲載拒否をすることは言論の弾圧になり朝日が存立の危機に陥る」ということがわからなかった。

当初、私は木村社長が「池上コラム」の掲載拒否つまり「池上斬り」という決断をしたのは、病気か何かで体調が悪かったためかと思った。人間、病気の時は常識的にはあり得ない判断をしてしまうこともある。いやしくも朝日新聞社の社長たるものが、それも営業出身ではなくエリート記者出身の社長が、そんなバカな判断をするわけが無いと思ったからだ。

ところが、真相はまったく逆でまさに木村社長は病気でも何でも無い正常な状態でありながら決断を下した。しかも周囲の忠告をまったく無視して、である。

『週刊文春』（2014年9月18日号）の記事（「朝日新聞が死んだ日」。以下〈 〉内は同記事の引用）によれば、池上コラムの担当セクションである朝日新聞オピニオン編集部の市村友一編集長は、送られてきた当該原稿については何の問題も無いと判断し、いつでも紙面に載せられるように準備をしていた。ところが〈十五階〉から〈突如としてストップがかかった〉という。〈十五階〉とは〈木村伊量社長（60）以下、朝日新聞社の経営陣が陣取るフロア〉つまり朝日新聞の大本営とも言うべき場所だ。市村編集長は、〈十五階の住人に対し、「絶対、掲載すべきです。掲載しなければ朝日が終わります」と激しく抵抗した〉。だが、〈十五階の住人〉である編集担当取締役の杉浦信之はこう答えたという。〈「朝日批判の論調が他メディアに広がり、読売もキャンペーンチラシを用意して販売も苦戦している。そういう状況では、掲載するデメリットの方が大きい」〉。

当初は池上コラムの掲載拒否を決断した最終責任者は、杉浦編集担当取締役だったということになっていたが、第三者委員会の調査で最終的に決断したのは木村伊量社長であったことがあきらかにされている。つまり、この決断理由は木村社長の見解であったということだ。

何という常識の無さ。

現場の人間なら誰でもわきまえているはずの常識がまったくわかっていない。

この記事によれば、「池上斬り」に対し、まず現役記者からのツイッター上における批判が始まった。その内容は紹介するまでも無いだろう。一言で言えば言論の自由の弾圧になるようなことをなぜやったのか？　自殺行為では無いか！　であった。もちろん労働組合も反発した。「戦後の朝日新聞史上最悪と言ってもいい致命的なミスだった」と労組の出したビラには書かれていたという。

朝日新聞の大本営である「十五階」の判断を、部下たちのほとんどは言論機関にあるまじき行為であり致命傷になるかもしれないと考えていた。当然だろう、それは高校生でもわかる常識に基づく判断なのだから。

ところが、もっとも優秀なエリートたちで構成されているはずの「十五階」だけが、部下たちとはまったく反対の、組織にとって致命的な判断を下した。

もう一度先に紹介した山本七平のノンフィクション『私の中の日本軍』の一節を読み直していただきたい。戦前の大本営を現場の兵士は何と評していたか。さらに同書から、その兵士の言葉の前段の部分を引用すれば「彼が何よりも驚いたことは、当時の関東軍の『偉カ人』がソヴィエト軍についても近代戦についても『何一つ知りヨラン』だけでなく『何一つ見ヨラン』ことであった。／もちろんこれは、アメリカ軍についても『何一つ知りヨラン』『何一つ見ヨラン』ことへの驚きと共に思い出したことで、そこでも、目の前で起っていることが何一つ見えないのである」――。

常識をわきまえた人間は他にいくらもいるのに、いやそれが圧倒的に多数派であるにもかかわらず、実際に「司令部」を占めるのはそういう常識をまったく持たない連中になってしまう。これが組織にとってどんなに致命的なことかわかるだろう。

「バカトップ」問題とはそういうことだ。

そして、そうなってしまう原因は、多くの日本人が信じているように、「戦前の狂信的な国家主義」などでは無い。朝日の例を見れば納得していただけるだろう。

むしろ、我々日本人の「エリートの作り方」に問題があるということだ。

■「身につけるべき基本的常識の欠如」こそ日本文化の構造的問題

身内の労働組合からも「戦後の朝日新聞史上最悪と言ってもいい致命的なミス」と評される判断を下した木村伊量朝日新聞社長（当時）は、そんな判断を下すぐらいだからきわめて異常で誰が見ても「おかしな」人間だったのか？

ここに貴重な証言がある。木村社長の友人だった加藤清隆《かとうきよたか》・元時事通信社特別解説委員が雑誌の寄稿で木村社長の人となりを語っているのだ。

この「わが友、木村伊量社長への『訣別状』」（『ＷｉＬＬ』２０１４年12月号）によれば、加藤は時事通信のワシントン支局在勤時代、朝日新聞の同支局にいた木村と親しくなり、その後は双方家族ぐるみのつき合いをしていた。また二〇一四年（平成26）に長年日英友好に尽くしたとの功績で、東京のイギリス大使館で大英帝国勲章を授与される際の立会人に、木村が当初選んだのも加藤だった。

ところが、こんな親しい二人が突然袂《たもと》を分かつことになった。従軍慰安婦強制連行に関する吉田虚偽証言を朝日新聞が紙面で訂正した後、これを見た加藤が次のように忠告したからだ（以下〈 〉内は「訣別状」からの引用）。

〈「木村君、吉田某の証言を虚偽として訂正したなら、きちんと謝罪して社内の処分をしないといけない。それですべてケリがつくわけではないけれども、それくらいしないと大変なことになるよ」〉

ところが、木村はこの忠告を受け入れることを拒んだ。その理由は、〈「歴史的事実は変えられない。だから謝罪する必要はない」〉であり、加藤が何度真剣に忠告しても、その答えを〈繰り返すだけ〉で〈聞く耳を持ってくれ〉なかったという。

もう一度強調しておくが、訂正するならば同時に謝罪することはジャーナリストとしての常識、それ以前に人間界の常識である。そういう常識があるからこそ、私は大変申し訳ないが、木村に関する情報が他にまったく無い白紙の状態でこの文章だけを読んでいたら、「この加藤という男、ジャーナリストか何だか知らないが、デタラメを書くにもほどがある。記者出身の朝日新聞のトップがそんなバカなことを言うわけが無いじゃないか」と思ったことだろう。

しかし、ここに書かれていることはまったくの事実に違いない。なぜなら、すでに述べたように、その後朝日紙上で紙面批評のコラムを連載していた池上彰が「過ちを訂正するなら、謝罪もするべきではないか」と同じ批判を書いたところ、他ならぬ木村社長がこのコラムは掲載を認めないから池上に突き返せ、という決断を下しているからである。しかも、これもすでに述べたように、木村社長はその行為「池上斬り」について「言論の自由の封殺であるという批判」を受けるとは「思いもよらぬ」ことだったと公言しているのだ。

木村社長にはジャーナリストとしてのもっとも基本的な常識が欠けていたと言わざるを得ない。誤った決断を下した時にたまたま体調が悪かったとか、何か特別な事情があったわけでは無いのだ。それどころか友人の忠告もあったし、朝日新聞社がわざわざ自らを正すため外部の人間に依頼しているコラムもその問題を提起していた。もちろん部下たちも必死になって判断を翻《ひるがえ》すように求めた。言わば判断を改めるチャンスはいくらでもあったのに、木村社長が下したのは朝日新聞社という組織を滅ぼしかねない最低最悪の決断であった。しかも状況が複雑で誰もが判断に困るという状況では無かった。ジャーナリストなら一年生でもわかるはずのもっとも根本的な常識、職業倫理に基づけばこんな判断を下すはずが無いのである。

私に言わせれば、これはまだ朝日新聞社だけの話でよかった。これが日本国に関する決断だったら国が滅びるということになるからだ。そして、もう何度も言っているように現実に存在した大日本帝国は、こうした「バカトップ」が滅ぼしたのである。

なぜ同じ轍《てつ》を踏むのか。踏もうとするのか。それをあきらかにすることこそ真に「歴史に学ぶ」ということであり、そういった知的作業を無視していかに「軍国主義反対」などと叫ぼうと、結局同じ失敗を繰り返すことになる。現に「昔『陸軍』いま『朝日』」になってしまっているではないか。

その意味で、この「加藤証言」は貴重である。バカトップというものがいかなるものか、分析するためのヒントを多数提供してくれているからである。

まず確認しておこう。このバカトップは通常の意味で言うバカとは違う。それどころか学歴優秀、語学堪能のエリート中のエリートである。もちろん能力もある。

木村社長を一つだけ褒《ほ》めておこう。彼の英断として特筆すべきことは、歴代社長が先送りしてきた「吉田虚偽証言訂正」を自分の代できちんと成し遂げたことである。本来なら、池上も指摘しているように少なくとも二十年前に朝日はこの記事を訂正すべきであった。証拠は揃っていたのである。ところが歴代社長は自分の経歴に傷がつくことを怖れてこの問題に眼をつぶり、満額の退職金を受け取って系列企業に転出していった。本当に朝日がこの問題を反省しているなら、今からでも遅くないから歴代社長のこの怠慢を紙面で追及すべきだろう。そうしなければ薬害問題などを先送りして天下り人生を楽しんでいる官僚等を批判する資格は無い。

　しかし、木村社長はこの問題に手をつけた。それは大変立派な態度である。しかも組織の中においては「正しいこと」が必ず実行できるとは限らない。様々な抵抗があるからだ。とくに自らの過ちを認めることについては大きな抵抗がある。だから、そうした抵抗を排除して訂正ができたのは、木村社長は組織人として並々ならぬ能力を持っていたということでもある。だからこそ、この点では「加藤証言」も木村社長の能力を〈朝日政治部のなかで彼の能力はダントツでした。／風通しが悪く、上司のご機嫌ばかり伺っているヒラメ記者ばかりの朝日を改革できるとすれば彼しかないと私は思っていたし、いまもそう思っています〉と高く評価しているのだ。

　つまり「バカトップ」とは学歴優秀、語学堪能だけでは無い。果断な実行力があり組織人としてはきわめて優秀で、さらに付け加えればよき家庭人でもある。非の打ちどころの無い人間に「見える」。それゆえ多くの人がダマされる。まさか「バカ」とは思わず、それどころかきわめて優秀に見えるからこそ、その組織たとえば陸軍だったらエリート参謀長あるいは大将になるし、朝日だったら社長になってしまうのである。

　しかし彼らバカトップには致命的な問題点がある。それは軍人なら軍人、記者なら記者として、もっとも最初に身に付けるべき基本的な常識、軍人なら「複数の敵をいっぺんに相手にしてはいけない」、記者なら「記事を訂正したのなら謝罪すべき」あるいは「言論封殺につながるような行為は絶対にしてはならない」が、身に付いていないということである。

日本人としては大変残念だが、これは欧米では偶発的に起こり得ても継続的には絶対起こらない現象で、日本文化の構造的問題だと私は思っている。

■予断と偏見に満ち相手を見下す「傲慢の権化」

では、朝日新聞の事例を使って、この問題を解析してみよう。

ここでも「加藤証言」が大変ありがたいのは、ジャーナリストならば誰でも心得ているはずの常識を踏まえた説得に対して、バカトップが何と言ってはねつけたかを記録していてくれたことである。

〈歴史的事実は変えられない。だから謝罪する必要はない〉

これは論理的に見るときわめておかしな言葉である。

たとえば現代の日本で連続殺人事件が起こったとしよう。ある新聞が紙面で「犯人は〇〇だ」と名指しで大々的に報道したとする。ところが捜査が進んで犯人が逮捕されるとまったくの別人であった。そうなればその新聞は絶対に記事を訂正しなければならないし、無実の人間を犯人扱いしたのだから当人には謝罪しなければいけない。もしその新聞社の社長が「殺人事件が起こったという歴史的事実は変えられない。だから我々が犯人だと誤報した人に謝罪する必要は無い」などと開き直ったなら、一般人はどう思うか。この新聞社の社長は頭がおかしいと誰もが思うだろう。論理に一貫性がまるで無い。しかし木村社長は現実にそう言っていたというのである。

「事件が起こったということ」つまりそういう「歴史的事実」があったことと、新聞社の「誤報の責任問題」は論理的にまるで関係が無い。しかし、木村社長はこの二つを結びつけ、しかもその論理にならない論理で、もっとも大切なジャーナリストの職業倫理を否定しているのだ。

あくまで論理的に考えてみよう。どうしてそんなことができるのか?

吉田清治というペテン師が嘘の証言をして朝日新聞をダマした。その証言の内容を朝日は歴史的事実だとして報道した。しかし、その証言は虚偽だったのである。つまり、そんな歴史的事実は存在しなかったのだ。だったら「歴史的事実は変えられない」という言葉自体がおかしい。もしあえてこれに意味を求めるとすれば「吉田清治の証言は嘘だった。しかし慰安婦の強制連行はあった」と考えているとしか思えない。それは話が逆だ。そもそも「吉田証言」があったからこそ「強制連行という歴史的事実はあった。これが決定的な証拠である」と朝日も追随する左翼や一部ジャーナリストも主張していたのだ。これが否定されるなら、当然そうした主張は根拠を失うのである。もしそれでも強制連行説を主張するなら、「吉田証言」に代わる有力な証拠を探し出すべきだ。そういうことをしない限り「歴史的事実は変えられない」と主張することは、予断と偏見に満ちた態度と言わざるを得ない。

ところで、この木村社長の拒否理由において「誤報の被害者」はいったい誰になるのかを考えてみると、彼の考え方の別の側面がわかる。

誤報によって惑わされた読者も被害者には違いないが、何といっても最大の被害者は誤報によって「してもいない犯罪をしたと決めつけられた存在」であろう。これは個人ではなく組織だ。つまり陸軍であり大日本帝国である。仮に、あくまで仮の話だが本当に陸軍なり大日本帝国がどこかで慰安婦の強制連行をやっていたとしても、「済州島で強制連行をしていた」という点に関しては無実だ。証言はデタラメだったのだから。ならば朝日はやはり報道被害者に対して謝罪すべきなのである。「あなたたちの名誉を傷つけ犯罪者扱いして申し訳ありませんでした。済州島にいた旧軍関係者等に深くお詫びします」と。しかし、木村社長はそんな必要は無いと突っぱねた。つまり「どうせあいつらは、悪人なんだ。だから罪はいくら押しつけてもいいし、そういうインチキがバレたって謝罪する必要はまったく無い」と考えていたということである。論理的に考えればそうなるのである。

納得しない向きは次のようなことを考えてみればいい。たとえば、ある地方で暴力団という反社会的勢力が抗争を重ね、何の罪も無い市民が次々に犠牲になっていたとしよう。まさに許しがたき事態である。そうした中、また市民が他殺体となって発見された。そこに吉田某という男が新聞社に現われ「殺したのは暴力団員です。間違いありません」と証言し、その証言を報じた記事によって暴力団員が逮捕されたが、じつはその証言はデタラメで犯人は暴力団とはまったく関係の無い人間だったとする。

そんな場合、新聞社は「殺したのはやっぱり暴力団員だった」という記事を間違いなく訂正するだろう。では、謝罪は？

無実の人間を犯人扱いしたのだから、少なくともその件については謝罪するのが当然だと私は思う。

しかし、その新聞社の社長が「今回に関してはたまたま無罪だったけれども、あいつらはどうせ人殺しでこれまで何人も市民を殺している。そういう歴史的事実は変えられないから謝罪する必要は無い」と主張したら、あなたはどう思いますか？　その主張を支持しますか？

もちろん支持するはずがない。それが民主主義社会の原則だ。

しかし木村社長はこれもわかっていなかったということだ。相手が暴力団員であったとしてもしなければいけない配慮を、木村社長はしていない。つまり旧陸軍や大日本帝国を「虫ケラ」としか見ていないということだ。人はあくまで人である。身分の上下もない。それなのに相手を「虫ケラ」と見下す人間は、要するに傲慢の権化なのである。

■常識に欠け、きわめて傲慢――旧陸軍と朝日の酷似した特徴

読者の中にはひょっとしたら、私の朝日新聞に対する追及を「しつこ過ぎる」と感じている人がいるかもしれない。もし、あなたがそういうお考えだったら「失礼ながら大きな誤りです」と申し上げなければならない。

一般に日本人は淡泊だと言われている。昔の恨みも韓国人のように引きずらず、悪の追及にも「武士の情け」が働く。これが歴史上何に基づく精神作用であるか、この『逆説の日本史』シリーズの愛読者はよくご存じだろう。「和」の精神である。そしてその底には恨み（怨念）というものが、世の中を乱す最大の原因である怨霊の発生につながるかもしれないという危惧があり、結局それを防ぐために「少し手心を加える」ということになる。

しかし、戦争であろうが原発事故であろうが、二度と起こしたくないことには徹底的な追及が必要なのである。これは論理的に考えれば誰もが納得することのはずだ。しかし日

本においては情報には言霊というバイアスがかかるように、追及には和というバイアスがかかってしまう。これはトータルで見れば決して日本人のためにならないので、私はそうしたことは一切排除して分析ないし批判を進めることにしている。このあたりの呼吸はぜひご理解いただきたいものだ。

さて本題に戻ろう。朝日新聞の「バカトップ」木村伊量元社長の言動がきわめて的確に示してくれたように、いわゆるバカトップはエリートでありながら、その分野の基本的常識に欠けるものがあり、さらにはきわめて傲慢であるというのがその特徴である。

この傲慢さという点について、戦前のバカトップの代表とも言うべき陸軍の高級軍人においては、それは特徴として誰の目にもあきらかであった。

彼らは、同じ日本人でも軍人以外は天皇への忠誠心が足りない一段劣った人間とみなしていた。その証拠はいくらもあるが、一つだけ例を挙げれば一九三八年（昭和13）に衆議院で国家総動員法が審議された時、陸軍を代表して説明に赴いた佐藤賢了《さとうけんりょう》中佐が「議員どもに高邁な法案の精神を教えてやる」とばかりに長広舌《ちょうこうぜつ》をふるい、たまりかねた議員たちからヤジが飛ぶと「黙れ！」と一喝したばかりか、そのまま席を蹴って退場するという事件があった。いわゆる「黙れ事件」だが、国権の最高機関である衆議院を一軍人が侮辱したという重大な事件でありながら、本人は謝罪せず処罰されることも無かった。

こういうのはわかりやすい。つまり陸軍は傲慢無礼だったことは中学生でもわかるということだ。しかし、戦後のバカトップはこの点だけは「進歩」している。言葉遣いだけはいかにも丁寧になったからだ。だから、そうした表面上のごまかしに目をくらまされ、彼らはものすごく傲慢なのに、そのことに気がついていない人が大勢いる。だから、「しつこく」例を挙げて説明する必要があった。

たとえば拉致被害者の家族を、北朝鮮との関係改善にとっての「障害」呼ばわりした朝日記者の文章を思い出していただきたい。結びの言葉は「残念です」であり「ごめんなさい」では無い。人間、自分が何らかの形で相手を傷つけたと感じれば、それが客観的に見て自分の責任とは言えないような場合でも謝罪するのが普通だ。道を歩いていて自分が蹴るつもりの無かった石を蹴ってしまい、それが向こう側から歩いてきた人間に当たって相手は顔をしかめたとしよう。そうした時、外国人ならひょっとして「石が飛んだのは偶然で私の責任では無い」と主張するかもしれないが、日本人なら少なくとも「すみません」の一言は言うだろう。ましてや自分に明確な責任がある場合は謝罪するのは当然だ。

ところが「残念です」という言葉は決して謝罪では無い。何が残念かと言えば「誤解されたのが残念」ということで、では何を誤解したかと言えば「オレたちはオマエらを傷つけるつもりは無かったのに、オマエらは傷ついたと思っている（誤解している）。そのことは残念だ」ということである。もし本当に悪いと思っているのならば、必ず「すみません」「ごめんなさい」「謝罪します」に類する言葉が文章に入るはずなので、もういちいち引用はしないが、あの文章にはそうした文言は一つも無い。

佐藤中佐の「黙れ！」と朝日記者の「残念です」の間には千里の距離があるように見えるが、実際の違いはほとんど無い。いずれも自分は相手よりもはるかに優れていると思い込んでおり、だから自分たちの「高邁」な理想（陸軍の場合は軍国主義、朝日の場合は日朝友好推進）を理解できない「バカ」はどうしようもないなと思っている。そこから先はちょっと違って、陸軍は「バカどもは黙っておれ」という直接的な言い方になるのに対し、朝日は「（オレたちの理想はオマエらバカどもには理解不能なんだな）残念です」というオブラートに包んだ言い方になる。しかし言っていることは同じであって、「厚化粧」したかしないかの違いである。

こうした朝日の社説や記事を「日本文の模範」として推奨している教育機関もあるようだが、バカも休み休み言ってくれと私は言いたい。前にも述べたように、大学のマスコミ学科の教材として、つまり反面教師として「ジャーナリストならばこんな文章は絶対に書いてはいけない」という教材にするならいいが、表面上いかにも丁寧でありながらじつは相手に対する底知れぬ侮蔑を込めた文章を、日本の青少年が模範とするようでは世も末である。

底知れぬ侮蔑と言えば、先述したTBS金平茂紀記者の北朝鮮ミサイル問題についての評価を述べたコラムも、繰り返し引用はしないがまさにこの実例である。民主主義国家である日本やアメリカ合衆国の防衛庁（当時）や国務省の「北朝鮮が打ち上げたのはミサイルである」という見解よりも、独裁国家で言論が統制されている北朝鮮の「あれは人工衛星の実験でした」という主張を重んじ、防衛庁や国務省の関係者を嘲笑するという姿勢だ。そもそも、民主主義国家のジャーナリストとして独裁国家の主張を重んじるのは基本的な常識に欠けていると言わざるを得ないし、一方で複数の専門家が下した決断を蔑《ないがし》ろにする姿勢もきわめて異常なものだ。

たとえば人間、専門医から「あなたはガンです」と言われれば通常はその診断を信用する。信用しないケースがあるとしたら、「専門医と言うが力量はたいしたことは無い」と思っているか、あるいは「あいつは悪いヤツで時々デタラメを言う」と思っているか、そのどちらかである。もちろん政府であれ専門家であれデタラメを言うことは珍しくない。しかし、もっと大嘘つきである、報道の自由が無い独裁国家の言い分のほうを重んじるのは、ジャーナリストとしての見識に欠けていると言わざるを得ない。

残念ながら、日本ではそういうジャーナリストのほうが出世するのである。ちょうど朝日新聞の木村記者が社長になったように。

それは帝国陸軍でも同じことだった。木村記者も金平記者もワシントン勤務経験があり英語が堪能であるようだが、陸軍の高級参謀もほとんどドイツ留学組でありドイツ語が堪能であった。今の時点から昭和史を見れば、日本が戦争の泥沼に踏み込んでいった最大のきっかけの一つが、日独伊三国同盟の締結（１９４０年）であったことに異論を唱える人はいないだろう。ではタイムマシンで、この歴史のターニングポイントに行き、ドイツとの同盟は亡国の道だと彼らに説いたらどのような反応が返ってくるか？　もうおわかりだろうと思う。

「偉そうなことを言うな。オマエたちはドイツ語をしゃべれるのか。そもそもドイツ人と会ったことすらあるまい。オレたちはドイツの要人とはきわめて親しくしておるし、陸軍軍人の中からとくに選ばれて軍事を学んだ専門家でもある。専門家が判断し正しい道と確信しておるのだ。素人が余計な口を出すでない、黙れ！」

三国同盟が正しいと信じていた人々の主張を要約すればこのセリフになる。確かに彼らはドイツ語に堪能でありドイツの要人たちとも親しかった。軍事の専門家として選ばれたエリートであったことも間違い無い。

だが彼らは専門家のはずなのに、その能力を買われて出世したはずなのに、下した決断は何度も述べたように常識を無視した、まさに朝日の木村社長のような「中学生以下」のものであった。しかもさらに悪いことに、彼らは自分たちがそういう常識の無い人間であることにまったく気がつかないばかりか、他の人間たちのことを自分たちよりもはるかにバカだと思い込んでいた。本当は彼らのほうがバカであったのに、だ。

再び言うが、これがバカトップ問題であり、そして残念ながら日本にしかない問題である。さらに言うならば長い日本史の中でもおそらく昭和史にしかない問題である。

■信長軍は帝国陸軍に勝利する——そう言い切れる理由とは?

ここで、歴史クイズを出そう。あなたは織田信長の軍隊と三百年後の帝国陸軍とどちらが優れた軍隊だと思いますか?

答えは言うまでも無い。織田信長の軍隊である。

なぜなら総大将の織田信長は、自分たちより優れた武器を持つ敵とは決して戦わないからだ。自分たちの装備が敵を上回るまで辛抱強く待つのが信長である。だからもし時空を超えて信長軍と帝国陸軍が対決したら、最終的には必ず信長軍が勝つ。それに木下藤吉郎つまり後の豊臣秀吉は信長軍では方面軍司令官になれたが、陸軍では絶対に大将(師団長)にはなれない。理由は簡単で藤吉郎は陸大を卒業していないからだ。陸軍ではどんな優秀な軍人であっても陸大を卒業していない限り大佐（連隊長）止まりだった、それも陸軍士官学校を出ていればの話で、足軽《あしがる》、いや二等兵（最下級の兵士）からキャリアを始めると、どんなに優秀な兵士でも少佐止まりである。

戦前、大変人気のあった兵隊漫画『のらくろ』も、主人公の「のらくろ二等兵」は当初少佐で終わる予定だった（最終的には一階級下の大尉で除隊）。それが帝国陸軍の実態であった。その世代に戦争の天才がいても師団どころか連隊の指揮すらできないし、作戦参謀になるなど夢のまた夢である。

すでに紹介したように、『私の中の日本軍』（文藝春秋刊）の著者山本七平は学徒動員で素人学生の身ながら帝国陸軍少尉として任官し戦場に赴いたが、現場の兵士を見てなぜ学生あがりの自分よりもきわめて優秀な現場の兵士を指揮官に抜擢しないのかと思ったという。しかし日本軍は、帝国陸軍だけで無く海軍も、それができない仕組みになっていた。若いころ、軍事の専門学校を出たか出ないかという「キャリア」が最後までつきまとったのである。だから木下藤吉郎がいても絶対に出世できない。ちなみに現代の日本の「霞が関」というところも、そういう仕組みになっていると話に聞く。私は大日本帝国の轍を踏まねばいいなと思っている。それが「歴史に学ぶ」ということであろう。もちろん、どんな歴史家でも「歴史に学べ」と言う。ある意味では決まり文句のようなもので、確かに歴史を学ぶ意味はそういうところにあるべきものである。

近代史の著述家としてきわめて人気のある半藤一利《はんどうかずとし》も「著者渾身の書き下ろし」と惹句《じゃっく》のある『昭和史』（平凡社刊）で次のように述べている。

「よく『歴史に学べ』といわれます。たしかに、きちんと読めば、歴史は将来にたいへん大きな教訓を投げかけてくれます。反省の材料を提供してくれるし、あるいは日本人の精神構造の欠点もまたしっかりと示してくれます。同じような過《あやま》ちを繰り返させまいということが学べるわけです。ただしそれは、私たちが『それを正しく、きちんと学べば』、という条件のもとでです。その意志がなければ、歴史はほとんど何も語ってくれません」

この言葉自体にはまったく同感で異議を唱えるつもりは無い。おっしゃるとおりである。しかし問題は「半藤史学」が全体としてこの言葉を守っているかどうか、矛盾を犯していないかということなのである。

ところで、織田信長の軍隊と三百年後の帝国陸軍が戦ったら信長軍が勝つだろう、と述べたが、どうやら冗談だと思っている人もいるようだ。こちらは本気なのだが、どうしても常識が邪魔するらしい。

もちろん関ヶ原の戦いのように全軍が集結し一日で勝負を決めようという戦いだったら信長軍は勝てない。帝国陸軍は射程の長い大砲や近代的な小銃を持っている。それだけでは無い。飛行機も戦車も無線電信もある。一方、信長軍は火縄銃が主力兵器だ。勝てるわけが無い。

しかし、戦いが長期におよべば話は別だ。

信長軍は豊富な資金力を生かして外国の死の商人から近代兵器を入手するだろう。戦前、機関銃や大砲は欧米ならどの国でも高い性能を持ったものを生産していた。戦車はドイツ製がベストだろうか。ブラックマーケットで最新式を手に入れるのは難しいかもしれないが、型落ちならばカネさえあれば入手できる。信長はそれを全軍に供給し兵士が習熟するまで決して戦わず機会を待つだろう。

これに対して帝国陸軍はたとえば三八《さんぱち》式歩兵銃つまり明治三十八年(1905年)に(仮制式)制定したものを三十五年後の太平洋戦争でも使用していた。

昭和史のエキスパート半藤一利は、なぜ相手は自動小銃を使っているのに兵器の改良を怠ったのかと取材した。それに対して帝国陸軍の関係者は「実は三八式歩兵銃の弾丸を、山ほどどころではなく、いくら使っても使い切れないほど作ってしまった。これがある間はとにかく使わなければならなかったんだ」(『昭和史　1926-1945』　平凡社刊)と答えたという。半藤は「情けない返事」だと慨嘆しているが、本当はこれは言い訳にはならない。なぜなら三八式歩兵銃の弾丸を使用できる自動小銃を開発すればすべて解決するからだ。おそらく帝国陸軍という組織の中では、そうした自らのミスをごまかすための言い訳が繰り返されていたのだろう。

一方、実戦に参加していた評論家山本七平は、『私の中の日本軍』など自らの従軍体験を綴った一連の著作の中で興味深いことを指摘している。それは戦前の日本の兵器はすべて「菊ブランド」であり、だから実際のユーザーである兵士たちはそれに対して文句をつけることが難しかったというのである。「菊ブランド」、それは小銃であれ戦車であれ大日本帝国軍の兵器には、すべて菊の御紋章が付いており、天皇から下賜された形式を取っているということである。下級兵士が、いやそれどころか連隊長あたりでも「こんな兵器じゃ勝てない」とは言えない。畏《かしこ》くも陛下から賜ったもの、だからだ。それゆえ兵器に欠陥など絶対にあり得ず、小銃だったら「射ちにくい」のではなく、「練習が足らんのだ」ということになる。ノモンハンで戦った日本の戦車は敵のソ連軍の戦車に比べて装甲が薄く勝負にならなかったが、「菊ブランドの戦車には欠陥は無い」のだから、敗北の原因は戦車兵あるいは指揮官の「運用が下手だった」ということになる。だから作戦参謀は責任を取らず、現場の部隊長に「腹を切れ」と強要することもできるわけだ。これが「硬直化した組織」というものであろう。

豊富な資金力で優秀な外国製の兵器を入手できる信長軍と違って、帝国陸軍はそんなことは絶対にできない。いや、してはならない。陛下から賜った兵器を蔑ろにすることになるからだ。では自力で武器の改良ができるかと言えばそれも難しい。どんな道具でも、ユーザーからの情報がメーカーに行き、それが改良のヒントになる。兵器であっても同じことだ。ところが帝国陸軍はそのユーザーからのフィードバックが事実上不可能だったのだ。これでは、いつまでたっても兵器は改良されない。

ゆえに帝国陸軍と織田軍が戦えば（それが長期戦におよべば）必ず織田軍が勝つのである。

さて、先ほど引用した半藤一利の『昭和史』はすでに名著として定評があるが、その最後に戦前の過ちを防ぐために留意すべき「半藤五原則」と言うべきものが述べられている。戦前（昭和20年以前）のような、戦争また戦争の時代を二度と繰り返さないための、著者が歴史の教訓として抽出したものである。ちなみに著者本人は「昭和史から何を学ぶべきかについて」の「五つの教訓」と言っている。大変示唆に富む文章で全文引用したいところだが、少し長過ぎる。ところが幸いなことに本人が自ら要約した文章が別の著書にあるのでそれを引用する。

ちなみに著者は、私よりふたまわり以上も上の父親のような年齢でもあるし面識もある。そういう人物を呼び捨てにすることは「どうもムズムズして」気がとがめるが、「歴史の記述では人間に差をつけるべきじゃない」と私も思うので、これからは敬称略で半藤と呼び捨てにさせていただく。あしからずご了承いただきたい。

半藤五原則は、次のようなものである。

1．国民的熱狂をつくってはいけない。そのためにも言論の自由・出版の自由こそが生命である。

2．最大の危機において日本人は抽象的な観念論を好む。それを警戒せよ。すなわちリアリズムに徹せよ。

3．日本型タコツボにおけるエリート小集団主義（例・参謀本部作戦課）の弊害を常に心せよ。

4．国際的常識の欠如にたえず気を配るべし。

5．すぐに成果を求める短兵急な発想をやめよ。ロングレンジのものの見方を心がけよ。

（『そして、メディアは日本を戦争に導いた』保阪正康との共著　東洋経済新報社刊）

この原則について私はまったく異論は無い。それどころか優れて論理的で的確な分析だと思う。

ところが、これまでずっと話題にしてきた朝日新聞の「バカトップ」問題に関して、半藤はそれに対する感想を求めた『週刊文春』に対して、「謝り方は良くなかった」としながらも最終的には次のように述べた。

私は昭和史を一番歪めたのは言論の自由がなくなったことにあると思っています。これがいちばん大事です。（中略）あの時の反省から、言論は多様であればあるほど良いと思うのです。（中略）今の朝日バッシングには、破局前夜のような空気を感じますね。好ましくないと思っています。

（『週刊文春』２０１４年10月９日号『朝日新聞』問題　私の結論！」）

いかにも、ごもっともと言いたいところだが、半藤の「私の結論！」にはもっとも重要な論点が欠けている、と私は思う。そもそもこの一連の朝日新聞問題がここまで大きくなったのは、朝日新聞のバカトップ木村社長（当時）による「池上コラム掲載拒否」つまり、ほかならぬ朝日新聞幹部による言論の自由に対する侵害があったからだ。だからこそ、私が「朝日真理教の信者」と揶揄《やゆ》する朝日新聞の読者も、記者も労働組合も「バッシング」いや正当なる批判を始めたのである。言論の自由が「いちばん大事」なら、この点について言及し支持すべきであって、「朝日も言論機関の一員なんだから」という形で擁護するのは本末転倒である。

しかも、そもそもこの問題は朝日新聞が「私が済州島で朝鮮女性たちを強制連行しました」という吉田エセ証言を大々的に報道することによって、国民を熱狂させ誤った方向に導いたことによって起こった。それはあきらかに「半藤五原則第一条」に抵触している。

また半藤が昭和史に関する著書で常々慨嘆しているように、日本を破局に導いた指導者たちは「エリート」とされながらじつはきわめて愚かであると同時にまったくの無責任でもあった。

それを表現しているのが「半藤五原則第三条」にある「日本型タコツボにおけるエリート小集団主義の弊害」だろうが、これも朝日問題そのものではないか。思い出してもらいたい。木村社長は「池上斬り」が朝日新聞社の存亡を揺るがすぐらいの重大な決断であり、しかもまったく誤った決断であるということがわからなかった。朝日新聞社の中では選ばれたエリートであるはずなのに、ジャーナリスト一年生ですら心得ているはずの基本原則にして職業倫理がわからなかったのである。そういう人間がトップになるのが朝日新聞という組織だ。

しかし、その木村社長ですらまだマシと言えるのは、何代にもわたる彼の前任者はこの問題に頰かむりをし、これも調べればわかることだが、こうしたデタラメの記事を書きながら（あるいは書いたからこそ）幹部に出世した人間もいた。ノモンハンで大勢の兵士を死に至らしめた作戦参謀が出世し、その後の戦争を指導したのとまったく同じ構図ではないか。

しかも朝日記者の鼻持ちならぬエリート意識は、戦前に大本営発表を行ない、国民を欺きながらもまったく恥じることの無かった軍幹部のエリート意識と同じものであることは、すでに述べたとおりで、もし「昭和史のような過ちを繰り返さない」ことを第一義と考えるのならば朝日新聞のような組織こそ徹底的に批判すべきではないのか。

それとも半藤が守るべきと考える言論の自由の多様性の中には、デタラメの記事で国民を熱狂させることや、ジャーナリストが愚かな国民を善導してやるという傲慢な意識のもとに偏向報道することも含むのか？　まさかそうではあるまい。

ここでぜひ歴史の問題として半藤にも真剣に考えてもらいたいのは、そもそも朝日新聞社は戦前の「悪」を追及することを目的とした組織だったことだ。ところが、そうした組織が何年か経過すると、徹底的に批判していた対象である帝国陸軍と同じ行動原理によって動く組織になってしまうことだ。これは昭和史、いや日本史の大問題である。本当に過ちを繰り返すまいと思うならば、そこのところを真剣に考察すべきであろう。同じ「リベラル」でもたとえば毎日新聞はそこまで「陸軍」になってはいない。やはり朝日はきわめて特殊な事例であり、だからこそ批判すべきは徹底的に批判し分析追及をすべきなのである。

■「安倍政権の時代になって言論の自由は変わった」は本当か？

この日本史の大問題、登山にたとえればこういうことだ。もっとも危険な場所にさしかかった登山家が安全地帯に脱出するため一生懸命数十キロ歩き続けたが、脱出どころかぐるりと一周して元の地点に戻ってしまった。しかも、本人はまったくそれに気がついていないという状態である。どうしてそんな愚かなことが起こるのか。

「コンパスと地図」を持っていないからだろう。あるいは「高い地点」から自分の行動をチェックしていないからである。「高い地点」というのは日本の歴史全体を見下ろせる場所、つまり日本の歴史全体を通してこの問題をとらえるということであり、「コンパスと地図」というのは日本人独自の考え方、宗教と言ってもいいがそのことである。この『逆説の日本史』シリーズで何度も強調していることだが、キリスト教徒にはキリスト教徒独自の考え方があるように、日本人には日本人独自の考え方があり、日本史とは日本人の行動記録だから当然そうした「宗教」を踏まえて物事を考えないと真に的確な分析はできない。いかに日本史の部分部分で的確な分析が行なわれたように見えても、「宗教」を無視して行なわれた分析は決して完全では無い。

これからその実例をお目にかけよう。

日本には護憲派と呼ばれる人々がいる。半藤自身も護憲派のようだが「平和憲法を死守せよ」と主張する人々だ。

では、なぜ平和憲法を絶対に守らねばならないのか？　それは二度と戦前のような過ちを犯さないためだと彼らは言う。その目的自体は正しいし異論は無い。しかし問題はそのやり方である。

半藤は「昭和史を一番歪めたのは言論の自由がなくなったことにあると思っています。これがいちばん大事です」と言う。この分析も正しい。しかし、現状を「破局前夜のような空気」と認識するなら、これまでずっと言論は自由だったのに、安倍内閣の時代になってそれが大きく変わろうとしていると考えている、ということだろう。

本当にそうか？　言論の自由というのは「どんなことについても意見が言える」あるいは「意見を言ったこと自体に対し批判はしてもいいが非難はしてはいけない」ということだろう。これには異論はあるまい。しかし戦後日本ではかなり長い間、憲法改正という意見を言うことには多大の勇気を必要とした。激しい非難を受けたからである。若い人は知らなくても、ジャーナリストとして長い経験を積んでいる半藤なら、この時代の空気をよく知っているはずだ。しかし現状では憲法改正を意見として述べることに勇気は必要とないし、護憲派から「平和の敵」「右翼」などと攻撃されることも無い。だったら少なくともこの点に関しては、言論の自由は一歩前進したということになるはずではないか。

かつて日本国憲法、とくに第九条を改正すべきと主張した人間は、朝日新聞社、日本社会党、日本教職員組合（日教組）などの「平和勢力」から「平和の敵」「軍国主義者」扱いされた。彼らは憲法改正という言葉すら認めず、それは「改悪」だと決めつけた。そして、憲法は戦力を認めていないのだから、自衛隊はすべて廃止すべきだという論者すらいた。

若い人は到底信じられないかもしれないが、これは歴史上の事実である。現時点で五十歳以上の日本人なら誰でも知っていることだし、とくに団塊の世代なら明確に記憶しているだろう。彼らにとって自衛隊は「人殺し集団」であり、存在自体が「日本の恥」であった。誇張では無い。日教組の教師たちがバイブルのように愛読していた本には次のように書かれていた。

「軍隊」とは、「殺人と破壊とを専門とする集団」のことであり、平時から毎日、殺人と破壊の方法を研究・学習・練習している集団であること。「自衛隊」は「軍隊」以外の何物でもないこと（中略）などは、きちんと教えておいてほしいと私は思います。
（『戦争・安保・道徳――平和教育研究ノート』城丸章夫《しろまるふみお》著　あゆみ出版刊）

著者の城丸章夫は教育学者で千葉大学名誉教授でもあったが、「平和運動家」としても著名な人物であった。しかし、この書き方は問題だ。確かに軍隊は日常的に「殺人と破壊の方法を研究・学習・練習している集団」である、それは事実だ。しかし自衛隊がそうするのは他国を侵略するためではなく、たとえば「地下鉄サリン事件（1995年）」のようなテロが起こった場合に国民を護るためである。そうしたテロリストの手口を日頃から「研究」しておかないと、有事つまり何かあったとき適切な対応ができない。現に自衛隊は日々そうした「練習」を行なっていたからこそ、サリン事件の時に被害者を救出し現場を除染することができた。軍隊というものは基本的にそういう効用があることを「きちんと教え」ないで「殺人破壊研究集団」の面だけを強調するのは、教育としても非常に不公平なやり方だ。

もちろん目的はそこにあるのだろう。自衛隊の必要性を認めてしまっては、憲法改正が必要だという「悪人ども」の主張を認めてしまうことになる。だから教育の面からそれを防ぐということだ。

日教組という教育部門がそうなら、マスコミはどう対応すべきか？　もちろん本来のマスコミはあくまで客観的な情報を国民に伝えるのが使命だから、ここで言うマスコミとは朝日新聞社のように特定の目的のために情報を歪曲することを恥じないような、「トンデモ」マスコミのことである。

対応は当然こうなる。

有事とは、日ごろなじまぬ言葉である。無事の反対だと言われると、少しわかりやすい。戦争や非常事態のことだと言われれば、もっとわかりやすくなる。（中略）昨年八月のテポドンの発射は、何の警告もなしに日本列島の上空を飛び越え、日本人の不安心理をかきたてた。

しかしだからといって、有事立法を急がないと、この国がもたないかのような主張には、同調することはできない。

（『朝日新聞』１９９９年２月８日付朝刊「社説」）

たとえば、未知の伝染病が上陸する危険があるとしよう。国および行政機関はその事態に対応するために様々な緊急措置を取る必要がある。とくに行政機関が動くためには裏付けとなる法律が必要だから、関連する立法を急ぐ必要がある。これを有事立法（法制）という。これ自体は国民の安全を守るために国家が必ず行なわなければならない措置であり、逆に何もしないことは恐るべき怠慢行為である。

しかし朝日は社説で「急ぐな」と主張する。有事立法は緊急の措置であるからこそ急がなければ意味が無いのに、なぜ急ぐなと主張するのか？

朝日社説は次のように理由を述べる。

> 想定する事態次第で程度に差はあれ、有事法制とは、そもそも国民の基本的な権利を国家権力が制約する法律である。（前出同紙）

これも確かに事実ではある。しかし、ミサイルが日本列島の上空を飛び越えたということは、日本の領域はすべて北朝鮮のミサイルの射程に入ったということなのである。こんな事態が起こったのに、有事法制の整備を急がない国家など世界中どこにも無いだろう。その制定の段階で国民の基本的な権利が過度に制約を受けないように議論することは大切だが、そもそも「急ぐな」という主張は日本人の安全確保を度外視したきわめて乱暴な主張である。

ではなぜ朝日はそんな主張をするのか？　『逆説の日本史』の読者なら、おわかりだろう。そんなことをしたら「憲法改悪論者が勢いづく」からである。平和憲法を守り抜く、つまり護憲のためには、有事法制など絶対に認めてはいけない。有事法制が必要だと認めれば、それは自衛隊はやはり必要だという議論になり、最終的に憲法で自衛隊を認めるべきだという結論になってしまうのではないか。つまり憲法改悪を正当化してしまうかもしれない。そうした事態は絶対に防がなければいけないから、国民の当面の安全などどうでもいい。とにかく有事法制を徹底的に妨害しなければいけない、という結論になってしまうのだ。

困ったものだが、これが社説にとどまるならばまだいい。社説というのは意見であり日本には言論の自由があるからだ。私はこの意見を日本人の安全を無視した暴論だとは思うが、朝日がそれを社説で述べる権利は認める。

しかし、マスコミでありながら「護憲」という目的を達成するために、デタラメな情報を流すことは認めない。いや、それは私個人が認める認めないの問題では無く、マスコミ倫理に対する重大な違反行為である。

この点において、朝日新聞がマスコミ倫理に反する存在であることは、すでに理解していただけたと思うが、まとめるとこういうことになる。

たとえば朝日は「人権抑圧国家ソビエト連邦」や「侵略国家中国」「軍事独裁国家北朝鮮」を、なぜ「労働者の天国」「地上の楽園」などと讃《たた》えてきたのか？　それはデタラメの情報を流し続けたということなのだが、「護憲」を貫くのに都合が悪いからであろう。日本の周辺に軍事的に危険な国家があるということを認めてしまうと「憲法改悪論者が勢いづく」。だから情報を徹底的に操作する。「北朝鮮は地上の楽園」を信じて帰国した在日朝鮮人が、聞くと見るとでは大違いで命がけで脱出してきても、そういう人間の主張や存在は極力記事にせず幻想を保とうとする。ゆえに朝日新聞を読む限りは、北朝鮮が拉致などという非人道的行為を行なっているはずがない、という結論になる。読者がそう思うように情報操作しているからだが、聞くところによれば拉致被害者の中には朝日新聞の愛読者が少なからずいたという。他の新聞を読んでいれば工作員にダマされる可能性も少しは減ったかもしれないということだ。

北朝鮮がミサイル実験をした時は朝日も「さすがにヤバイな」と思ったことだろう。しかし北朝鮮が「あれは平和目的の人工衛星でした」と声明を発表すると鬼の首を取ったようにハシャぎ、それを脅威だと冷静に指摘した日本政府や当時の防衛庁（つまり自衛隊）

を徹底的にバカにした。護憲のためには自衛隊は「悪」であり「バカ」でなければならないのだ。だから、犯罪者でも元自衛官だと大々的に報道する。どんな組織でも、まともでは無い人間が入ってくることがあり、組織はそれを排除することができる。そうした人間は組織の本質とは何の関係も無いはずだが、朝日は犯罪を犯した人間がたまたま元自衛官だと、これも鬼の首を取ったように報道した。逆に自衛隊がいいことをやった場合はまったく無視する。これも若い人には信じられないかもしれないが、地震やその他災害における自衛隊員の救援活動が普通に報道されるようになったのは、朝日においてはごく最近のことである。

■異を唱えれば人間の屑扱いされた「非武装中立」という机上の空論

しかし、それにしても朝日や日本社会党も、「現実に日本を攻撃してくるような国があったらどうするのだ」という問いには、何とかして答えなければいけない。いくら教育と報道で「そんな心配は無い」という情報操作をしても、ソ連は崩壊し中国は天安門事件を起こし北朝鮮はミサイルを発射してくるという現実に「嘘がバレていく」からだ。そこで日本社会党が中心となって展開したのが「非武装中立論」であった。

周辺の若い人に「君は非武装中立論を知っているか?」と聞いてみたら、知っている人間は一人もいなかった。隔世の感がある、平たく言えば自分も歳をとったなということだ。この感覚は私よりも団塊の世代にあるのではないか。団塊の世代にとっては、非武装中立論は常識だろう。中身は知らなくても、いわゆる護憲勢力が金科玉条のように唱えていた理論であることは記憶にあると思う。要するに護憲勢力は日本社会党が主張したこの「護憲理論」を絶対の正義として、憲法改悪論者に対する反論の拠《よ》り所としたのである。その主張はそのものズバリの本『非武装中立論』（日本社会党中央本部機関紙局）に詳しい。著者は石橋正嗣《いしばしまさし》、後に日本社会党の委員長にもなった人物である。その内容を紹介するために、かつてこの論の大応援団であった、朝日新聞社発行の『朝日キーワード２０１８』を見たが、項目としてはまったく無視されていた。もはや現代用語では無いという認識だろうか。

さすがに百科事典には載っていた。

　憲法の前文および第９条の非武装平和主義を根拠として日本の再軍備・日米安全保障条約に反対し、米ソ両陣営ともいかなる軍事的関係をもたず、第三勢力を軸とした非同盟中立を唱える立場。非武装中立論は一九五二年（昭和27）の対日講和条約の締結を前に、社会党、知識人、新聞などの全面講和を望む動きのなかから提唱された（以下略）。

（『日本大百科全書（ニッポニカ）』小学館刊）

これは机上の空論である。なぜなら、中立を守るためには基本的に武装を必要とし非武装中立というのは物理的に不可能であるからだ。たとえば、当時の日本社会党が主張していたように日本が日米安保条約を破棄した後に、アメリカと中国が戦争を始めたとしよう。この戦争で日本は絶対に中立を守るというならば、日本の領域内に両国の艦艇や航空機を侵入させてはならないのである。それをすれば基地の提供になる。たとえば中国の潜水艦が日本の領海内からアメリカにミサイルを発射することも、アメリカの戦闘機が日本上空を通過して中国攻撃に向かうことも阻止しなければならない。それを可能にするのは場合によっては両国の潜水艦や戦闘機を攻撃できる能力、すなわち武力だけなのである。国連軍が常備され大国の拒否権などは無視して常に平和維持に出動できるというなら話は別だが、当時も今もそんな状況では無い。つまり武装中立なら可能(この場合は自衛隊が必要)だが、非武装中立は不可能なのである。

しかし、ほんの数十年前の日本ではこの実行不可能な「理論」に異を唱えると、「平和の敵」「軍国主義者」と護憲勢力の人々から人間の屑《くず》扱いされたのである。これもまったくの歴史上の事実だ。だが、これが机上の空論であったことは後に社会党が現実路線に転換した時、これを放棄したことでも証明されている。前出の百科事典にもこうある。

1993年の非自民連立内閣への政権参加後、村山富市首相は党内論議を経ないで、①「自衛隊合憲」、②日米安保条約の堅持、③非武装中立の政策的な終焉（しゅうえん）などを表明して従来の方針を大転換した。

しかしこれ以前はまさに非武装中立論は「平和の敵」に対する有効な「武器」であった。ここで思い出していただきたいのは『昭和史』の著者半藤一利が戦前のような過ちを防ぐために歴史の教訓として抽出した「半藤五原則」である。その五原則の二と四には次のようにある。

2. 最大の危機において日本人は抽象的な観念論を好む。それを警戒せよ。すなわちリアリズムに徹せよ。

4. 国際的常識の欠如にたえず気を配るべし。

（『そして、メディアは日本を戦争に導いた』保阪正康との共著　東洋経済新報社刊）

つまり、この時代はまさに「半藤五原則」に反する「悪」の時代と言えるのである。

■「遵守すればするほど国民を守れない」日本国憲法は改正すべし

ひょっとしたら、誤解があるかもしれない。

私が半藤一利著の『昭和史』を批判しているという誤解である。そう考えている読者がいたら、それは大きな誤解である。それどころか、上から目線的言い方で恐縮だが、内容は高く評価している。では、何が不満なのかと言えば、せっかく昭和史を分析して歴史の教訓を見事に抽出しているのに、ご本人の行動というか政治的スタンスが自ら抽出した教訓に反しているように、私の目には見えるからだ。一言で言えば「もったいない」ということである。

具体的に述べるならば、半藤は他ならぬ自著『昭和史』において戦後日本が基軸とすべきものについて、「私は平和憲法でいいと思うんです」と述べている。そう言うからには護憲つまりは日本国憲法第九条を徹底的に擁護し改正（改悪）を阻止する立場を取るということだろう。

ここで改めて第九条を見てみよう。

第九條　日本國民は、正義と秩序を基調とする國際平和を誠實に希求し、國權の發動たる戰爭と、武力による威嚇又は武力の行使は、國際紛爭を解決する手段としては、永久にこれを放棄する。

前項の目的を達するため、陸海空軍その他の戰力は、これを保持しない。國の交戰權は、これを認めない。

かつてはこの条項をたてに、自衛隊は憲法違反だから即刻廃止すべきだと声高に主張する論者がいた。いや、今も心の中ではそう思っている人がいるようだ。

意外に聞こえるかもしれないが、私自身も立憲主義をとる法治国家ではその態度は正しいと思う。憲法は国家の最高法規であり日本国政府はそれを遵守しなければいけない。だからこの憲法を維持するならば、あきらかに戦力である自衛隊は廃止しなければいけない。最高裁判所はこうした問題の最終的権限は政府に属する（統治行為論）とし、かつて政府の高官は「自衛隊は戦力無き軍隊である」などと強弁した。いずれもごまかしである。それは憲法を骨抜きにするものだ。

そもそも憲法というものは何のためにあるのか？　国民一人一人が民主主義の下に平和で安全な生活ができるよう日本国政府に保障させるためだろう。

この点を誤解している人もいるが憲法を守らなければならないのは、まず第一義的に日本国政府であり公務員である。

だが他国が侵略してきた場合、たとえば北朝鮮が日本へミサイルを撃ち込んできた場合、この憲法を完全に遵守するならば、当然イージス艦も迎撃ミサイルも持てないから日本人の生命・安全は守れない。

つまり日本国憲法、とくに第九条とは、政府がそれを遵守すればするほど国民の安全を守れないという、とんでもない欠陥憲法なのである。

論理的に考えればそれ以外の結論は無い。

政治家はこの「遵守すればするほど国民を守れない欠陥憲法」を一刻も早く改正する方向に進むべきであって、それが法治国家の政治家としての義務であり責任である。

そうは言っても、現在でも多くの人が「護憲」を、半藤の言うように国家の基軸とすべきだと考えていることも事実だ。ここで改めて、「半藤五原則」を見てみよう。

1. 国民的熱狂をつくってはいけない。そのためにも言論の自由・出版の自由こそが生命である。

2. 最大の危機において日本人は抽象的な観念論を好む。それを警戒せよ。すなわちリ

　アリズムに徹せよ。

3．日本型タコツボにおけるエリート小集団主義（例・参謀本部作戦課）の弊害を常に心せよ。

4．国際的常識の欠如にたえず気を配るべし。

5．すぐに成果を求める短兵急な発想をやめよ。ロングレンジのものの見方を心がけよ。

（『そして、メディアは日本を戦争に導いた』保阪正康との共著　東洋経済新報社刊）

慧眼な読者はニヤリとされたのではないか。半藤も含む護憲論者はこの原則にまったく反している。

一番わかりやすいのが第二条だろう。北朝鮮がミサイルを発射し中国は尖閣《せんかく》諸島を虎視眈々と窺《うかが》うという危機において、護憲論者は「平和憲法を守れ」という「抽象的な観念論」を主張するばかりで、まったく「リアリズム」を考えようとしない。世界ではまだまだそういう物騒なことを考える国がいるのである。だから第四条に言うように「国際的常識」を忘れてはいけないのである。

もちろん将来的には核廃絶が実行され恒久的な世界平和が実現することを私も願っているが、現状では一足飛びには無理だ。国連の改革などやるべきことはたくさんある。にもかかわらず護憲論者は憲法九条さえ護持すれば、明日にもそれが実現するようなことを言って反対論者の口を封じようとする。「すぐに成果を求める短兵急な発想」であり「ロングレンジのものの見方」がまったく無い。まさに第五条違反である。

そして論理的に考えれば当然なされるべき憲法第九条の改正を、「改正では無い、改悪だ」という方向に世論誘導したのが、日本社会党、日教組、岩波書店、朝日新聞社といったまさに第三条で「弊害を常に心せよ」と指摘されている「日本型タコツボにおけるエリート小集団主義」に支配された組織であった。

とくに問題なのは朝日新聞社である。社会党や日教組は政治団体で独自の主張をする権利は持っている。それが日本にとってどんなに有害な意見であっても、彼らがそれを述べる権利を私は尊重する。それは民主主義の原則だからだ。

しかし朝日新聞社は報道機関であって政治団体では無い。報道機関である以上、虚偽の報道をすることは絶対に許されない。しかし、朝日はその絶対のルールを破り、たとえば「従軍慰安婦問題」では「吉田エセ証言」で「国民的熱狂をつく」った。なぜそんなことをしたかと言えば、そうした熱狂を作ることが「日本に戦前の過ちを繰り返させない」ことにつながると思ったからだろう。

しかしそのやり方は戦前の軍部と同じできわめて読者をバカにしたやり方である。だからこそ半藤は「国民的熱狂をつくってはいけない」とまず第一条で述べたのだろう。だが、護憲勢力の筆頭と自他ともに認める朝日はまさに第一条に違反しているのである。

朝日がこうした虚偽の報道に基づいた「国民的熱狂」を次々に作り出していったことを、ジャーナリズムの現場にいた半藤はその目で見ているはずだ。古くはソビエト連邦を理想の国家と偽り、北朝鮮は労働者の天国だと在日朝鮮人の帰国熱を煽《あお》り、中国の文化大革命は実際には共産党による中国人大虐殺であったにもかかわらず、人類の快挙と報じた。それもこれも護憲を貫くためだろう。護憲論者にとって一番困る反論は今も昔も「この憲法では海外から侵略があった場合に国民を守れない」という類のものだ。そこで朝日は日本国の周りにはそんな物騒な国家は無いという、情報操作のため虚偽の報道を繰り返し、虚偽がわかっても最後まで訂正しようとしなかった。北朝鮮による日本人の拉致を最後まで認めなかったのもそのためだ。

その洗脳作戦は一時成功し、憲法を改正すべきという「リアリズム」と「国際的常識」に基づいた意見を言うと、平和の敵扱いされた。これは憲法改正について言論の自由が失われたということであり、それを失わせたのは朝日を中心とした護憲勢力である。半藤第一条にあるように「言論の自由・出版の自由こそが生命」ならば、戦後数十年の長きにわたって言論の自由を、報道機関にあるまじき虚偽情報のタレ流しという不正な手段で侵害した朝日を、徹底的に糾弾して然るべきなのに、むしろ擁護している。

これは言行不一致ではないのか。

それとも護憲という目的自体は正しいから、手段については目をつぶるというのか。それでは戦前の軍部と同じではないか。

また、こうした左翼勢力はかつて「差別語狩り」に血道を上げていた。たとえば「めくら」という言葉を使えば差別が助長される、だからそのような言葉は日本語から追放してしまえ、というのが彼らの論理であった。確かに差別を無くすという目的自体は正しいが、やり方はめちゃくちゃである。もちろんことさらに私も「めくら」という言葉を使おうとは思わない。しかし、たとえば映画やドラマや小説で、悪人がこういう言葉を使うのは表現の自由の問題で、決して差別を助長するものでは無い。映画『座頭市《ざとういち》』で悪人どもは主人公の市を「どめくら」と呼ぶ。決して「おい、そこの目の不自由なヤツ」とは言わない。それが文学というものであり、子供が同じ言葉を使ったら厳しく叱るのを教育という。これが「国際的常識」というものだが、朝日を中心とする左翼勢力にはこれが「欠如」していた。そうした彼らによって危うく日本文化、とくに過去の映画の名作の多くが闇に葬られるところであった。これは言論の自由に匹敵する表現の自由の弾圧では無いのか?

若い人にはわからないかもしれないし、団塊の世代ですらわからないかもしれないが、それより年上の戦前派である半藤は、次の言葉の意味が明確にわかるはずだ。

「よし一本。電髪《でんぱつ》。音盤」

戦前、アメリカとの戦争が始まると日本では陸軍が主体となって「敵性語追放」という運動を始めた。アメリカと戦争しているのだから、英語は使わせないという国民的運動である。

そこで、ちょうど「めくら」を「目の不自由な人」に言い換えさせたように、野球において審判の「ストライク・ワン」は「よし一本」、「女子のパーマ」は「電髪」、レコードは「音盤」と言い換えないと非国民とされた。アメリカと戦っているのに英語を使うのは日本人として許されないという、非論理的な非難を受けたのである。だからこそ昭和天皇のポツダム宣言受諾の御言葉を録音したものを、玉音盤と呼び玉音放送とは言っても玉音レコードとは呼ばなかった。しかし人類最高の戦略家孫子も言うように「敵を知る」ことは戦略の基本である。アメリカは日本と戦争が避けられないと考えた時、もっとも優秀な学生に日本語を学ばせた。それが日本の暗号解読にもつながった。日本は見事にその逆をやっていたわけだが、朝日は差別を無くすと称し戦前の陸軍と同じやり方で、「差別語狩り」を奨励していた。

この愚かな行為は表現の自由の弾圧でもある。これも差別解消という目的自体は正しいから、手段については目をつぶるというのか。それでは、やはり戦前の軍部と同じではないか。

「護憲派が陸軍と同じ」なのはまだある。

半藤『昭和史』の冒頭は「昭和史の根底には〝赤い夕陽の満州〟があった」という章から始まる。つまり、日本が莫大な犠牲を払って獲得した「満州は日本の生命線」であるから、これは絶対に何が何でも守らなければならないということが「日本の大スローガン」になってしまい、そのことがその後の大日本帝国の歴史を大きく狂わせたということだろう。

繰り返しになるが、本節の冒頭でも述べたように、私は半藤『昭和史』自体を批判しているのでは無い。この分析も正しいと思う。ならば戦前と同じ過ちを繰り返さないために、半藤五原則にさらに一箇条加えるとすれば「たとえ、あることが達成されるために多くの血が流されたとしても、その達成されたことを守るか守らないかという判断については、今後その決定においてさらに多大の人命が失われることの無いように冷静にリアリズムに基づいて判断しなければならない」ということになろうか。しかし昭和天皇から対米戦には踏み切るべきではないとの考えを伝えられた東条英機《とうじょうひでき》首相は結局開戦に踏み切った。「英霊に対して申し訳ない（十万の同胞の血は無駄にできない）」からである。その結果新たに数百万人の死者を出すことになってしまった。リアリズムに基づいた判断ができなかったからである。

もうお気づきだろうが、「平和憲法は第二次世界大戦の数百万の犠牲者によってあがなわれたもの」であるから「これは何が何でも守らなければならない」という考え方自体はまさに戦前と同じなのである。

さてここでもう一度、憲法第九条の条文を見ていただきたい。もし、これを字義どおり実行した場合、外国から日本に侵略があれば守りようがないのだから、必ず日本人の中から無辜《むこ》の犠牲者が出ることになる。つまり護憲論者はじつは「数百万人の犠牲者によってあがなわれた平和憲法という正義を守るためには、そうした犠牲はやむを得ない」と考えていることになる。論理的に考えればそうなるはずである。

これは戦前の陸軍の「国家の大義を守るためには犠牲者が出るのもやむを得ない」という考え方とまるで同じではないか。

憲法の本来の目的は国民の安全を守ることにある。それなのに護憲つまり憲法を守るためには犠牲者が出てもやむを得ないと考えることは、まさに本末転倒以外の何物でも無い。

■護憲派が陥った、日本史における「リングワンダリング現象」とは？

日本国憲法は、それを遵守すればするほど国民を守れないという欠陥憲法である。論理的に考えればこれ以外の結論は無いはずだが、いわゆる戦後つまり一九四五年（昭和20）から現代までの日本では、この論理的結論はまったく無視されてきた。いったいなぜ中学生でもわかる理屈が無視され続けてきたかと言うと、いわゆる護憲派の学者、文化人それにマスコミがそのように日本人を洗脳し続けてきたからである。

その結果、国民の多くが護憲の支持者になってしまった。これが日本以外の国なら「この憲法では侵略された時、国民に犠牲が出るのを防止できない」という声が出る。憲法は何のためにあるのかと言えば、国民と民主主義を守るためである。当然守れない憲法を改正しようという話になるはずだ。だが、ならない。それどころか、憲法を守ること、すなわち護憲が戦後日本の国としての目標になってしまった。

しかし、遵守すればするほど国民を守れない憲法を絶対に変えるなということは、外国から侵略があった時は日本人は死ねということだ。

戦前は「天皇を守るために死ね」というのが大日本帝国の国是であった。「君が代」に次ぐ準国歌と言われた『海行《うみゆ》かば』の「大君《おおきみ》の辺《へ》にこそ死なめ　かへり見はせじ（後悔しない)」という歌詞がそれを示している。

ところが、そうした過ちを絶対繰り返してはいけないとする護憲派の人々は、事実上「日本国憲法を守るためには犠牲者が出ても構わない」と声高に叫んでいる。つまり彼らは「憲法を守るために死ね」と主張していることにまったく気がついていない。

本当に改善すべきは「○○を守るために死ね」という考え方を、国民に強制するのをやめることだろう。それが本当の意味で民主主義の実践であり、同じ過ちを繰り返さないことにもつながるはずだ。

ところが護憲派の人々は、これまで散々具体例で述べたように、学問を歪め教育を歪め報道を歪めることによって、つまり戦前の軍部と同じやり方で「○○を守るために死ね」という国家目標を定着させようとしてきた。つまり戦前と戦後の歴史はまったく違うように見えて、じつは違う部分は「○○」の中身だけ（戦前は天皇、戦後は平和憲法）ということであり、まさにこれが「日本史のかたち」なのである。

どうしてそんなことになってしまったのか？　それを分析する前に、護憲についてもう少し述べておこう。

たとえば、井沢元彦は平和憲法では国民を守れないと言うが、戦後日本はその欠陥を補うために自衛隊という組織を立ち上げて対処してきたではないか。それにかつては自衛隊廃止論を唱えていた日本社会党も是認に転じたし、国民の多くも自衛隊の存在自体は容認している。だから現状維持で問題無い。という反論があり得る。

現に、二〇一六年の民進党代表選における候補者の三人（蓮舫《れんほう》代表代行、前原誠司《まえはらせいじ》元外相、玉木《たまき》雄一郎《ゆういちろう》）のうち二人までが護憲の立場であり、「加憲」つまり自衛隊を憲法に位置づけるべきだ、と主張しているのは前原元外相だけだった。逆に代表となった蓮舫は福岡県久留米《くるめ》市で行なわれた公開討論会で「九条は絶対変えて欲しくないという国民の声を大切にする」（『朝日新聞』２０１６年９月５日付朝刊）と述べたという。そういう国民の声がいまだに根強いのは事実だ。だから国民がこの方向性から外れないようデタラメ報道を繰り返してきた朝日新聞も、欧米先進国なら当然読者激減で廃刊になるはずが、いまだに約六百二十六万部も売れている（日本ＡＢＣ協会『新聞発行社レポート　半期』２０１７年１月－７月平均）。民主主義国家の政治家は確かに民意を重んじなければいけないが、同時にそうした民意があきらかに誤りであったのなら説得する勇気を持つのも民主主義国家の政治家としての義務だと思う。その意味で蓮舫代表のような野党第一党のトップに立つ人間が、護憲などという民主主義国家の政治家として「恥ずべき考え方」をしてはならないと私は考える。

ではどうして護憲は「恥ずべき考え方」なのか。

これは『逆説の日本史　二十二巻　明治維新編』の「補遺編」ですでに述べたことではあるが、日本史とくに近現代史を理解するのにきわめて重要なポイントなのでもう一度詳しく述べておきたい。

たとえば、自分は護憲派だと思っている方々にはまず憲法第九条ではなく第十四条を読んでいただきたいと思う。

そこには何が書いてあるか？　第十四条の第一項には次のようにある。

第十四條　すべて國民は、法の下に平等であつて、人種、信條、性別、社會的身分又は門地により、政治的、經濟的又は社會的關係において、差別されない。

もちろん、この原則は日本国憲法に書いてあるから守らねばならないのではなく、そもそも民主主義の大原則であるから守らねばならないのである。そんなことは「釈迦に説法」かもしれない。たとえば蓮舫代表なら、「かつて台湾国籍を持っていた者は、たとえ日本国籍を取得しても、正式な公務員にも公党の代表者にもなれない」と日本国憲法に規定しようと誰かが主張したら猛然と反発するだろう。

しかし、自衛隊の存在意義は認めるが憲法第九条は変えてはならない、と主張することは、じつはこの種の主張と同類の差別的主張なのである。第九条を変えない限り自衛隊は憲法では認められない組織であり、自衛隊員は正式な国家公務員とは言えない。自衛隊法という法律はあるが、法律はあくまで法律に過ぎない。立憲国家においては、憲法で存在を否定されたものが法律によって正式な存在と認定されることは本来あり得ない。そんなことは常識以前の常識である。

だから護憲つまり憲法第九条改正断固反対を唱えることは、自衛隊という組織を正式なものとは絶対に認めず、自衛隊員も正式な国家公務員とは絶対に認めないぞ！　と宣言しているに等しい。これは差別以外の何物でもあるまい。

そしてこれも『逆説の日本史　二十二巻』の「補遺編」で述べたように、時代劇にたとえれば「お前はメカケの子だ、働き手としては必要だからメシは食わせてやるが、絶対に当家の一員のつもりになるな」というセリフになる。

それゆえ一九七〇年（昭和45）十一月二十五日に起こった三島事件で、自衛隊に憲法改正のため決起（クーデター）を促した作家三島由紀夫《みしまゆきお》は、割腹自殺直前の最後の演説で「諸君は武士だろう。武士ならばだ、自分を否定する憲法をどうして守るんだ。どうして自分を否定する憲法のために、自分らを否定する憲法にぺこぺこするんだ。これがある限り、諸君たちは永久に救われんのだぞ」と訴えたのである。

もちろん三島の行為は犯罪であり法治国家では認められるものでは無い。また、この事件に対する反応は三島を狂人扱いにしてすべてを片付けようというものだったが、読めばおわかりのように、その主張はきわめて論理的である。

ここで読者のみなさんには右翼とか左翼とか、そうした偏見を捨ててあくまで論理的に冷静に物事を考えていただきたい。

私は少なくとも憲法と自衛隊の関係については三島の見解が正しいと思うし、護憲派の言っていることは明確な差別だと思う。

しかし世の中の常識はそれと違うかもしれない、日本ではたとえばノーベル賞作家大江《おお え》健三郎《けんざぶろう》、瀬戸内《せとうち》寂聴《じやくちよう》大僧正、「昭和史」のエキスパート半藤一利、そして、野党第一党民進党蓮舫代表といった錚々《そうそう》たるメンバーが護憲を唱えている。

あくまでも第九条の字義どおり自衛隊は完全に撤廃すべきという「護憲」なら、日本人の安全を守るという現実論の視点から見ればきわめて問題だが、論理的には筋が通っている。これなら差別とは言えない。

しかし自衛隊はいたほうがいいが、憲法上正式には絶対認めないというのは、何度も言うが差別以外の何物でも無い。たとえノーベル文学賞受賞者だろうが文化勲章受章者の主張であろうが、正しく無いものは正しく無い。冷静に論理的に考えれば結論は明白のはずだ。

では、なぜこんなことが起こってしまうのだろうか？（自衛隊の存在を認める上で）護憲を主張する人々は、それが民主主義の根幹に反する差別的行為だということにまったく気がついていない。それどころか正義だと思い込んでいる。きわめて不思議ではないか。

これを私は日本史におけるリングワンダリング現象と名づけた。

リングワンダリング（ring wander-ing）はもともと英語の登山用語で輪形彷徨《りんけいほうこう》などと訳されている。激しい吹雪などで登山者が方向感覚を失い、結果的に同一地点をぐるぐる回って、いつまでたっても目的地にたどり着けないことである。もちろん遭難につながる可能性も高くなる。絶対に避けるべき事態だ。では、避けるためにどういう対策があるか。これが登山の場合なら体力の消耗を避けるためできるだけ動かないという対策を取れるのだが、人間の活動（歴史）の場合はそうはいかない。止まることは許されないからだ。従って尾根を目指す、つまり高いところに登って全体を見渡すという方法を取るしかない。

朝日新聞社にしろ瀬戸内大僧正にしろ、すべての護憲派に共通するのは戦前の過ちは決して繰り返してはならないという強い思いであろう。そのために戦前という「地点」からできるだけ離れようと別の頂上を目指した。その頂上とは真の民主主義社会と言ってもいい。ところが実際には目的地にたどり着けず、今でもぐるぐる回っている。

たとえば朝日新聞社が戦後、護憲という目的を果たすために取った手段というのは、「北朝鮮が打ち上げているのはミサイルでは無く人工衛星」などという報道の歪曲によるものであった。戦前の過ちを繰り返さないと言うならば、戦前の陸軍が大本営発表で行なったような手段は絶対取るべきではないだろう。しかし実際はやっている。

「差別語狩り」もそうだ。差別を無くそうと考えるのはいい。だが問題はそれを陸軍がやったのと同じ言葉の追放というやり方で果たそうとしたことだ。民主主義の根幹がわかっていないとしか言いようがない。挙げ句の果てに朝日は「昔『陸軍』いま『朝日』」と揶揄される組織に成り果てた。ぐるりと一周して、もっとも離れようと考えた「地点」に舞い戻ってしまったのである。

瀬戸内大僧正の護憲はどちらだろう。自衛隊は一切認めないのか、それとも自衛隊は認めるが憲法第九条は変えてはならないのだろうか。もし前者なら侵略を受けた時に無辜の日本人から犠牲者が出るのを防ぐことはできない。それでも仕方が無いと言うなら、「憲法護持という大義のために犠牲者が出るのはやむを得ない」ということになり、戦前の軍部と同じ考え方になる。一方、自衛隊の存在は認めるが憲法を変えてはならないというのなら、自衛隊員に対する大きな差別となる。そもそも仏教はそうした差別を固く禁じているはずである。

そしてすべての護憲派に共通する考え方と言えば「戦争によって多くの犠牲者が出たのだから、その犠牲者によってあがなわれた成果（この場合は平和）は絶対に守らねばならない」だが、これはまさに日本をそうした戦争に踏み込ませた「日清、日露戦争以来多くの日本人の血によってあがなわれた成果（この場合は満州国）は絶対守らねばいけない」という考え方と同じである。

戦前の軍部と同じ考え方をすることが民主主義社会の実現なのか？　まさかそうではあるまい。つまり同じところを「ぐるぐる回っている」のである。

では尾根に登ってみよう。

「昭和史」という狭いフィールドでは無く日本史全体を見下ろす視点から、なぜこんなことになるのかを探るのである。

そうした視点を提供してくれるのにきわめて有効な著作がある。『蒙古襲来』（服部英雄著　山川出版社刊）である。もし私の意見に反感を持つ人がいたら、反論する前にまずこの本を読んでいただきたい。何が書いてあるか一言で言えば、日本は昔から軍事に対する差別があり軍事力に対する過小評価があり、そうした人々が実際に蒙古軍を撃退した鎌倉武士たちの功績を否定するために考え出したのが「神風」だということだ。読んでいただければ、自分たちはなぜ「平和憲法によって戦後の平和を守られた（軍事力つまり自衛隊やアメリカ軍のおかげでは無い)」という考えをしたがるのか、よくわかるはずだからである。

■神代以来の「ケガレ忌避信仰」が復活した「憲法九条死守」という主張

もう完璧に理解していただけたと思うが、じつは現代日本における護憲、つまり「日本国憲法第九条を絶対変えてはならない」という主張は、自衛隊員の人権をまったく無視し彼らへの差別を公然と是認したものである。

言うまでも無く、民主主義の根本原則とは万人平等にある。いかなる差別も許されない。ところが護憲派の主張は「彼らの国家における必要性は認めるが、その地位を憲法で正式に認めてはならない」である。アメリカ合衆国にはかつて「黒人は奴隷として国家に必要だが、彼らの人権は一切認めるな。彼らはアメリカ国民では無い」と主張する人々がいた。護憲派の主張はこれとまったく同じではないか。

現状のままで「憲法九条死守」を叫ぶことは、前節で述べたようにそれ自体「憲法十四条違反」であるし、それよりも何よりも民主主義の根本原則「万人平等」を踏みにじるものだ。

またしても言わせていただく。こんなことは欧米先進国では絶対にあり得ないだろう。

しかし、日本では「欧米帰り」の学者や文化人までがテレビ・ラジオで、「憲法九条を守れ」と主張している。彼らは海の向こうでいったい何を学んできたのだろうか。

なぜ、「欧米先進国では絶対にあり得ないこと」が起きるのか。こんな言い方をすれば私の愛読者ならピンとくるかもしれない。こういう事例は以前にも紹介したことがある。

一九九九年(平成11)十一月、宇宙開発事業団がロケット打ち上げに失敗し、運輸省(当時)と気象庁が製造し打ち上げを依頼した多目的衛星が宇宙の藻屑となってしまった。怒った運輸省は打ち上げ代金の残金の支払いを拒否したが、宇宙開発事業団はそれを要求し双方「払え、払わぬ」で揉めて収拾がつかず、結局司法の場での決着が求められることになった。

こんなアホな事態は「欧米先進国では絶対にあり得ない」。

なぜなら、裁判までもつれた最大の原因は双方が取り交わした契約書に「失敗した場合はどうする」という記載が無かったことであって、「欧米先進国」では契約時にそんな初歩的なミスをするはずがないから絶対にあり得ないのである。

では、なぜ日本ではそんな初歩的ミスを、それも最高学府を出たはずのエリートが犯すのか? 本当の歴史が、そして日本人の宗教(この場合は言霊つまり「起こって欲しくないことには触れない」)がわかっていないからである。

それがわかっていないと、西欧哲学であろうが法律学であろうが語学であろうが何を学ぼうと砂上の楼閣になってしまい、欧米先進国ならば小学生とは言わないが大学生でも犯さないミスを、エリート官僚や大学教授や文化人が犯すことになる。

この「憲法九条死守」という主張もそうではないか。これは差別であり人権侵害である。いわゆる護憲派は一人残らず自分が民主主義者だと自認しているはずである。ならば絶対にやってはいけないのは差別であり人権侵害だろう。ところが実際にはノーベル文学賞受賞者も、仏教の高僧も、大新聞の記者も、アメリカ帰りの憲法学者も片っ端から民主主義を蹂躙《じゅうりん》しているのに、そのことにまったく気がつかない。どうしてこんなアホなことが起こるのかと言えば、理由は同じである。

ただし、わかっていない日本人の宗教の中身は、衛星の問題とは少し違う。この場合は言霊だけでは無く、「ケガレ」であり「怨霊《おんりょう》信仰」もある。

「ケガレ」というより「ケガレ忌避《きひ》信仰」と呼んだほうがより正確だが、我々日本人は天皇家が日本の頂点に立った「神代の昔」から、「ケガレ」が諸悪の根源だという根強い信仰を持っている。そのことは民族の古典というより「神道の聖典」である『古事記』に明記してあるところである。前にも述べたことだが、神道の最高神であるアマテラス（天《あま》照大神《てらすおおみかみ》）は、父イザナギ（伊邪那岐命《いざなぎのみこと》）がもっともタチの悪い穢《けが》れである「死穢《しえ》」を完全に水に流すミソギの中から生まれた。つまり天皇とはもっとも「ケガレ無きもの」の子孫なのである。

しかしその天皇ですら死という運命は免れない。天皇が死ねばその土地は常人の数百倍、数千倍の死穢によって汚染される。だからチェルノブイリのように放棄するしかない。そこで飛鳥時代は天皇一代ごとに遷都が行なわれていた。

しかし、そんなことをしていてはインフラの蓄積ができず、いつまでたっても日本は発展しない。それに気がついた持統《じとう》天皇は大英断を下し、自らの遺体を神道式土葬から仏教的火葬に改めるように命じた。つまり外国の宗教を導入することによって、伝統的な問題である「ケガレ忌避による頻繁な遷都」を解決しようとしたのである。もちろんすぐにはうまくいかなかったが、とにかく伝統が打破されたことは大きい。最終的に日本の首都は平安京《へいあんきょう》で固定した。天皇が亡くなったからといって、いちいち遷都する必要が無くなったのである。

そして日本は、平和になるにつれて天皇家は自ら軍事や刑事（警察及び裁判業務）に携わることを嫌うようになった。軍事とは国家の大事ではあるが、必ず死穢に触れなければならない業務でもあるからだ。平安後期になると、たとえ反逆罪と認定されても菅原道真《すがわらのみちざね》のように死刑が執行されないようになった。人道的な国家になったのでは無い。天皇家が本来持っている「死穢を避ける」という信仰はそこまで徹底されたのである。

だから平安後期の天皇家は日本の治安がどれほど悪化しようと「我関せず」であった。飛鳥時代のように天皇家を狙う蘇我氏のようなライバルがいた時代には、中大兄皇子《なかのおおえのおうじ》（後の天智《てんじ》天皇）のように自ら剣をふるって敵を斬殺するような猛者《もさ》もいたが、天皇家の権威が絶対的に確立され国内に敵がいなくなった時に天皇家は本来の信仰に戻り「死穢」に触れる行政である軍事、刑事から一切手を引いてしまったのである。

しかし国家が治安に責任を持たないということは、自分の身は自分で守らねばならない。そこで藤原氏の専横を逃れて地方に逃れた元皇族の子孫源氏や平氏は、武装開拓農民となって独立した。これが武士である。最初に中央に反乱を起こした武士団の棟梁平将門《たいらのまさかど》は準備不足もあって敗れたが、その夢を引き継いだ源頼朝《みなもとのよりとも》はとうとう武士主体の政権を確立した。鎌倉幕府である。その幕府が朝廷から最初に受け継いだ行政権は「大犯《だいぼん》三箇条」つまり軍事権と警察権であったことも、日本とくに朝廷に「ケガレ忌避信仰」があったという事実がわかっていないと、本質的な理解はできない。

鎌倉幕府つまり軍事政権が日本を仕切っている間に、幸いなことに海の向こうからの侵略「元寇《げんこう》」があった。なぜ幸いかというと、もし朝廷政権が続いている時に攻められたらひとたまりもなかったと思われるからである。鎌倉武士の奮戦によってモンゴル軍は撃退され日本に平和が確立された。ところが武士の貢献を絶対に認めたくなかったのが、朝廷や貴族つまり「ケガレ忌避信仰」を持つ人々であった。そもそも、ケガレは諸悪の根源なのであり、その穢れの中でもっともタチの悪いのが死穢だ。いつも戦争をしていて死穢にまみれている武士が、その徹底的に軽蔑すべき穢れた存在が、日本を救うなどということは決してあり得ない、いやあってはならないのである。

しかし実際に日本を襲った侵略軍が撃退されたのは事実だ。それが武士の奮戦によるものでは無いとするならば、何か別の理由を考えなければいけない。そこで貴族たちが考えた屁理屈《へりくつ》が「神風《かみかぜ》」であった。現実の軍事力では無く、神風が吹くという天皇サイドの霊力が日本国を守ったのである。そう主張したからこそ彼らは、救国の英雄である北条時宗《ほうじょうときむね》に何の恩賞も与えなかった。

この信仰はその後も続き、たとえば鎌倉時代末期に後醍醐《ごだいご》天皇は武士の力を借りて新政権を築いたが、そのブレーンであった貴族北畠親房《きたばたけちかふさ》は『神皇正統記《じんのうしょうとうき》』で「成功したのは天皇の御力によるものであり武士たちの力では無い。思い上がるな」と記している。

つまり、彼らは軍事力の効用というものを一切認めないという信仰を持っているのである。これは前に述べたように「動物を殺さない文化」である弥生人の文化的伝統に基づくものだろう。

しかし日本には縄文人という先住民族がいて「動物を殺す文化」を持っていた。だからこそ、武というものを尊ぶサムライが生まれた。日本の文化というのはじつは縄文と弥生の対立抗争で成り立っている。そして、征服者である弥生人の被征服者である縄文人に対する差別が、いわゆる部落差別の本質であろう。

しかし狭い日本という島国でぬくぬくと平和に酔いしれている間は、軍事力の効用を認めなくても生きていける。江戸時代というのはまさにそういう時代で、そのトップが朝廷ではなく幕府であったにもかかわらず、「ケガレ忌避」の傾向が進んだ。一例を挙げれば、歴《れっき》とした武士は罪人の首を斬らなくなった。ちょうど天皇家が中大兄皇子の時代は人を斬り殺しても平気だったのに、平安時代には自ら刃《やいば》を振るった天皇など一人もいなくなったのと同じような現象が起こったのである。

そうした「太平の眠り」つまり平和ボケ状態の日本へ黒船《くろふね》はやってきた。日本人は慌てた。このままでは欧米列強の植民地にされてしまうという恐怖感を抱き、それまで弾圧していたサムライ精神を復活させた。そして日清、日露戦争に勝ったまではよかったが、この二つの戦役で犠牲となった死者の霊のためにも、それで得た満州国《まんしゆうこく》という権益は絶対に手放してはならないというのが、日本人共通の信念となった。

このあたりは『昭和史』において半藤一利が見事に分析したとおりなのだが、その半藤がわかっていなかったのは、満州を絶対に手放すまいと思ったのは、日本人の深層心理には怨霊信仰があり、そんなことをすれば戦役の犠牲者すべてが怨霊になってしまうという恐怖があったからだ、ということだ。だからこそ軍部の最高責任者東条英機は、天皇にやめろと言われ自らも危険な作戦だと熟知しながら「英霊に申し訳ない」という感情を克服できず対米開戦に踏み切った。その結果は大破綻である。今度は数百万人が犠牲になった。

そこで戦後の人々は彼らの死をムダにしてはならない、という「怨霊信仰」に基づき「平和憲法を絶対に守れ」が国民の目標になった。

〝赤い夕陽の満州〟――昭和の破綻の歴史はここから始まったと半藤一利は『昭和史』で分析している。それはそのとおりである。朝日新聞社は満州を獲得するために犠牲になった人々を祀る「忠霊塔《ちゆうれいとう》」を仰ぎ見て、その「東洋平和＝満州国の権益」を守るためには命を惜しむべきでは無いという『満州行進曲』を作って国民を鼓舞した。そして、その結果数百万人が犠牲になって路線が破綻すると、戦後は新しい忠霊塔「平和憲法」を守るためには命を惜しむべきでは無いという方針に転換した。

これまで述べてきたように、憲法九条をそのまま杓子定規に守れば外国の侵略の第一撃に対して日本国民を守ることは不可能だ。北朝鮮のミサイルに対する防衛網も、軍備を一切持たないというならすべて廃棄しなければいけなくなる。逆に言えば、これは憲法という大義を守るためには犠牲者が出るのもやむを得ないという考え方を強要しているということであり、その意味で戦前とまったく変わらない。

変わったと言えば、軍事力の評価については平安時代に戻ってしまった。強大なはずの大日本帝国陸海軍が日本を守れなかったという教訓が余程身に染みたのかもしれないが、戦後日本は平安貴族と同じで軍隊の効用つまり防衛力や抑止力を一切認めない考え方に戻ってしまった。もっともタチの悪いケガレである死穢にまみれているのが軍隊つまり在日米軍であり自衛隊だ。その徹底的に軽蔑すべき穢れた存在が、軍事力や抑止力で日本国の平和を守ったなどということはあり得ないし、あってはならないのである。

そこで鎌倉時代の貴族が神風を持ち出したように戦後日本人は平和憲法を持ち出した。「戦後の平和は（軍事力では無く）平和憲法によって守られた」である。これはお気づきのように「平和と叫べば平和が来る」という言霊信仰に基づくものだ。

つまり、前節で述べたように、歴史におけるリングワンダリングなのである。

護憲こそ「民主的」だと信じている人が大勢いるが、それが「憲法九条死守」のことならば、じつは日本教の伝統的な考え方「ケガレ忌避」と「言霊」が復活しただけの話なのである。それが証拠に、もしそれが本当の民主主義に基づくものならば、自衛官の人権を完全に無視するという形で主張がなされるはずが無いのである。

もう一度、運輸省の事例をよく見ていただきたい。日本の伝統的な宗教、思想に無知であると、とんでもない誤りを犯す可能性があるということが、よくわかるはずである。

■朝鮮学校で使われている「歴史教科書」の内容を知っていますか？

さすがに朝日新聞社も盲目的な北朝鮮礼賛は誤りだということに少しは気づいたのか、と私は考えていた。ところが驚くべきことに、朝日本体は何の変化も反省もしていなかったようだ。

何と二〇一六年になって次のような記事が名古屋版に掲載されたのである。

「定住外国人への背信行為　市民の差別感情をあおる　朝鮮学校補助金『停止』　名古屋市役所前で抗議」（2016年3月10日付朝刊名古屋版）との見出しがある。

「名古屋市の河村たかし市長が市内の朝鮮学校への補助金の一部を停止する考えを議会で示した問題で、朝鮮学校に子どもを通わせる父母や国際交流に取り組む日本人市民らが9日、市役所前で、発言撤回を求める街頭活動をした。市長への要請書も提出した」という書き出しで始まるこの記事は、「朝鮮学校の卒業生は日本社会の発展にも貢献してきた。市長の方針は定住外国人への背信行為」という市民団体の要請を全面的にバックアップしたものである。記事にはさらに名古屋の朝鮮初級学校に一年生の女児を通わせる母親の「市長さんには考え直してほしい」という言葉や、さらに支援者の「差別をなくすための啓発に率先して取り組むべき行政の長が補助金停止に動けば、逆に市民の差別感情をあおり、外国人排斥を助長しかねない。速やかに発言を撤回すべきだ」という批判が載せられ、河村たかし名古屋市長をまるで民主主義の敵でもあるかのように手厳しく批判する内容となっている。

やれやれ二〇一六年にもなって、こんな記事が堂々と「一流新聞」に掲載され、それと同一歩調を取る市民とやらがいるのか、と私はある種の絶望感を覚えた。だが嘆いてばかりもいられない。この記事がどんなにとんでもない記事であるか逐一論証する。

まずこの記事を書いた記者（末尾に「黄澈」の署名がある）に問いたいことがある。朝鮮学校でどのような教育が行なわれているか知っているのか？　とくにどんな歴史教科書が使われているのかその内容を知っているのか？　ということである。

私は知っている。朝鮮学校が外部に公開していない歴史教科書を自らの手で完訳した萩原遼との共著『朝鮮学校「歴史教科書」を読む』（祥伝社刊）も上梓している。萩原遼は、四十三ページでも紹介しているように元『赤旗』の平壌特派員で、共産主義を擁護する立場の人間だった。しかし、友人が帰国事業で北朝鮮に渡り消息を絶ったあたりから共産主義、とくに北朝鮮の体制に大きな疑問を抱くようになり、良心的な在日朝鮮人から教科書を入手し独自に翻訳を完成したのである。その内容はその気になれば今でも読むことができる（『朝鮮高級学校教科書　現代朝鮮歴史（日本語訳）高級１』星への歩み出版刊など）。そしてそれを私が聞き手となって紹介したのが前出の『歴史教科書を読む』である。

その最大の特徴は金日成から始まる金ファミリーの支配を正当化するため、彼らがいかに素晴らしい歴史的功績を挙げたか、徹底的に美化し誇張していることである。

共産主義の独裁者と言えば、他国民では無く自国民を何百万人もの単位で虐殺餓死させたソビエトのヨシフ・スターリンと中国の毛沢東《もうたくとう》が代表だが、この二人でさえ自分の子供や親族に後を継がせようとは夢にも考えていなかったし、国民もそんなことは絶対に許さなかった。その事実を考えれば祖父、父、孫と三代にわたって権力が私物化され継承されている北朝鮮の体制が、いかに異常なものかわかるはずである。そして民主主義社会に育った人間ならば、そうした異常さを支えるためにはきわめて特殊な教育が必要だということは、いちいち教科書など読まなくても常識としてわかるはずだと私は考えるのだが、日本にはそうした常識が通用しないジャーナリストや市民がいるようだ。そういう人間にはやはりこの朝鮮学校で使われている歴史教科書をしっかり読んでもらいたいものだ。

この教科書はそれゆえ近現代史に比重がかかっているが、だからこそ比較的最近の事件にも言及がある。たとえば一九八七年（昭和62）の大韓航空機爆破事件については次のように記述されている。

「南朝鮮旅客機失踪事件」

　１９８７年11月28日イラクのバグダッドを出発しソウルに向かった南朝鮮旅客機が、タイ—ミャンマー国境付近上空で失踪した事件。南朝鮮当局はこの事件を「北朝鮮工作員金賢姫」が引き起こしたとでっち上げ、大々的な「反共和国」騒動をくり広げ、その女を第13代「大統領選挙」の前日に南朝鮮に移送することによって盧泰愚「当選」に有利な環境を整えた。

（前出同書）

大韓航空機爆破事件とは北朝鮮工作員金《キム》賢《ヒョン》姫《ヒ》が偽造パスポートで日本人になりすまし、大韓航空機に爆弾を仕掛け爆破し、搭乗客および乗務員百十五人を全員死亡させた事件である。しかしこれではまるで盧《ノ》泰《テ》愚《ウ》候補（当時）が自らの選挙戦に有利な材料とするために自国民を殺したような書きぶりではないか。いやおそらく教育の現場ではそのように教えているのだろう。なぜなら、「北朝鮮は労働者の天国」である以上、南朝鮮（韓国）は地獄でなければならないからだ。共産主義国家の教育とはそういうものであるということは、ソビエト史や中国史をひもとけば誰にでも容易に理解できることである。そうした国家の教育の特徴は自分たちの誤りを絶対に認めないことであり、非人道的なことはすべて外国の責任とすることである。カティンの森の大虐殺（１９４３年にロシア西部スモレンスク市近郊の森に侵攻したドイツ軍により、ソ連軍の捕虜となっていたポーランド軍将校４０００人以上が虐殺され埋められていた遺体が発見された事件）は紛れも無くソビエト連邦の仕業だったのだが、ソビエトは崩壊するまでナチス・ドイツの仕業だと言い続けていた。独裁国家がこういう態度を取るのは世界史の常識だ。

だから、北朝鮮に一方的に非があり、しかもその責任を珍しくも北朝鮮側がはっきり認めた日本人拉致問題に関してすら、記述は次のようなものだ。

（前出同書）

２００2年9月、朝日平壌宣言発表以後、日本当局は「拉致問題」を極大化し、反共和国、反総連、反朝鮮人運動を大々的にくり広げることによって、日本社会には極端な民族排他主義的な雰囲気が作り出されていった。

「極端な民族排他主義的な雰囲気」とは、この河村名古屋市長の意思表明のようなことを指しているつもりなのか？　それは断じて違う。行政の長は反社会的勢力に我々の税金が誤って使われないようにする義務がある。この反河村デモに参加した人間でも、もし名古屋市が暴力団に補助金を出していたら、それはおかしいと改善を求めるだろう。同じことではないか。

北朝鮮は、私がこの稿を書いている現時点でも核ミサイルをちらつかせ、世界各国を恫喝しているのである。在日アメリカ人も在日韓国人も恐喝されているのだ。もちろん彼らの国はそんなことをしていない。学問の自由、思想の自由を犯すものではないかという、批判も当たらない。では日本に在日ドイツ人の学校があり、そのドイツ人学校で「ヒットラーは正しかった」「ユダヤ人は地球から根絶すべきだ」などと教育していたら、そういう学校に行政が補助金を出すことに賛成するのか？　まさか賛成はしまい。まともな国の定住外国人と、核ミサイルで世界を恫喝する国の定住外国人の待遇に差をつけることは当然の区別であって差別では決して無い。

■きわめつきのお人好し集団「愚かな日本通りの人々」

戦後日本は日本史だけで無く世界史のレベルで考えても、きわめつきの「間抜け国家」である。この冷厳な事実を日本人は正視すべきだ。

その理由は簡単で、日本を敵視する国家に膨大な援助を繰り返してきたからだ。何度も言うが、北朝鮮というテロ国家は現時点で、日本のすべての領域を自国のミサイルの射程に収めることに成功した。北朝鮮はいつでも、この瞬間にも日本民族を数万人単位で殺すことができるが、それに対する完璧な防御手段は無い。日本が戦争をやめた一九四五年（昭和20）以降、これほど日本民族の安全が脅かされたことは無い。きわめて深刻な事態である。

この深刻な事態を招いたのは誰の責任か？

ここで世界を一つの町と考えよう。「日本通り」の道路を挟んで向かい側に「北朝鮮通り」がある。ここは暴力団の巣窟でビッグボスの恐怖支配の下、麻薬密売など様々な悪が行なわれていた。彼らは武器を集め強力な武装集団となり近隣を制圧しようという夢を抱いていた。あくまで夢である。そんな武装集団となるためには膨大な資金を必要とするが彼らにはそんな経済力は無い。

そこで彼らは経済的に繁栄している「日本通り」に目をつけた。そこには「マスコミ一家」というきわめつきのお人好しの集団がおり、暴力団員はこの「好人物たち」に、「北朝鮮通り」は「地上の楽園」だ、移住を歓迎すると吹き込んだ。ダマされるほうもどうかしているのだが、「マスコミ一家」の言うことは正しいと信じた善男善女が大勢「北朝鮮通り」へ移住した。陰謀大成功である。彼らは二度と戻れぬように拘束状態におかれ人質とされ、「日本通り」に残った家族親族には身代金が要求された。この膨大な資金調達によって暴力団はますます肥え太り野望の実現に一歩近づいた。しかし、その後「北朝鮮通り」から安全な「韓国通り」に命がけで脱出し、二度と犠牲者を出すまいと「地上の楽園」の実態を訴えた者もいた。通常そういう人間が出てくれば、「マスコミ一家」も反省し宣伝に乗せられるのをやめるはずだが、長男の「朝日太郎」だけは「北朝鮮を貶めるための韓国通りのやつらの陰謀だ」などと言い続けたため、「朝日さんの言うことなら信頼できる」と思った善男善女たちが、その後も移住を続け犠牲者はますます増えた。また「朝日さん」の言葉を信じた「日本通り」のリーダーたちも「北朝鮮通り」は善良な区域と考え人道的援助を繰り返し行なった。その結果暴力団はますます肥え太り、とうとう近隣を制圧するという野望を実現するために必要な武力を身につけることに成功してしまった……。

この寓話には「愚かな日本通りの人々」というタイトルがふさわしいのか、それとも「嘘つき朝日」がいいのか、どちらにしてもお伽《とぎ》の国の話では無い。戦後日本で実際に起こった現実の話なのである。

これを認めれば次に湧いてくる疑問は、どうしてそんなに簡単にダマされてしまったのだろうということだろう。

一言で答えれば本来国民の目と耳となり判断の材料を提供するはずのマスコミ、いや一部マスコミが歪曲報道を繰り返したからである。それに加えて北朝鮮側の工作もじつに巧みだったと言わざるを得ない。

たとえば帰国事業に際して、彼らは「日本には在日朝鮮人に対する差別がある。だからこそ差別の無い祖国に帰るべきだ」と訴えた。日本に差別があった、いや今もあることは事実であり、この言葉は多くのマスコミ人の心をとらえた。

さらに彼らは差別撤廃とか国際親善とか言論の自由とか、戦後絶対の価値とされ多くの人間が反論できないようなスローガンを掲げ反対者の口を巧みに封じた。中高年以上の人は明確に記憶しているはずである。今私が書いているような北朝鮮に対する批判が国民の中で起こりかけると、決まって朝鮮学校の女生徒のチマチョゴリが電車の中で切られるという事件が起こった。多くの人はそれを日本の右翼や差別主義者の仕業だと考え、世論はそのたび北朝鮮に同情的になった。しかしすでに述べたように、この一連の事件の犯人は私の知る限り一度も捕まったことが無いし、日本の右翼は我々はそんな力の無い婦女子をいじめるようなことはしない、抗議行動なら堂々とやると言っている。街頭宣伝車の拡声器のボリュームをいっぱいにして、街中を騒がせ走る右翼は困りものだが、この言葉に関しては私は信じてもいいと思うがどうだろうか?

　また、つい数年前まで日本の放送局はこれはＮＨＫでも民放でも同じことだが、ニュースなどで「北朝鮮」と言うと必ずその後「朝鮮民主主義人民共和国」と言い直していた。ならば韓国も正式には大韓民国であり「韓国、大韓民国」と言わねばならないはずだが、そうでは無かった。北朝鮮の日本へのマスコミ対策は大成功だった、ということだ。もっとも、現在では日本のテレビ・ラジオはカメレオンのように態度を変え「北朝鮮、朝鮮民主主義人民共和国」という言い直しはしなくなった。それまで当たり前のようにやってきたことを変更したのなら、当然視聴者に対する説明が必要なのだが、私の知る限りそれをきちんとやったテレビ・ラジオ局は無い。

　しかし、説明が無いのは問題だが、これまで北朝鮮にいいように操られていた日本のマスコミも少しは変わったというなら大変結構なことだ。そう思っていたら、またまた日本の親北派、つまり北朝鮮にいいように操られている日本のマスコミが、また北朝鮮の工作に乗せられるという事態が発生した。前節で紹介した朝鮮学校への補助金カットの問題である。北朝鮮はまた性懲《しょうこ》りも無く「いつもの手口」を使ってきた。「子供たちが差別されている」「思想学問の自由の侵害だ」という、民主主義社会に生きている人間には非常に反対しにくいスローガンを挙げ、自分たちのやり方を認めさせるという手である。日本人も本当にお人好し、いやこれ以上ダマされるなら大バカ者である。本節の冒頭の文章を読み返して欲しい。戦後ずっとこの手でダマされた結果、日本はこのような状態に追い込まれたのだ。

もちろん朝鮮学校も朝鮮総連も、北朝鮮本国とは一線を画していると言う。大嘘である。その教育内容はテロ国家北朝鮮を肯定し金ファミリーの独裁体制を礼賛するものであることはすでに紹介したとおりである。そして、朝鮮学校で使われている歴史教科書を日本語訳した萩原遼は私との共著『朝鮮学校「歴史教科書」を読む』（祥伝社刊）の中で、日本人拉致の実行部隊について次のように推測している。

それ（＝拉致　引用者註）に対して総連の内部からもいろいろな意見書が出てきた。「われわれが実際に謝るべきじゃないか」という意見書です。手先になって上陸地点などを在日が調べなければ拉致などはとてもできない。誰かを拉致する場合は、ここの岩場に隠れなさいとか、海岸の西側の陰がいいとか、全部総連が指示するわけです。（中略）松本京子さんなどは勤めから帰って、お母さんと一緒に夕食をとり、編み物教室へ行くという日課をずっと尾行されていた。その上で何時何分頃にここを通ると、尾行者は拉致犯を手引きするわけです。そういうふうに日本における幇助者《ほうじょ》、拉致を助ける人間なしには絶対に成功しないのです。

また、実際に朝鮮学校で教育を受け、洗脳され工作員にされるところだった在日朝鮮人の元智彗《ウォンチヘ》は次のように同胞に呼びかけている。

> 在日の皆様（帰化した人も含めて）、拉致事件をこのまま何も進展がないまま放っておくつもりですか？
>
> 北朝鮮のような野蛮な国家を、ただ眺めているだけですか？　朝鮮総連の実態を内外に告発するべきではないですか？
>
> そのような邪悪なものから、わが子を守るべきではないですか？　ただ組織から離れて自分の道を歩めば、それでよいのですか？　そして何も行動を起こさないつもりですか？
>
> 日本の方にも問いたい。我々のすぐかたわらにこのような学校という名の工作員養成所が存在するというのは、恐ろしいかぎりではありませんか？　無償化うんぬん以前に、存在そのものを消す必要があると思いませんか？
>
> （前出同書）

■「お涙頂戴作戦」に何度も引っかかる「間抜け国家」ニッポン

いわゆる親北派のマスコミが徹底的に誤解していることがある。それは良心的な在日朝鮮人であればあるほど、朝鮮学校の存続ではなく廃校を望んでいることだ。理由は簡単で、可愛い自分の子供をテロ国家の手先などにはしたくないからだ。

萩原　在日の父母たちが私たちに密《ひそ》かに言ってくるのは、「日本の先生方、頑張って朝鮮学校を早く潰してくれ」ということです。

井沢　でも、自分の親類縁者が人質に取られているから、表立っては言えない。

萩原　北朝鮮にいる人質が「朝鮮学校に行かせろ」と言っても、学校自体がなくなってしまえば、もう行かせるわけにいかないから、親は大助かりするわけです。

（『朝鮮学校「歴史教科書」を読む』祥伝社刊）

ところが、こういう情報は親北派マスコミとくに朝日新聞には絶対入らない。理由は説明するまでも無いと思うが、北朝鮮絶対支持の朝日記者にうっかり本音を漏らしたら、直ちに「御注進」され、その結果人質に危険がおよぶと誰もが考えるからだ。

朝日の記者諸君、君たちは本当に良心的な在日朝鮮人からはまったく信頼されていないんだよ！　だからこそ朝日記者の下に集まるのは操作された情報ばかりである。君たちはそのことに気がついているのか？

先述した、河村たかし名古屋市長が朝鮮学校への補助金の一部をカットする姿勢を示したことに対し、これを徹底的に批判した朝日新聞の黄澈記者は記事（2016年3月10日付朝刊・名古屋版）の中で、市民団体の「朝鮮学校の卒業生は日本社会の発展にも貢献してきた」と主張していることを紹介し、合わせて朝鮮初級学校に一年生の女児を通わせる母親のコメントとして「学校の運営は今でも厳しい。市長さんには考え直してほしい」という、いかにもお人好しの日本人の同情を引くコメントを載せている。もちろん、これがデタラメだと言うつもりは無い。ただ黄澈記者の先輩たちは北朝鮮の「お涙頂戴作戦」に何度も何度も何度も引っかかり、その結果日本は世界史上もっとも間抜けな状態に陥ったことだけは歴史的事実として知っておいてもらいたい。先輩の過ちを繰り返さないことは後輩の義務だからだ。

「朝鮮学校の卒業生は日本社会の発展にも貢献してきた」のか、それとも「朝鮮学校は北朝鮮工作員の養成所」なのか、近い将来北朝鮮の崩壊によって人質が解放された時、真実は白日の下に晒されることになるだろう。

ところで、日本がきわめつきの「間抜け国家」であるという事実は、じつは北朝鮮に対してだけの話ではない。中国に対してもそうだ。最近またまた朝日新聞がその事実を証明する「素晴らしい」記事を載せてくれた。

中国女子卓球のスターで元五輪王者の王楠さん（37）の夫が、中国版ツイッター「微博（ウェイボー）」上で日本の侵略の歴史を批判し、「日本のホテルで水を出しっぱなしにした」などと書き込んだことが激しい論争になっている。ネットなどで「よくやった」「あまりに幼稚だ」と賛否の声が上がっている。

実業家の夫は、満州事変のきっかけとなった柳条湖事件から85年たった今月18日、「日本に行った時に、日本のホテルで水を出しっぱなしにして、うっぷんが晴れた」と書き込んだ。王楠さんも「私も『いいね』を押した。永遠に9月18日を忘れてはならない」と発信した。

（『朝日新聞』２０１６年9月22日付朝刊）

なんと素晴らしい愛国精神。では彼がもっと愛国心を貫けるように貴重な情報を提供しよう。それは、彼は北京《ペキン》市に入った時にも「水を出しっぱなし」にしなければいけない、ということである。

■日本のホテルで水を出しっぱなしにした中国人「愛国者」へ

中国女子卓球界のかつての大スターであり、シドニー、アテネ、北京オリンピックの金メダリストでもある王楠《ワンナン》元選手の夫で不動産王の郭斌《グオビン》という人物が、満州事変（奉天《ほうてん》〈現在の瀋陽《シエンヤン》〉北方の柳条湖《りゅうじょうこ》で1931年9月18日に起きた鉄道爆破事件を契機に始まった、日本軍による満州侵略戦争の日本における呼称。軍は政府の方針を無視して満州全土を占領し、翌年満州国を樹立した）の発端となった柳条湖事件八十五周年の二〇一六年（平成28）九月十八日にちょうど日本に滞在しており、中国版ツイッター「微博（ウェイボー）」に次のように投稿したと、朝日新聞は以下のように報じた。

「日本のホテルで水を出しっぱなしにして、うっぷんが晴れた」と書き込んだ。王楠さんも「私も『いいね』を押した。永遠に9月18日を忘れてはならない」と発信した。

二人が投稿した理由は「9・18を永遠に忘れない」、つまり日本の侵略行為を批判するためだそうだ。このことをあきらかにしたのは他ならぬ妻の王楠元選手で、彼女も前記のように夫の行動を全面的に支持し高く評価している。

ここで私はすべての日本人に提案がある。この中国人夫妻を日本人全体で応援しようではないか、ということだ。冗談では無い、私は本気である。

まず二人に伝えなければいけない重要な情報は、今後中国の首都北京に入った時は、あらゆる蛇口で水を出しっぱなしにしなければいけない、ということだ。

なぜなら北京市の水道のかなりの部分が日本の対中ＯＤＡ（政府開発援助）によって整備されたものだからだ。だから夫妻が愛国心を貫くためには北京市でも水を出しっぱなしにすべきなのである。

また別の報道によると、夫は「日本に行った時に、家電などいかなる製品も使わなかった」と誇らしげに述べたそうだ。なるほど孔子《こうし》も「渇しても盗泉《とうせん》の水を飲まず（孔子はどんなに喉が渇いても「盗泉」という名の水は飲まなかった。転じて、どんなに困っていても不正には手を出さないことの喩《たと》え）」と言っているし、聖人を見習おうということであれば、妻も北京の国際空港を使うべきでは無いし北京市の地下鉄にも乗るべきでは無い。あの最大限に汚染された北京市の空気は紛れも無く中国製だからいくら吸おうとご自由だが、水道はＯＤＡつまり日本の資金援助と技術協力でできたものだから飲むべきでは無い。

こんな例は北京だけで無く、私の記憶では重慶《チヨンチン》市のモノレールもそうだし本当に数え切れない。

なぜなら、ODAには「円借款（低金利かつ長期にわたる返済期間という緩やかな条件で貸し付ける円建ての有償資金援助）」と「無償資金協力」「技術協力」の三種類があるが、このうち対中「円借款」は一九八〇（昭和55）年度から始まり、打ち切られた二〇〇七（平成19）年度までに総額三兆三千百六十四億円もの資金を中国に供与しているからである。その膨大な資金で中国政府は発展の基礎となる水道や空港、鉄道などのインフラを大々的に整備してきた。

中国に対する日本の援助はこのほかにアジア開発銀行などの国際基金に資金を拠出する形の多国間援助がある。つまり日本はODAとこの多国間援助を合わせ、じつに六兆円を超える資金を中国に援助している。これは一つの国が外国に提供した援助としては人類の歴史上で最大級のものである。だからこそ中国はここ数十年この膨大な資金を利用して国家を急速に発展させることができた。

王楠・郭斌夫妻も、一般の中国人も、ほとんどこのことを知らない。だからこそ「日本製品は一切使わない」などと本人は思い込んでいるが、実際には「大いに使っている」形になってしまっている。

これではいけない。本当に愛国心を貫こうという中国人にとってはまさに憂慮すべき事態である。だから、我々日本人は彼らに「この空港は日本の援助でできたものですよ」「この鉄道もそうですよ」と真実の情報を提供し、だから「利用すべきでは無いですよ」そうしないと「愛国心が貫けませんよ」と忠告すべきなのである。

この点、日本人つまり私にとって同胞の方々にはくれぐれもご注意申し上げたいのだが、この情報伝達は決して恩着せがましく言ってはならない。あくまで冷静に事実だけを伝えるという姿勢に徹していただきたい。中国人が真の愛国心を貫けるようにするのが目的だからである。

たとえば中国語の得意な方は前出の「微博」に「〇〇は日本の援助で出来た施設です。真の愛国者なら使うべきではありません」などという形で情報を発信するのである。夫妻はすでに「微博」から脱会したという話もあるが別に構わない。「夫妻にぜひお伝えください」という形で発信すればよい。音楽が得意な方なら歌を作ってもいいだろう。「♬王楠さんに郭斌さん、中国人の皆様方。愛国心に感動です。大切なことをお知らせします。北京の国際空港を使ってはダメですよ」といった調子で。肝心なことは中国語で発信することである。いくら日本語で作っても大半の中国人にはわからない。日本人の自己満足に終わるだけだ。

それともう一度言うが、絶対に恩着せがましい態度を取ってはならない。あくまで謙虚に彼らの愛国心を讃え、それに協力する形でユーチューブなどを通して発信するのである。そうすれば中国共産党も「天安門事件《てんあんもん》」のようにインターネット上で検索禁止にはせず、日本人も中国人の愛国心を讃えているではないかと中国のカラオケに入れてくれるかもしれない（笑）。ここまで行くと本当に冗談になってしまうが、とにかくこの問題に関してはどんどん情報を発信すべきだというのは、まったくの真面目な話である。私も著作権などとケチなことは言わないから、心ある人は是非発信し歌を作って欲しい。

夫妻のような「愛国者」はじつは中国には大勢いる。

アメリカ在住の私のアシスタント（日本人）も、かつて中国人留学生から「日本は戦後中国に何の援助もしていないじゃないか」と面罵《めんば》された経験を持っている。

実際には歴史上かつて無いほどの膨大な援助をしてきたにもかかわらず、なぜ一般の中国人がそれを知らないのかと言えば、中国政府そして政府を支配している中国共産党が、日本が膨大な援助を中国に与えたという事実をひた隠しに隠してきたからだ。北京の国際空港にしても北京市の水道にしても、それらは日本の資金援助と技術協力無しには完成しなかったという事実を、中国共産党はまったく国民に伝えなかった。中国政府関係者は「いや、我々も感謝しています。その証拠に政府高官が何度かその旨を表明しています」と言う。確かにそういう事実は無いではないが、これはいわゆる「アリバイづくり的発言」であって、国民に対する積極的な広報はまったく為されていない。

その動かぬ証拠が「微博」での夫妻の発言であろう。いやしくも中国を代表するスポーツ選手と不動産王と呼ばれる人物ですら、そうした情報をまったく知らないという事実が図らずも彼らの発言であきらかになったというわけだ。

しかし、これは日本にとって大きなチャンスだ。だからこそ、この夫妻を日本人全員で「応援」しようと提案したのである。

では、なぜ中国共産党はそんなことをするのか?

これも言うまでも無いだろう。インフラ整備を自分たちの功績とし国民の支持を集めるためである。要するに人の手柄を横取りし自分たちの手柄にしているわけである。手柄を横取りされた日本人こそいい面《つら》の皮で、過去を反省し相手のためによかれとつぎ込んだ膨大な資金(もちろん我々の税金である)が、中国共産党という独裁政党の延命に利用されているのである。

しかもその延命のやり方がえげつない。日本から散々資金を搾り取っておきながら、彼らはそこから生まれた余裕で反日教育を強化した。なぜ反日教育を強化するかと言えば日本を悪者に仕立て上げることによって、憎しみを日本に向けさせ共産党への不満を逸らし国内の団結を固めることができるからだ。もちろんその先には世界を中国の力で圧倒しようという中国共産党の壮大な野望が隠されている。南シナ海への進出ぶりを見ればそれが危惧で無いことがわかるはずである。尖閣諸島も狙われている。

日本から流れた膨大な資金が独裁国家である北朝鮮を延命させたように、日本から流れた膨大な資金が共産党独裁国家である中国をも延命させ、北朝鮮ではその膨大な資金が日本を狙うミサイル群と化し、中国では反日教育の財源や尖閣諸島いや世界の覇権を狙う軍の充実に回されている。

これは「カネをドブに捨てた」のでは無い。それなら単にムダになっただけだが、これは「盗人《ぬすびと》に追《お》い銭《せん》」であり「墓穴を掘る」行為である。先に述べたように暴力団に多大のカネを与え、結果的に暴力団を巨大化させ自分自身や家族の生命や財産を危険に晒しているのと同じである。まさに、世界史にも類を見ない「間抜け国家」日本の面目躍如ではないか。

幸いにも中国つまり「中華の国＝世界最高の文明国」には王楠・郭斌夫妻のような「聖人の道」を追求する人々がいる。彼らは今、他人の功績を横取りし自分の功績として誇るようなとんでもない政府にダマされている。

だが、「ダマされてますよ」と直接言うのは何の効果も無い。それどころかかえってマイナスである。彼らは「中国人＝世界一の文明人」だからだ。それが「周辺野蛮国」の日本人に「ダマされてますよ」と言われ「はい、そうですね」と認めてしまったら、世界一のプライドが崩れてしまう。

だから内心そう思っていても「ダマされてなんかいないぞ」と感情的に反発し、その結果ますます共産党政府にダマされることになる。日本人はここのところの機微がわかっていない人が多過ぎる。

それゆえ、今回の事例のように単純に事実を伝えればいいのだ。

そうすれば彼らは「なぜ知らされていなかったのだろう?」「誰がそんな情報操作をしたのか?」「その目的は何か?」と自分の頭で考える。そして真相に気づくだろう。彼らは「世界一の文明人」なのだから。

繰り返すが、一部の右翼や国家主義者のように金切り声をあげて中国を罵倒しても、子供じゃあるまいし自己満足に終わるだけで戦略戦術としては下の下である。単純に事実を伝えればいいのだ。真実に勝る武器は無い。

ところで、中国が国民に教えている最大のデタラメ、歴史歪曲は「中国共産党が大日本帝国を撃破し中国人民を解放したのだ」というものである。まさに「近現代史を歪める人々」だ。日本を敗戦に追い込んだのは連合国の一員としての中国国民党であって共産党では無い。日本が負けたのは蔣介石《しょうかいせき》であり毛沢東では無いのだ。毛沢東率いる中国共産党は日本との戦いで疲弊していた国民党軍に勝ち、台湾へ追いやり「漁夫の利」をせしめたというだけである。

おわかりだろう、ここでも「手柄の横取り」が行なわれている。

さらに、中国が民主主義国家に発展するチャンスを共産党が叩き潰した天安門事件（1989年6月4日、胡耀邦《こようほう》元総書記の死をきっかけに民主化を要求して北京・天安門広場に参集していた学生・市民に対して人民解放軍が発砲、多数の死傷者を出した事件）以後、世界は中国を孤立化させた。世界中の国がこのような国とつき合う必要は無いと考えたからだ。そうした窮地に陥った中国を救うため、国際社会で中国復帰のきっかけを作ったのは日本である。このことも中国ではまったく教えられていない。そもそも、天安門事件自体インターネットで調べることもできないのだから。

究極の真実は、世界の一流国の中でそんな言論弾圧をしている国は中国以外には無いということだ。もし中国人が世界一の文明国だと主張したいのなら、まず共産党独裁体制を倒して真の民主主義社会を築くべきだろう。いやこれも、気づくべきだとプライドの高い中国人に説教するのでは無く、先進国の中でも民主主義国家でないのは中国だけですよ、という真実を冷静に（軽侮するのではなく）伝達するだけでよいのである。

そうすれば、中国人は自ら考え改革に乗り出すだろう。「世界一の文明人」なのだから。

ところで、世界に冠たる「間抜け国家」日本という話、読者の中にはもう聞きたくないと思う向きもあるかもしれないが、真実から目を逸らすことは今の中国人と同じ過ちを犯すことになる。歴史とは真実を追求することである。

だから言わねばならない。

日本は中国、北朝鮮に対してだけでなく、韓国に対してもきわめつきの「間抜け国家」であるという真実を。

■「親日派」——それは韓国人にとって「大悪人」を意味する

まずは次の記事を読んでいただこうか。岡田克也・民主党元代表の韓国の外交姿勢への批判である。

外交について、韓国や中国の態度にも問題があると思う。昨年12月、韓国の朴槿恵（パククネ）大統領の補佐官に、「どうして第三国に行って日本の悪口を言うのか。そういうことが日本人の感情を非常に傷つけている。言うなら直接会って言われたらどうか」と申し上げた。

（『朝日新聞デジタル』２０１４年5月11日付配信）

ご存じ朴槿恵前韓国大統領の「告《つ》げ口《ぐち》外交」である。
このことについてはインターネット上のフリー百科事典「ウィキペディア（Wikipedia）日本版」にもすでに項目として取り上げられており、「告げ口外交（つげぐちがいこう）とは、２０１３年に韓国大統領の朴槿恵（パク・クネ）が行った、日韓の歴史問題に関する外交政策で、日韓以外の第三国に日本の悪口を言い触らして回ることに対して日本の各メディアによって用いられる俗語である」という解説があり、さらにその実態が次のように紹介されている。

２０１３年11月から、大統領の朴はアメリカ・ロシア・フランス・イギリスなどで首脳会談やインタビューの機会を得るたびに、「日本は正しい歴史認識を持つべきだ」と従軍慰安婦問題に言及し、自国の主張を説いて回った。このことは遅くとも11月末には日本国内の報道機関の知るところとなり、11月22日に経済評論家の小笠原誠治が「米国が口を出す限り日韓関係が改善することはない理由」という記事を発表し、その中で韓国の活動を「告げ口」と表現したことを皮切りに、さまざまな媒体で「朴大統領の告げ口外交」との報道がなされた。

（前出同サイト２０１７年10月現在の表記）

日本人が今はっきりと認識しなければならないのは、こうした韓国による大がかりな宣伝工作により「戦前日本軍に帯同していた従軍慰安婦は、日本軍によって強制連行され性奴隷（sex slave）にされた女性たちである」という国際認識が定着している、という事実である。

「性奴隷」が実在したかどうか決定するポイントは一つ。日本軍による朝鮮人女性の強制連行があったかどうかだ。最初はそんな事実はまるで確認できず具体的な証拠はどこにも無かった。

ところが、まるで韓国の「強制連行はあった」という主張に呼応するように、日本人の吉田清治という男が「私は戦前済州島で朝鮮人女性を強制連行しました」と「証言」し、これを朝日新聞がろくにウラも取らずに「事実」だと大々的に報じた。そこで韓国の歴史学者やマスコミが「やはり事実ではないか」と勢いづき、あらゆるところで「日本の良心と言われている朝日新聞もその事実を認めている」と宣伝しまくったために、今や国連の機関や多くの世界の良心的な人々が、韓国側の主張を信じ込むようになってしまった。

朝日新聞は吉田証言が虚偽であることに早い段階で気がついていたのだから、もっと前に訂正謝罪する記事を全世界に向けて発信していれば、こんなにひどい事態にはならなかったのだが、すでに紹介したように朝日新聞は吉田証言が虚偽であると気づきながらも、三十年以上も訂正謝罪をしなかったのである。まさにこのような事態を望んでいたのだろう。それが「戦前の日本の過ちを繰り返さない良心的な姿勢」と言うわけである。これは言うまでも無くまともな報道機関の姿勢では無い。

朴前大統領の「告げ口外交」は世界で顰蹙《ひんしゅく》を買った。日本の野党幹部ですら批判した。それは当然なのだが、世界の人々の中には彼女の行為に眉をひそめながらも、告げ口するほうもするほうだが頑なに自らの非（性奴隷を作ったこと）を認めない日本も悪いと思っている人が結構いることが、外国のマスコミ報道を見るとわかる。これはゆゆしき事態である。

中国、北朝鮮もそうだが、韓国も現代史を歪める人々に満ち満ちた国家である。しかしその歴史を歪める動機は中国や北朝鮮とはかなり違う。

中国が歴史を歪めるのは共産党一党独裁を固めるためであり、そのために必要な「悪役」が日本だということだ。一方、北朝鮮は世界に類を見ない世襲制による一党独裁ならぬ一家独裁を正当化するために歴史を歪めている。では韓国は？　その答えに入る前に実際に韓国ではどのように歴史が歪められているか、その実例を検討しよう。

李栄薫《イヨンフン》は韓国の経済史学者。ソウル大学教授であり韓国古文書学会会長も務めていた。そして、ソウル大学において自分の専門分野である古文書を精査し「日帝」植民地支配下の朝鮮経済の研究を行なったところ、韓国で使われている高校生向けの歴史教科書にある「植民地時代に日本は韓国人から土地と食糧を大量に奪った」という記述は被害者意識で誇張歪曲されたものだ、という見解を発表した。専門家が史料である古文書をいちいちチェックしその結果到達した見解である。賛成しかねるというなら、同様の作業をしてその学問の場で批判すべきであろう。

ところが李教授はなぜそんな「デタラメを書くのだ」と一方的にマスコミから批判された。もちろん、そうした記事を書いたジャーナリスト（その名に値しないが）の大半は、これは断言してもいいが、教授の研究を直接証拠の古文書でチェックすることは無かっただろう。

じつは戦後の韓国はハングル重視のあまり、多くの人間が漢字を読めなくなっている。大学の歴史学科を出た人間ならともかく、通常の学問をしただけでは日本統治時代の古文書など到底読めるものでは無い。

だが彼らは口をきわめて教授を非難した。

そればかりでは無い。李教授はいわゆる従軍慰安婦性奴隷説にも否定的な見解をとっていた。それがマスコミの逆鱗に触れたのだろう、その点をマスコミによって徹底的に糾弾された教授は、マスコミによって慰安婦の館に「強制連行」されそこで土下座させられた。言わばマスコミによる公開裁判にかけられたのである。

もっとひどい目にあった韓国人もいる。『親日派のための弁明』（日本語版は草思社刊）の著者金完燮《キムワンソプ》である。彼はもともとバリバリの反日派だった。韓国人には珍しいことではない。それどころか当たり前と言ってもいい。韓国では子供のころから徹底的に日本人は残酷で狡猾だという反日教育をやるからだ。この点では北朝鮮といい勝負である。小学生のころから洗脳に近い反日教育をやるので、そうでは無い人のほうが珍しいのだ。こういうことを言うと誇張だと思う人が多いのだろうが、韓国では小学生の児童の社会見学コースに「日帝時代の刑務所」があり、そこで韓国人女性が日本の官憲に凄まじい拷問を受けている再現蝋人形などをしっかり見せている。小さな子供にそんなものを見せては情操教育に悪いと私は思うのだが、韓国にはそんなことを言う専門家はいないらしい。うっかりそんなことを言えば親日派にされてしまうからだ。

「親日派」それは韓国人にとっては「大悪人」と同じ意味であり、逆に親日派を名乗るということはきわめて勇気を必要とすることなのである。

金完燮は反日派だった。後に転向した彼と私は酒を飲んだこともあるのだが、彼がその時真顔で言ったことは「阪神淡路大震災の時ボクは心の中で快哉を叫んだ」ということだ。多くの日本人が死んだからである。多くの日本人が地獄の苦しみを味わったからである。それは韓国人にとっては「神の裁き」であり、「天の怒り」なのだ。いつまでたっても反省しない日本人に神が裁きを下したということなのである。

今でも多くの韓国人は、二〇二〇年の東京オリンピックの時に大地震でも起こって何もかも潰れてしまえと思っている。ネットで堂々とそういうことを口にしている人間もいるが、心の中でそう思っているのはその数百倍、数千倍いるだろう。

あなたの周りにも韓国人がいるかもしれない。もし本当に親しい間柄であるのなら、試しに誰もいないところで「井沢元彦はこんなことを言っているけど嘘でしょ?」と聞いてみるといい。「いや嘘だよ」などと言う韓国人は信用しないほうがいい。これは私のご忠告である。

次のような事実も日本人はもっと知るべきだ。

『ムクゲノ花ガ咲キマシタ』という小説がある。作者は金辰明《キムジンミョン》という韓国人作家。内容は韓国と北朝鮮が同盟して日本に戦争を仕掛け原爆を落として（北朝鮮と同盟すれば可能）降伏に追い込むという近未来（?）小説だが、韓国では百万部を超える大ベストセラーとなった。韓国は日本より人口が少ないから、これは日本なら二百万部売れたということだ。

一九九五年には映画化されこれも大ヒット。韓国では数々の映画賞を受賞している。同じ作者金辰明はその後、韓国人が日本の「皇太子妃」雅子（実名）を拉致するという小説も書いている。これもベストセラーとなった。

当時、雅子妃は流産を乗り越えて妊娠中でありショックを与えてはいけない時期だったのだが。

要するにこれが大多数の韓国人の本音だということだ。

しかし金完燮という男は大したものだと思うのは、韓国を出て外国に住むようになりどうも韓国国内で言ってることがおかしいんじゃないかと気づいたのである。そこで彼は公平中立な立場で書かれた英語の文献で日本史と韓国史を見直した結果、学校で教えられたことはデタラメで、歴史認識でも竹島《たけしま》問題でも日本人の言い分のほうが妥当であることに気がついた。それは自分がダマされていたということ、そして韓国のマスコミや歴史学者が韓国人をダマしていたということに気がついたということだ。

そこで、これではならじと同胞を覚醒させるため『親日派のための弁明』という本を書き世に問うたのである。

子供のころから反日で洗脳されている一般の韓国人をいきなり覚醒させることは難しくても、本当は真実の歴史を知っている歴史学者や、国民に真実を知らせるのが使命であるマスコミが少しは味方になってくれると彼は考えたようだが、その期待は見事に裏切られた。

日本の統治により朝鮮は発展し、統治期間三十年余の間に人口は倍増し医療水準や環境衛生が改善された結果、平均寿命も飛躍的に伸びた。資本主義発展のための基礎も築かれた。一方、朱子学的前近代的価値観にとらわれた朝鮮王朝の王高宗《こうそう》と閔妃《びんひ》一族によって朝鮮の近代化は著しく妨げられた、というのが『親日派のための弁明』の内容だが、マスコミはごうごうたる非難を浴びせ歴史学者はほとんど誰も彼を弁護しなかった。政府は『親日派のための弁明』を青少年有害図書に指定し図書館から追放した。言論の自由、出版の自由など韓国には現在でも存在しない。

もっとも恐ろしいのはマスコミがそれを韓国の恥だとは夢にも思っていないことだ。反日は何にも勝る絶対の正義だからである。しかも、それから後がまたひどいものだった。私との対談で彼は次のようにぼやいている。

（韓国では）「死者の名誉毀損」という法律があって、8親等以内の人ならば告訴することができるんです。最初は閔妃について、若い人が告訴しましたが、その人は8親等ではなかったので警察が受け付けなかった。それで、閔妃の親戚の集まりで8親等以内の人を探して告訴したわけです。

（『SAPIO』2002年9月25日号）

つまり、歴史上の人物批判を韓国は刑事罰で罰することができるということである（結果は有罪）。これでは近代国家とは言えないし、学問の自由も存立し得ない。

ここで金完燮の勇気ある行動に敬意を表して、李栄薫教授などごく一部の良心的な歴史学者を除く、韓国の歴史学者およびマスコミ人に言っておく。

君たちは後世必ず、自国民をダマし偽りの歴史を信じさせた大悪人として糾弾されることになり、子孫は君たちが先祖であることを恥じることになるだろう、と。

■歴代韓国大統領が性懲りも無く不正を繰り返すあきらかな「原因」

さて多くの韓国人は、なぜ韓国では歴代大統領の不正事件が続くのか、暗澹《あんたん》たる気持ちで日々を送っているはずである。おそらくなぜウリナラ（わが祖国）はこんな状態が続くのか、その理由を知りたいと思っているはずである。

もちろん、それはおそらく韓国人自身も薄々気がついていることだと思うが、韓国特有の文化および政治風土に原因がある。

しかし、こういう言い方をすると心優しくお人好しの日本人の中には「日本だって二〇一六年に富山市議会議員による大量不正事件があったし、かつてはロッキード事件で一国の総理大臣が逮捕された。アメリカだってニクソン大統領（当時）が関与したとされるウォーターゲート事件があったし、大統領選挙ではヒラリー・クリントンもメール問題で不正を取り沙汰されたじゃないか」などと相対化しようとする。こういうことを言う人はそれが公平で誠実な態度だと思っている。

なるほど、ご立派な姿勢と申し上げたいところだが、残念ながら私はそれは間違いだと思う。こんなふうに思っている人に私がぜひ質問したいのは、「あなたは韓国で日本に原爆を落とすという小説が百万部も売れるベストセラーになり、映画化された作品もヒットしたことを知っていますか？」ということである。

おそらく知らないであろう。これはその人の責任では無い。むしろマスコミの責任である。この小説は韓国の片隅で誰かがこっそり書いたというのとはまるで違う。すでに述べたように大ベストセラーになり映画もヒットしている。北朝鮮のような閉ざされた国家の話では無い。それを隣国の日本では多くの人がほとんど知らないというのは、それ自体大問題である。日本のマスコミの質というのがいかに低レベルかということでもある。とくに、日本は唯一の被爆国であるのに、その国を毒ガスでも無く細菌兵器でも無く原爆で攻撃するストーリーというのは、きわめて深い悪意の現われである。そんな隣国への悪意に満ちた小説が、繰り返すがベストセラーになりヒット映画になるのが現在の韓国である。

もちろん子供のころから執拗に叩き込まれる反日教育の賜《たまもの》である。韓国はそういう国であることを、我々はもっと認識すべきである。

それなのに広島市長や長崎市長は、あるいは核廃絶を唱える朝日新聞を代表とするマスコミは、私の知る限りこうした韓国の動向を批判しないどころかまともに報道すらしない。

そういうことを韓国側が改めない限りは友好的な映画祭なども本来はできないはずなのである。ほとんどの日本のマスコミは韓国の真実を報道することにおよび腰になっていると言わざるを得ない。

そこで、ここでは韓国の大統領に関する真実をお伝えしよう。次ページの表を見ていただきたい、これが韓国歴代大統領のいわゆる「末路」である。アメリカも確かに暗殺された大統領は何人かいるけれど、それとは比べものにならないということがおわかりになるだろう。

一応、韓国は北朝鮮と「戦争中（北緯38度線は国境では無く休戦ライン）」という事情はあるものの、汚職や不正は国内問題であり外国とは関係無い。やはり韓国は他の先進国とはあきらかに違うのである。

■韓国歴代大統領の「末路」とファミリー汚職一覧

第１～３代 李承晩（1948.7～60.4）	1960年、再選時の不正選挙が引き起こした大規模な学生デモで失脚。直後に養子が実の両親一家を射殺して自殺する。
第４代 尹譜善（1960.8～62.3）	軍事クーデターにより退任。軍法会議で懲役3年の判決を受ける。
第５～９代 朴正熙（1963.12～79.10）	在任中の1974年、在日韓国人の文世光に狙撃され自らは無事だったが夫人が死亡。79年に大韓民国中央情報部（KCIA）部長の金載圭に暗殺される。
第10代 崔圭夏（1979.12～80.8）	軍事クーデターを追認して軍部に政権を掌握され、わずか8か月で失脚する。
第11・12代 全斗煥（1980.9～88.2）	在任中の1987年に長兄が水産市場の運営権強奪で逮捕される。退官後の88年には弟が公金横領で逮捕。そして95年に、自身が反乱首謀罪で逮捕され死刑判決を受ける（後に無期懲役に減刑後、特赦）
第13代 盧泰愚（1988.2～93.2）	在任中の1992年に妻の従兄弟が収賄容疑で、長女が外資不法持ち出し疑惑で逮捕される。退官後、95年に自身の秘密政治資金疑惑が発覚し収賄容疑で逮捕。さらに粛軍クーデター光州事件内乱罪でも逮捕・訴追され、軍刑法違反で懲役22年6か月の有罪判決を受ける（後に減刑後、特赦）
第14代 金泳三（1993.2～98.2）	在任中の1997年に次男が利権介入による斡旋収賄と脱税で、従兄弟の夫が収賄罪でそれぞれ逮捕され実刑判決を受ける。
第15代 金大中（1998.2～03.2）	在任中の2002年に息子３人を含む親族５人が不正資金事件で逮捕される。03年には側近が南北首脳会談での対北朝鮮秘密送金疑惑で捜査を受ける。
第16代 盧武鉉（2003.2～08.2）	在任中の2004年、不法に大統領資金を造成・授受した容疑で側近や後援者が次々と逮捕・起訴される。退官後の08年に実兄が収賄容疑で懲役２年６か月の判決。09年には側近が収賄罪で懲役６年の判決。さらに夫人と長男に加え自身も検察の取調を受けるに至り、投身自殺した。
第17代 李明博（2008.2～13.2）	在任中の2011年に国会議員の実兄秘書と夫人の従兄弟が斡旋収賄罪で逮捕され、どちらも懲役２年の判決を受ける。さらに12年には実兄が政治資金法違反と斡旋収賄容疑で逮捕。長男と長兄も土地不正購入疑惑で検察の取り調べを受け、自身も捜査対象となった。
第18代 朴槿恵（2013.2～17.3）	40年来の親友で〝陰の実力者〟と言われた実業家・崔順実が、国家機密の入手・国政への介入容疑で緊急逮捕される。自身への捜査を受け入れることを表明するも、国民の支持率が急落し、2017年3月10日憲法裁判所により大統領弾劾が成立、現職の大統領として初めて罷免された。

※『困った隣人 韓国人の急所』（井沢元彦・呉善花 共著 祥伝社刊）掲載の表組みを元に作成

ではその原因は何か？

朱子学である。韓国という国家、韓国人という民族ほど朱子学の毒に蝕《むしば》まれている民族はいない。

もっとも、この言葉を韓国人が聞けば、笑い出すか怒り出すだろう。つまり、そんなことはあり得ないという反応である。じつは、そこのところも含めて全部が朱子学の悪影響なのである。朱子学は「亡国の学問」だと私は確信しているが、朱子学は民族に真実の歴史を忘れさせてしまうという、とんでもない副作用もある。

ここは順序立ててご説明しよう。

まず、なぜ朴槿恵は大統領に選ばれたのか？　韓国人は、表向きは韓国は男女平等な社会であり日本よりはるかに進んでいる。その証拠に日本には女性総理はいないのに韓国は女性大統領が出現したと口では言う。もちろん建前である。

「漢江《ハンガン》の奇跡」を起こした朴正熙大統領の娘というセールスポイントはあるものの、韓国民がもっとも評価した彼女の長所は、係累が少ないということではなかったか。今一度、前ページの歴代大統領の「末路」を見ていただきたい。第十一・十二代の全斗煥《チョンドウファン》大統領から第十七代の李明博《イミョンバク》大統領に至るまで、就任後に子供や兄弟親族が汚職や不正事件で逮捕されなかった大統領は見事に一人もいないのである。つまり韓国大統領の不正事件の特徴は、すべてファミリーがらみ、血縁の一族による不正であるということだ。これは他の先進国では考えられないことで、中国にもこの種の不正はあり、北朝鮮もそもそも金正恩一族で国を私物化しているわけであるから、この種の不正の最たるものと言えるかもしれない。しかし日本やアメリカとはまるで違う事情であることがおわかりだろう。

ではなぜ彼らは性懲りも無く何度も不正を繰り返すのか？　そもそも前任者がファミリー汚職で逮捕されたのなら、次の大統領は「私はそんなことは絶対にしません」という公約で当選するはずではないか。それなのに盧武鉉に至っては同じことを繰り返し自殺までしている。逆に言えば李明博は「過ちは繰り返させない」とファミリーがらみの汚職をもっとも根絶しやすい立場にいたはずだ。にもかかわらず、結果は同じであった。

要するにこれは民主主義社会あるいは法治国家で定められるルールよりも、韓国人を厳しく縛り逆らうことを許さない絶対のルールがあるということだ。それは言うまでも無く親に対する「孝」そして血縁に対する身びいきを、国家や民族という「公」よりも重要視する儒教（朱子学）の影響であることは少し考えてみればわかる話である。

そして韓国人は朴槿恵を大統領に選んだ時、今度こそファミリー汚職は無くなると考えた。父も母も暗殺されるという不幸に見舞われた彼女は結婚をしていないし子供もいない。親族がほとんどいないのだから、親族に便宜を図るというようなファミリー汚職は根絶されると韓国民は思ったのである。

ところが彼女には「家族同然」の例の女性がいた。結局同じことが繰り返されたので、なまじ期待しただけに結局裏切られた韓国人の怒りは何倍にも増したのだろう。

しかし、ここで韓国人についてもう一度考えて欲しいのは、歴代大統領が執拗なまでに同じ轍を踏むのは朱子学の影響としか考えられない以上、当然他の分野にもその影響は強くおよんでいるに違いないということだ。大統領の自殺をもってしても朱子学の「ルール」に歯止めをかけられないことが、この呪縛がいかに強いものかを示している。それがファミリー汚職に限ってだけ強い影響を与えるというのは、論理的に考えたらあり得ないことはわかるはずである。

このことをじつは私は、日本人には『逆説の日本史　幕末年代史編』シリーズを通して何度も説いたところである。

徳川家康が朱子学を日本の武士の基本教養にした結果、神道と合体した朱子学が天皇の権威を高め日本国民を外敵に対して一致団結させるという効果はあったのだが、「朱子学の毒」にも日本人はかなりやられた。その典型が鳥居耀蔵《とりいようぞう》という儒学者の家に生まれたとんでもない男である。鳥居は蘭学者の渡辺崋山《わたなべかざん》や伊豆韮山《いずにらやま》代官の江川太郎左衛門《えがわたろうざえもん》が、日本を外国の侵略から守るために当の外国から最新の知識や技術を取り入れようと奮闘していた時、この行動を憎んでことごとく邪魔をし彼らを抹殺しようとした。もし鳥居らが勝っていれば日本の明治維新は無かったかもしれない。これは冗談では無い。鳥居のような朱子学信者しか官僚になれなかったのが清国《しん》（中国）で、清国は結局近代化できずに滅んだではないか。

では鳥居に愛国心は無いのかと言えば、ここが恐ろしいところだが大いにあるのだ。それなのになぜ結果的に日本を救う道である近代化を妨害するのかと言えば、まず「祖法《そほう》」という考え方があるからだ。先祖の決めたルールのことである。朱子学においてもっとも大切なのは親に対する「孝」である。これがすべての基本だが、その「孝」を絶対化すると先祖の決めたことは絶対正しくそれを変えることは先祖に対する批判であるから絶対慎むべきだという考え方になる。たとえば外国軍は雨の中でも撃てる連発銃で攻めてくる。ならばこちらも相手のやり方を学んで、雨の中では使えない単発の火縄銃を連発銃に改良すべきであろう。ところがそれは「祖法」に反すると、許さないのが朱子学のやり方だ。

そしてもう一つ、朱子学には大きな欠点がある。外国のものはすべて野蛮だと決めつける偏見である。これは紀元前に始まった孔子・孟子《もうし》の儒教には無い。朱子学のきわめて大きな特徴だ。私に言わせれば孔孟の儒教と南宋《なんそう》の朱子が始めた儒教（朱子学）はまったく違う。

西洋社会では早くからこの点に気がついていて、孔孟の儒教を「Confucianism（直訳すれば「孔子主義」）」と呼ぶのに対し朱子学を「Neo-Confucianism（「新儒教」）」と呼ぶ。もっとも彼らはConfucianismとNeo-Confucianismを精神や物質のとらえ方という哲学的な要素で区別するが、私はもっと歴史的な見方をする。最近流行の犯罪者に対するプロファイリング的見方と言ってもいい。これはすでに拙著『逆説の世界史　第一巻　古代エジプトと中華帝国の興廃』において詳細に分析したところだから、既読の読者にとっては繰り返しになってしまうが、『逆説の日本史』だけの読者もいるであろうからここはもう一度説明しておこう。

朱子学とは歴史的に見れば「インテリのヒステリー」である。

朱子は南宋に生まれた。南宋と言うのは漢民族の建てた国の中では、中国史上もっとも弱体であった。それまでは宋として中原《ちゅうげん》を支配していたのだが、平和に溺れ軍備を怠った結果、金《きん》という遊牧民族の国家に中原を奪われ南へ逃げて南宋となった。しかも、その際、皇族を始めとする漢民族の女性の多くは捕虜となり金の本国に連れ去られ文字どおりの性奴隷にされた。彼女たちの中には人妻や少女もいたという。しかし男たちは南に逃げるだけで、金に対して彼女たちを奪還するどころか何の報復もできなかった。

その屈辱の中で朱子は生まれ育ったのである。

南宋の民は激しく外国を憎むようになった。当然だが、彼らに敗れたのは自分たちが軍備を怠ったためでもあったが、そのことは反省せず悪いことはすべて外国の「野蛮人」に責任を転嫁した。また地獄の苦しみから逃れるために、現実を無視し机上の空論をもてはやすようになった。テレビドラマ風に言えば、妻娘が外国に拉致され娼婦にされてしまったことまでわかっているのに、取り戻す手段は無いという状態である。この情況で朱子は酒に溺れる代わりに、それを飲めば現実を忘れプライドが満たされる朱子学という「毒酒」を作った。

以上のような前提を踏まえてもらえば次の文章の深い意味が明確にわかるはずだ。

> 「宋学（たとえば朱子学）が、国をほろぼした」と、敗戦直後、病床の中国学者の君山《くんざん》狩野直喜《かのうなおき》博士（一八六八〜一九四七）が、旧主筋の細川護貞《もりさだ》氏に言ったそうである。（中略）
>
> 君山の昭和イメージをあえて我流に解説すると、まず朱子学（宋学）は空論だという。また、日本人の空論好きは宋学からきているという。（中略）
>
> 理非を越えた宗教的な性格がつよく、いわば大義名分教というべきもので、また王統が正統か非正統かをやかましく言い、さらには異民族をのろった。（中略）

宋学は、危機環境のなかでおこった。このため過度に尊王を説き、大義名分論という色めがねで歴史を観、また異民族（夷）を攘《うちはら》うという情熱に高い価値を置いた。要するに学問というより、正義体系《イデオロギー》であった。

（『この国のかたち　三』司馬遼太郎著　文藝春秋刊）

朱子学の害毒はこれにとどまらない。

■朱子学がもたらすもう一つの「猛毒」歴史歪曲作用

二〇一六年（平成28）十一月に行なわれたアメリカ大統領選挙について、少しコメントしておきたい。正確には大統領選挙の結果予測についてである。

投票日までの特番を見ていても、それまでのマスコミの論調を見ていても、繰り返されていたのは民主党のヒラリー・クリントン候補が有利だという予測であった。しかし私は信じられないと思っていた。確かに、正直言ってこれほどドナルド・トランプ候補が地滑り的大勝を収めるとは予測していなかった。しかし、場合によってはクリントン候補を抑え、僅差で勝つということはあり得ると思っていた。

そんなことは選挙結果が出た後では誰もが言えると思うかもしれないが、じつはかつて同じように「見事に」マスコミの予測が外れたことがあったのをご存じだろうか？二〇〇〇年、つまり今から十七年前のアメリカ大統領選挙である。父親も大統領であった共和党のジョージ・ウォーカー・ブッシュ候補が民主党の候補を破った時のことだ。図式は今回と同じで、アメリカのマスコミは民主党候補のほうが優勢だと報道し、日本のマスコミもそれに追随して民主党候補有利と報道した。

しかし結果は逆であった。理由は簡単だ。アメリカにおけるマスコミというのは基本的に民主党支持なのである。だから彼らの流す情報はどうしても民主党に有利な形となっている。

もちろんマスコミは公平中立を原則とするという建前はある。しかし日本と違ってアメリカはマスコミが支持政党をあきらかにすることを許されている。ここが問題で人間というものは特定の団体への支持が認められていると、公平に書かなければいけない記事の場合もどこか身びいきで書いてしまい、結果的に不公平な情報を流してしまうことがある。世論調査のような物理的に公平な手段を取れるはずのものでも、偏った結果になってしまうことすらある。当然そうした情報は、話半分とは言わないが一割ぐらいは疑わなければいけない。たとえば彼らの流す情報が「民主党楽勝」ならば確かに民主党が勝つかもしれないが、「民主党共和党双方互角」なら実際には「共和党有利」ということも大いにあり得るということだ。

　繰り返すがこれはアメリカの報道に関する基本的常識の一つであり、だからこそ私は現地で取材などを一切していないにもかかわらず、トランプ候補が勝つ可能性もあると考えていた。この常識については、繰り返すが常識なのだから私の本にも書いてあるし、多くの人も知っている。現に投票日前夜に食事をした情報関係で誰でも知っている有名人（プライベートな場なので名は秘す）も、「トランプが勝つでしょう」と言っていた。日本のマスコミは（私も含めて〈笑〉）こういう人間に、なぜコメントを求めないのか。つまりコメンテーターの選び方も偏向しているのである。それにしても、かつてブッシュ大統領の選挙の時、予想大外れという経験をしたマスコミ人は、当時は新人記者でも今はデスクぐらいになっているはず。なぜこの基本的常識を若い世代に申し送りしなかったのか。やはり「宗教抜き」ということなのだろうか。

　アメリカの中西部（内陸部）にはファンダメンタリストと呼ばれる保守的なキリスト教の信者たちがいる。原理主義というとイスラム教ばかりが有名だがじつはキリスト教にもあり、それがファンダメンタリストだ。たとえばダーウィンの進化論は聖書に反するから教科書に載せるべきではないと訴訟を起こしたのはこの人たちで、同時に共和党の熱心な支持者である。

そもそも、我々日本人が知っているアメリカというのは外に向かって開かれたアメリカであり、サンフランシスコ、ロサンゼルスは西海岸、ニューヨーク、ボストンは東海岸とは言っても、両方とも外に向かって開かれた海岸である。さらに大リーグ、あるいはプロバスケットボールさらにはハリウッドなど、すべての人種すべての宗教を受け入れているアメリカだ。しかし、それとはまったく反対の原理で動いているアメリカが内陸部にはあるのだ。そして、マスコミの人々というのは、どこの国でも進歩的開明的だから、当然彼らとは反《そ》りが合わない。報道する場合も好意的に扱うことは少ないし、そもそも扱わないことが多い。これを彼らから見れば「オレたちは無視されている」「忘れられている」ということになる。トランプの地滑り的大勝の原因はそういった人々を投票所に引っ張り出したということだろう。しかし今述べたことも、本来は日本のマスコミ人にとっても常識でなければいけないことのはずである。

歴史だけでは無い、現在（これが明日は歴史になる）を知るのに宗教の知識は欠かせないことをあまりにも日本人は無視してきた。その欠点を補うための『逆説の日本史』だということを愛読者の方々は理解していただいているはずである。

次に、韓国の歴代大統領の不正問題、いやその底にある朱子学の毒について、さらに分析しよう。

朱子学には「孝」を道徳の根本とするがゆえの、様々な弊害があることは述べた。これこそ私が「朱子学の毒」と呼んでいるものである。

たとえば大統領というのは近代法治国家においては公的な存在であり、家族や親族に対して身びいきをしてはならない。当たり前の話ではあるが、韓国のように朱子学が法律以前の道徳として厳然として存在している場所においては、公的立場を放棄しても家族を助けることが絶対善になってしまう。だからファミリー汚職が絶えない。現職大統領の自殺をもってしても、この傾向に歯止めをかけることができないというわけだ。

そして朱子学には『幕末年代史編』で紹介したように、国家の改革を徹底的に妨げる作用と、歴史を歪曲する作用がある。改革を妨げるという「毒」についてはすでに説明したが、歴史歪曲作用とは何か、思い出していただけただろうか？

たとえば徳川家康、彼は偉大な先祖である。一方朱子学においては商売というのは、士農工商の一番下の卑しい商人がやるもので貿易もその一つだ。となれば家康のような偉大なご先祖様が貿易など卑しい事業に手を染めたはずが無い。従って幕府においては貿易を拒否することが祖法であり、絶対に変えてはならない、という思い込みになる。幕末において そうした思い込みがいかに多くの犠牲を生んだか。攘夷《じょうい》つまり外国人など叩き出せ、

「商人という人間の屑」の生業である貿易など絶対にしないぞと叫んだ人々、その中には徳川家に仕える武士も大勢いたのだが、滑稽なことに彼らは幕府を開いた徳川家康が貿易をやり外国人の顧問（ウィリアム・アダムズなど）すらいたこと、日本は有史以来海外と貿易をやっていた国であるという歴史的事実をまったく知らなかった。そして、大いに貿易をやり日本を繁栄させようという人々を、それは日本の祖法に反する大悪人として排除しようとした。それどころか殺害しようとすらした。徳川家康の意思を「ご先祖様の祖法」とするならば、むしろ日本は大いに貿易をやるべきなのだが、彼らはまったく逆に考えていた。これが朱子学のもたらす猛毒、すなわち歴史歪曲作用である。

そして、『親日派のための弁明』を書いた韓国人作家金完燮に対する弾圧も根本的にはこれに由来する。

まず韓国人たちには自分たちが「すべての文化」を日本人に教えてやったのだという思い込みがある。必ずしもデタラメというわけではない。日本という国の創成期に朝鮮半島から渡来し帰化した人々が、ちょうど明治維新期に日本に西洋の学問や技術を教えた「お雇い外国人」のように、日本文化の向上に貢献したのは事実である。

しかしその後日本は別の道を歩んだ。別の道というのは、中国を政治および文化の中心として、それにすべて従うという姿勢を捨てたということである。天皇という日本国の代表者の称号もそれに由来する。これに対して朝鮮半島の国家は新羅《しらぎ》にせよ高麗《こうらい》にせよ朝鮮にせよ、すべて中国の王朝を宗主《そうしゅ》（親分）として仰ぐ国家であった。日本が中国皇帝に対抗して日本天皇を名乗ったのに対し、朝鮮半島の国家の首長はすべて国王、つまり中国皇帝の臣下を名乗らざるを得なかった。すなわち中国冊封《さくほう》体制に従属する国家であり、独立国であるとは到底言えなかった。

これは歴史上の真実である。にもかかわらず韓国人は朱子学の作用によって「我々の偉大なる先祖が中国などに従属していたはずがない」と考えるから、そうした情報をすべて教科書から追放しようとする。もちろん真実を語ろうとする学者は弾圧し、本当のことを書こうとした作家は金完燮のように処罰する。

そもそも朱子学にこだわる国家は絶対に自力で近代化できない。それは歴史上、清の滅亡が証明している。西欧の近代兵器を採用することも、身分にかかわらず大学に行けることも、自由に商売ができることも、学校が男女共学になることも、朱子学の信者はすべて反対する。理由は単純明快で祖法に違反するからだ。

今はどうだか知らないが、ついこの間まで韓国人は目上の人の前ではたばこを吸えなかった。それは親や兄や先輩に対して失礼にあたるからだが、現代ですらそうなのだから、百年前、二百年前は目上の人間に逆らって思い切った改革をすることなど到底不可能であった。では、なぜ近代化できたかといえば、それは日本の日韓併合による強制があったからだ。もちろん、それに感謝しろなどと言うつもりはないが、歴史的事実は事実だ。しかし、古代の一時期の事情を絶対化し「韓国を兄、日本を弟」と考える人間たちは絶対認めたくない。しかし事実は事実なのだから、どうしても認めたくなければ「我々韓国人は日本の援助など無くても独立できたし、近代化もできた」「その独立を有史以来初めて奪ったのは日本だ（奪ったのは事実だが初めてでは無い）」というような形で歴史を歪曲するしかない。

かつてこのようなことをコメントすると韓国のマスコミは激高し「妄言」と決めつけたが、それが歴史歪曲であると金完燮のような良心的歴史家は主張しているのだ。しかしその結果は著書が青少年有害図書に指定され、刑事罰まで食らった。その意見が間違っていると思うならば言論の場で批判すればいいのであって、それが近代民主主義国家のやり方だ。それをまったく無視しているのが韓国であり、韓国のそういうやり方を無批判に応援することが正しいと信じているのが朝日新聞などの一部マスコミである。

だからこそ「従軍慰安婦に関する吉田虚偽証言」をいつまでも訂正せず放置しておくということにもなる。

また韓国には他の国にはまったくない「ウリジナル」と揶揄されるとんでもない「文化」

がある。正式には韓国起源説と呼ばれるもので、「韓国の個人・団体などが、他国の文化などの起源・伝播を朝鮮半島に求める、根拠不十分で非合理な言説群の俗称」（ウィキペディア日本版）である。

日本に対しては武士道、忍者、剣道、空手道、俳句、和歌、扇子、折り紙等々が韓国発祥だと主張し、中国に対しては漢字、活版印刷、鍼灸はおろか儒教の開祖孔子まで韓国人だと言い出すので、最近は世界もあきれている。だからこそ、韓国語の「ウリ」と英語の「オリジナル」を掛け合わせて韓国は何でも「ウリジナル」にしてしまうと批判されているのだが、ここで韓国人に真面目に質問したい。もしこれが正しいとすれば、君たちは世界一オリジナリティのある民族だということになる。それなのに、どうして自然科学の分野ではいまだに韓国人は誰一人としてノーベル賞を獲れないのか、不思議には思わないのか？　ということである。

■愚かで滑稽な人物が〝主筆〟になってしまう朝日新聞社に人材はいないのか？

本題に入る前に、韓国史上初めて弾劾制度により罷免された朴槿恵前大統領の、不正疑惑問題に触れておきたい。この問題が暴かれたのは「韓国の池上彰」などと評する向きもある韓国人ジャーナリスト孫石熙《ソンソクヒ》が、大統領の「親友」崔順実《チェスンシル》のパソコンを入手し、そこに国家の秘密情報が入っている、という決定的証拠をつかんだのがきっかけだと言われている。

逆に言えば、そんな致命的な情報をマスコミ側に知られるという、崔順実側の信じられないような凡ミスがなければ、〝ラスプーチン〟（ロシアでニコライ2世の皇后アレクサンドラの信頼を得て、宮廷内に絶大な権力を振るった怪僧）崔順実は今も健在で相変わらず朴槿恵大統領は操られていたということになるはずだが、じつは「韓国の池上彰」の登場を待たなくても韓国マスコミがもっと早くこの問題を追及し白日の下に晒すチャンスがあった。

それは韓国の検察当局が、産経新聞の加藤達也《かとうたつや》ソウル支局長（当時）を朴槿恵大統領に対する名誉毀損で在宅起訴し韓国からの出国禁止処分にした時である。これも、それほど昔の事件ではないので覚えていらっしゃる方も多いと思うが、二〇一四年（平成26年）八月三日、加藤支局長は産経新聞の電子版に、セウォル号沈没事故当日に大統領が七時間にわたって連絡不能の状態になり、この「空白の七時間」に特定の人物と密会したという噂が流れているという朝鮮日報などの報道をもとにしたコラム「朴槿恵大統領が旅客船沈没当日、行方不明に…誰と会っていた？」と題する記事を載せた。セウォル号沈没事故も覚えておられると思うが、二〇一四年四月十六日に韓国・仁川の仁川港から済州島へ向かっていたフェリー・セウォル号が海上で転覆沈没し、修学旅行中の韓国人高校生および一般客など三百人以上が遭難死した大惨事である。当日の天候にまったく問題は無く、事故原因は法を無視した貨物の過積載であった。しかも船長は乗客に船室に残るように指示し、自分はいち早く脱出するという責任者にあるまじき対応を取ったことも、この事故の犠牲者を増やした。また船が転覆した後も沈没せずに船底を上に浮いていたため、救助隊がもう少し的確に対処していれば生存者を救出できたのではないかという批判もなされた。その初動の時期に決断を下すべき大統領が空白の時間を持っていたというのは大問題である。

その時、朴槿恵が会っていたのではないかと疑われていたのが〝ラスプーチン〟崔順実の元夫で、今回この一連の不正問題に深くかかわっているとみられる元秘書官の鄭潤会《チヨンユンフエ》なのである。

この問題に対する韓国検察当局の対応は二重の意味できわめて異常であった。まず報道の自由を国家権力が弾圧しようとしたことであり、もう一つは加藤支局長だけを起訴しネタ元の記事を書いた朝鮮日報の記者には何のお咎《とが》めも無かったことだ。これはきわめて不公正で不公平な処置であり、両方とも先進国ではあり得ない事態である。だから、欧米のマスコミは加藤擁護の論陣を張った。ジャーナリストとして当然の態度である。しかし、韓国のマスコミは私が知る限りは誰一人として加藤擁護の姿勢を取らなかった。

そもそも朝鮮日報の記者は、なぜこの問題をコラムに書いたのか？　これは想像だが、今散々批判されていることの真相に薄々ながら気がつき、何とか問題化したいと思ったからではないか。もし、そうだとしたら、それに外国人記者の加藤支局長が飛びついたことは、ある意味で大チャンスなのである。海外のマスコミも問題にしている、この際徹底的に真相究明すべきだというキャンペーンにまで持っていけたかもしれない。そうなれば孫石熙の登場を待たずして、きちんと問題の追及ができたかもしれないのだ。

しかし、韓国のマスコミは頑なに加藤擁護の姿勢を取らなかった。同じジャーナリスト仲間が弾圧に遭っているのに、である。

その理由はおわかりだろう。うっかり日本人記者を擁護すると親日派と言われてしまうからである。あるいは大統領府に逆らうことが恐ろしかったのかもしれないが「たとえ何と言われようと勇気をふるって真実をあきらかにするのがマスコミの使命だ」などという言葉は、二重の意味で孫石熙記者を除く韓国のジャーナリストには通用しないようだ。ただし、日本の中でもことの本質がまったくわからずに、見当違いの見解を発表する愚かなジャーナリストがいた。

私とて産経新聞デジタル版のあの記事に、大統領が怒りをたぎらせたことはよく分かります。よりによってセウォル号事件が発生したその日に公務を放り出し、男性と密会していたのではないかと、根拠薄弱な噂話を書かれたのですから。「韓国と結婚した」と公言する大統領の無念は想像に余りあります。（中略）その後に記事が事実無根とはっきりしてみれば、なおのことでした。（中略）産経新聞社が発行する夕刊紙が日ごろ「嫌韓」報道の先頭を走っていることに、眉をしかめる人も多いからです。／なのに、韓国が起訴に踏み切ったため、産経新聞が被害者になってしまったのです。（中略）問題の記事に関する勝負はすでについていたのですから、公権力を振るうに及びません。過ぎたるは及ばざるが如し。むしろ「そんなスキャンダルを創っていただくとは、私も人気女優なみで光栄ですわ」とでもコメントしていれば、「さすが」となったことでしょう。
（『東亜日報』２０１４年10月23日付「［東京小考］名誉毀損の起訴で毀損される名誉」）

この「拝啓　朴槿恵大統領」という書き出しで始まるコラムを書いたのは若宮啓文《わかみやよしぶみ》・元朝日新聞主筆である。

まず、ここで指摘しておかねばならないのは、主筆という地位がいかに重いものであるかということである。辞書にはこうある。

しゅひつ【主筆】 新聞社・雑誌社などで、首席の記者として社説・論説などの主要な記事を担当する人。

（『デジタル大辞泉』小学館刊）

主筆とはその新聞社を代表するもっとも優秀で見識のある記者がなるべき地位なのである。つまり若宮・元主筆は「ミスター朝日新聞」と呼んでもいい、それほどのスター記者だったのだ。

言うまでも無く朝日新聞は大新聞社であるから大勢の記者がいる。その中には社の名誉を傷つけるようなとんでもない連中もいたし、これからもそういう連中は出るだろう。それは、朝日に限らず多くの人員を抱える大組織の宿命である。

前にも述べたように過去の報道において朝日新聞は、同じような大組織である自衛隊にそんな不心得者が出ると、まるで自衛官全員がそうであるかのように書き立てていた。しかし、私はそういう不公正なやり方はしない。今も言ったように、それは大組織の宿命であり、だから開き直っていいとは言わないが、その少数の不心得者が組織全体の傾向を代表しているとは必ずしも言い切れないからだ。

しかし若宮・元主筆は違う。彼はすべての朝日新聞記者の中からとくに選ばれたナンバーワンなのだ。だから彼の言説を取り上げて、朝日新聞社の体質を分析するのは不公正でも何でも無く、むしろ論理的で的確で当然のやり方である。

以上のような前提で言わせてもらえば、残念ながら若宮啓文という人は新聞記者としてジャーナリストとして、もっとも根本的な資質が欠けている人と言わざるを得ない。

何度も述べてきた、ジャーナリストの一年生が先輩から徹底的に叩き込まれる基本中の基本、それは情報というものは本物もあり偽物もあるから必ずウラ（確認）を取らなければならない、ということである。これがジャーナリストのもっとも基本的な心得であり、これを身につけていない人間は、ジャーナリストでは無いと言っても過言ではない。ところが先ほど引用した文章で若宮・元主筆は次のように述べている。「（空白の7時間は）根拠薄弱な噂話」「その後に記事が事実無根とはっきりしてみれば」「問題の記事に関する勝負はすでについていた」。つまり、そんな空白は無かった、と若宮・元主筆は断言しているのだ。確かに、韓国大統領府も同じことを主張していたが、その主張には大きな疑惑が持たれている。それなのに、なぜ「記事が事実無根」などと断言できるのか？　韓国の当局がそう言っているからか。ならば、政府発表を鵜呑《うの》みにしているということだ。それとも他に独自の情報源があって、そこからウラを取ったのか。それならばそう書けばいいので「問題の記事に関する勝負はすでについていた」という客観的な言い方にはならないはずだ。

このコラム全体を引用すると、それだけで紙面が埋まってしまうので差し控えるが、全体を読んでの感想を述べれば、若宮という人はじつに韓国びいきなのだなと思う。

一般にジャーナリストという人種は常に「ダマされるものか」と考えるから、ついつい疑り深くなる。ところが、若宮啓文という人は朴槿恵という人物に全幅の信頼を置いており、彼女が悪事を働く可能性については露ほども考えていない。それが文章からよく伝わってくる。

しかし、「記事が事実無根」と決めつけた産経新聞については、「産経新聞社が発行する夕刊紙が日ごろ『嫌韓』報道の先頭を走っている」それなのに「産経新聞が被害者になってしまった」などと、あきらかに悪意を持った書きぶりである。

ちなみに産経新聞社が発行する夕刊紙つまり『夕刊フジ』が書いている「嫌韓」とは、朴槿恵大統領（当時）の「告げ口外交」や韓国人自身が苦しめられている財閥の横暴ネタである。同時に大きな話題となった崔順実の娘に関する数々の不正問題などもそうだ。若宮・元主筆はこれらの報道に「眉をしかめる人も多い」と述べているが、いったいどんな人間が「眉をしかめ」ているというのか。韓国の大統領の愚行や韓国財閥の不正を、まさに産経の加藤記者のように日本のメディアが報道することは結果的には韓国のためになるはずだが、ミスター朝日新聞はそういうことも理解できていないようだ。

このコラムは頭から朴槿恵は善、産経新聞は悪と決めつけている。こういうのを予断と偏見と言う。これもジャーナリスト一年生が徹底的に叩き込まれることで、物事は決して予断と偏見を持って見てはいけないのである。これができない人間にはジャーナリストの資格は無い。

若宮・元主筆が、このコラムで主張しているのは「朴槿恵大統領、あなたは正しい。頑張って下さい」ということなのだが、「ラスプーチン」などに操られている大統領が頑張れば頑張るほど、韓国も韓国人もより深い不幸に陥ってしまう、ということがまるでわかっていない。客観的に見て「ミスター朝日新聞」若宮記者は韓国を悪の道に誘導しながら、主観的には自分は韓国のためになっていると思い込み、本当に韓国にとってよいことをした産経の加藤記者を自分とは正反対の悪だと考えていたというわけだ。だから愚かであると同時に滑稽でもある。

まとめれば、朝日新聞元主筆若宮啓文は、ジャーナリストにとって基本中の基本である「ウラを取る」という作業を行なわず、その上でジャーナリストにとってもっとも禁物である予断と偏見をもって事態を決めつけた、愚かで滑稽な人物ということになる。論理的に考えればそれ以外の結論は無い。

ここで読者の誰もが不思議に思うだろう。なぜこんな人物が朝日新聞のナンバーワン記者になってしまったのか？　他に人材はいないのか？　ということである。

人材はきっといる。なぜなら旧日本軍もそういう組織であったからだ。問題は、なぜ真に優秀で知性のある人間を差しおいてバカがトップになってしまうのかということで、これは「慰安婦誤報問題」において朝日の木村伊量社長ら当時の経営陣を分析した際に、日本の宿痾《しゅくあ》とも言うべき「バカトップ」問題としてすでに指摘したことである。

「昔『陸軍』いま『朝日』」。残念ながら状況はまるで変わっていない。本当の日本史を知らないからである。だから、こういうことが繰り返される。

■韓国人が自然科学分野で誰一人ノーベル賞を獲れないのはなぜか？

なぜ自然科学の分野ではいまだに韓国人は誰一人としてノーベル賞を獲れないのか？

韓国人にとっては耳の痛い問題だろう。あるいは私がこの問題を取り上げること自体、韓国に対する悪意の現われと受け取る韓国人もいるかもしれない。とんでもない誤解である。私は韓国に早く普通の国家になって欲しいと思っている。具体的に言えば、何百年も韓国を蝕んでいる朱子学の悪影響から早く脱して欲しいという意味である。

まさに、その朱子学の影響を受けた韓国の某作家のように「日本に原爆を落とす」などという作品を書こうというのではない。それなら悪意だが、私がこれから書くことをきちんと受け止め、教訓としてくれるならば韓国人自身にも自然科学の分野でノーベル賞を獲れない原因がはっきりわかり、それは当然韓国と韓国人のためになるはずである。むしろ「書かない」ことこそ悪意である。韓国人はその理由をいつまでたっても把握できないことになるからだ。

そしてもう一つ韓国人側に求めたいのは、冷静に論理的に話を聞くことである。韓国人はこと日本に対する問題だと、歴史であれ、政治であれ、経済であれ、スポーツさえも「見境無くカッとする」人間がじつに多い。人間、怒りに我を忘れると、とてつもなく感情的になり、冷静な議論を受け付けなくなる。これではどうしようもない。大切なのは論理であって感情では無いのだ。

では始めよう。じつは韓国人が日本のこととなるとすぐに興奮することも、ノーベル賞を獲れないことも、同じ理由すなわち朱子学なのである。おそらく韓国人はこれを聞くと怒るか笑うかして否定するだろう。そこのところがわかっていない証拠なのである。

先に紹介したように、韓国には外国から「ウリジナル」と揶揄されるとんでもない「文化」がある。空手であろうが生け花であろうが中国の儒教であろうが、どんなものでも韓国が発祥の地であるという韓国起源説だ。

まずは冷静に考えて欲しい。こんなことを主張している国が世界の中で他にあるかということだ。確かに個々の事物あるいは文化について「それは我が国が発祥だ」と言い争っている国々はある。しかし、すべてのものが自分の国の発祥だと言っている国家は韓国以外には無い。あの、自分の国が世界の中心だという中華思想の本家本元中国ですら、そんなことは主張していない。つまり、これは韓国人だけの発想だということにまず気がついて欲しい。

では、これは正しい主張なのか？

韓国人は当然正しいと主張する。多くの外国人はそこで「そんなバカな」と笑い出すだろうが、ここで論理的に彼ら韓国人の主張が正しいと仮定してみよう。

そうすると、すべてのオリジナルなものは韓国人の発見および発明ということになる。一方、ノーベル賞というものの本質は何かと考えてみれば、とくに自然科学の分野におけるノーベル賞というのは、オリジナリティの極致であると言える。これは誰しも異論が無いはずだ。すると、韓国人のオリジナリティを生み出す能力が、その主張どおり人類最高だとしたら、当然韓国人から自然科学の分野におけるノーベル賞の受賞者が輩出、いや韓国人で独占しても不思議は無いはずだ。論理的にはそうなるはずである。

しかし、そうでは無い。

実際は輩出、独占どころか二〇一七年の時点で韓国人の受賞者は一人もいない。ということは大前提とした「すべては韓国発祥である＝韓国人のオリジナリティ創作能力は人類最高」という仮説が間違っていたということだ。むしろ一人もいないのだから仮説とは真逆の「韓国発祥のものはほとんど無い＝韓国人のオリジナリティ創作能力は人類最低」というのが真実であるか、少なくとも真実に近い、ということなのである。

ここで、そんなことは絶対に認めないと叫んで、冷静な議論が耳に入らなくなるようでは、韓国人は永遠に朱子学の悪影響を脱することはできない。そう叫ぶこと自体、じつは朱子学の毒に冒されているのである。

あくまで冷静に議論を進めるために、日本とか韓国とかいうことを離れて、ここに二人の学生AとBがいるとしよう。二人の成績はクラス最低で、このままでは卒業もおぼつかない。

しかし、学生Aの長所は正直であることと向上心を持っていることだ。彼は正直だから自分をごまかしたりはしない。自分の成績が最低であるというのは受け入れなければいけない現実だ。だからこそ彼は成績を上げようと真剣に努力する。教授のアドバイスを聞いたり友人の優等生の勉強法を学んだり、そういう努力を重ねてこそ人間の能力は伸びる。実際、努力の甲斐あって成績は向上してきた。

一方、学生Bは何よりもプライドが高い。だから自分を天才だと思い込み、自分以外はバカだと思っている。成績表という現実を見れば自分の立場がどうであるかわかるはずだが、彼は頑なにそれを直視しようとしない。さらに悪いことには、彼には過度の飲酒癖があり、酒場でアルコール度がもっとも高く悪酔いする酒を何杯も飲む。酒で現実を忘れるのである。そして決まってする昔話が、優等生のあいつは小学生だったころはオレの成績の足元にもおよばなかったという自慢話である。これは嘘ではないのだが、そのうち酒の作用で妄想が高じ「クラスのやつらの論文はオレの盗作さ。みんな、オレのアイデアを盗みやがった」などと真顔で言う。しらふの客が「もしあなたが本当にそんなアイデアマンだったら、今ごろ首席でも不思議は無いですね」とたしなめても受け付けない。それどころか興奮して殴りかかってくる。

おわかりだろう。このとんでもない「毒酒」のことを朱子学と呼ぶ。

念のためだが冗談を言っているのでも無いし誇張しているのでも無い。すでに説明したとおり朱子学は、それを生み出した漢民族がもっとも軍事的には弱体化していたころの怨念によって生まれた。漢民族は文字どおりの「負け犬」であった。しかも負けた相手はこれまで野蛮人として徹底的にバカにしていた遊牧民族の国家（金や元）である。

しかし、戦争に敗れたということは敵に自分たちを上回る長所があったということだ。それを素直に認めその長所に学ぶという姿勢があれば事態は好転する可能性もある。その

ために は当然の話だが、現実を直視しなければならない。だが中原（宋）を失い南に逃れ南宋を建てた漢民族の一員朱子が選んだのは、現実を直視することではなく空論に溺れることであった。「負け犬」という現実は認めない。誰が何と言おうと漢民族は世界一であり、それ以外の外国や異民族は野蛮であり排除されるべきものだ。当然敵に学ぶことなど一つも無い。

この毒酒に酔いしれた南宋は結局元に滅ぼされた。

しかし、元を滅ぼした漢民族の王朝の明《みん》によって再び国是とされた。儒教はそもそも主君に対する忠義、親に対する孝行を道徳の根本とするから、統治者としては受け入れやすいものだが、朱子以降の儒教（いわゆる新儒教）には、それまでの儒教に無い毒が混入されていた。大づかみに言えば排他性と独善性である。それを快く思ったのか、次の王朝の清は遊牧民族の建てた国であるにもかかわらず朱子学を国是とし、その結果滅んだ。アヘン戦争の時代にあれだけ西洋列強の力に悩まされながら、ついに敵に学ぶという姿勢には徹し切れず近代化もできずに滅んだのである。

日本でも、忠義を重んじるところが徳川家康に気に入られ朱子学が導入されていたが、幸いなことに中国や朝鮮のように役人がすべて朱子学徒では無かったために、それに毒されなかった人々つまり勝海舟や坂本龍馬や高杉晋作の活躍によって国を近代化することができた。しかし、その後の大日本帝国に朱子学の毒は少しずつ回り始め、その作用で現実を直視せず自分たちがもっとも優秀だと思い込んだ軍人たちの暴走によって、大日本帝国も滅亡した。

日本も中国も散々痛い目に遭ったのに、まだ懲りない国がある。どこの国かはおわかりだろう。

■「亡国の哲学」朱子学がもたらす「ウリジナル」という毒酒

どうか、真面目に真剣に考えていただきたい。たとえばこれがオリンピックの選手強化の問題だったらどうだろう？　韓国選手がまったく弱く、どう考えてもメダルに届かない分野があるとする。しかし、「このままではメダルは獲れない」という現実さえ直視すれば、海外の優れた戦術に学ぼうとか外国人の優れたコーチを招こうという発想になるはずだ。いや、こうしたことはすでに実行されているはずだ。では、なぜスポーツの分野ではこういうことが楽々できるのか。それは、スポーツは朱子学の影響下には無いからだ。儒教の世界においては体を動かすということは卑しい人間の行為であり、エリートが手を出すものでは無かった。だからこそ朱子学の影響はまったく無い。諸外国と同じ国際的に通用する常識的方法を取ることができる。

しかし文化がからむとそうはいかない。朱子学によれば、文化は朱子学国家にしかないのである。ところが現実は違う。自然科学の分野で誰一人ノーベル賞が獲れないという現実がある。その現実を直視すればスポーツの分野と同じで外国に学ぼうという発想が出るはずだ。しかし朱子学はそれを許さない。外国には学ぶものなど無いし、韓国は世界文化の中心なのである。

現実は違う。しかし「亡国の哲学」朱子学は真実をごまかすアルコールのような作用がある。今韓国人が朱子学の毒に冒されて飲んでいる現実を忘れさせる強い酒、それは「ウリジナル」という酒である。

今後も韓国から自然科学の分野でのノーベル賞受賞者が絶対に出ないとは言えない。どこの国にも天才はいるものだし、アメリカ育ちの韓国人ならば朱子学に縛られない人もいるからだ。

しかし本当の意味で韓国をオリジナル大国にしたいのなら、「ウリジナル」などという毒酒を一刻も早く飲むのをやめることだ。

「ウリジナル」論者は自分たちのやっているのは愛国的行動だと思い込んでいるのだろう。それはとんでもない誤解である。「ウリジナル」に国民は現実を忘れるし、企業は他国のオリジナルアイデアを盗むことに何の良心の呵責《かしやく》も覚えなくなるだろう。「すべては韓国のアイデアの盗用」だからである。そんな国で本当のオリジナリティというものが生まれるかどうかよく考えればわかる話だろう。

韓国人「ウリジナル」論者は、「折り紙」も韓国発祥だと言う。その根拠は「韓半島から日本に紙が伝えられた」からだそうだ。前にも述べたが、紙を伝えるということと、そこから折り紙という利用法を発想するということはまったく違うことである。コンピューターというハードを創るのと、インターネットという利用法を思いつくことがまったく違うのと同じで、これが創造的発想というものである。それなのに「紙を伝えたのだから折り紙も発想したのだ」などという粗雑で誤った思い込みが国民の間に定着してしまえば、オリジナル尊重社会実現の妨げになる。

このあたりが朱子学の恐ろしいところで、本人は主観的に国家や民族のためになっていると思い込んで実行していることが、実際にはその民族にきわめて恐ろしい害毒になるということが現実にある。だからこそ朱子学は亡国の哲学なのである。

ところで歴代韓国大統領は美容整形に励んでいたという。男も女も、である。それどころか、韓国女性が美容整形する率は世界一で、子供のころから整形することすら珍しくない。

まず冷静に事実のみを指摘すれば、こんな国は世界中に無い。あるとすれば中国だけで、もう少し国民総所得が増えればさらに利用者も増加するだろう。韓国女性はなぜ現実の顔を捨てて架空の美女になることを望むのか。もちろん男性もそれを強く望んでいるようだが。理由はもうおわかりだろう。

再び言うがこんな国家は世界中に無い。

■日本からパクったキャラを愛国的CMに登場させる盗作国家・韓国

朱子学は亡国の哲学である。

もっとも朱子学のどの部分がどのように作用し国を誤らせるかということについては、これからの研究課題でもある。

つまり朱子学を伝染病にたとえるならば、これに感染するとどのような症状が出るか、その結果どんな形で死に至るかなどは「疫学的」には説明できるのだが、では具体的にそのウイルスのどの部分がどのように人間の心に作用するかということについては、「病理学的」にそのメカニズムが完全に証明されたわけでは無い。

しかしそれに「感染」した国家たとえば中国の清朝、大日本帝国そして高麗、朝鮮王国そして現在の韓国が示した、あるいは示している典型的な症状を見れば、医者が病理のシステムを解明できていなくても治療はできるように、対策を考え改善を促すことは可能だ。

まずその典型的な症状について述べておこう。

そもそも自分より劣っていると考えている相手に完膚無きまでに負けたという現実を認めたくない、というところから朱子学は出発しているので、現実を無視するように仕向ける強い作用がある。この場合もっともこの作用の妨げになるのは「冷静になること」「論理的になること」である。従って、そうならないように「感染者」の感情を激高させ悲憤慷慨《こうがい》させなければならない。そのためにも「自分が最高」ゆえに「他者に学ぶもの無し」を徹底させなければならない。

たとえば冷静に考えれば朝鮮国あるいは大韓帝国が国民皆学・男女共学などの近代学制を自主的に採用できるはずがなかった、という歴史認識が生まれるはずだ。それは「男女七歳にして席を同じうせず」（『礼記《らいき》』）という原則、あるいは士農工商という身分制度にも反するし、そもそも祖法（先祖の定めたルール）だから決して変えることは認めないはずだ。変えることは先祖に対する批判であり朱子学（儒教）の最大の徳目である「孝」に反するからだ。しかし先進国はすべてそうなのだ、と言ってもエリートは絶対に受け付けなかった。「先進国」などあり得ないからである。

その祖法を変えたのは大日本帝国という「外国の野蛮な力」だろう。もちろん、だから感謝すべきだなどと言うつもりは毛頭無いが、朱子学に凝り固まった社会は自力で変革することは絶望的に困難だということは、清朝の滅亡という歴史的事実を見てもわかるはずだ。しかし、人をして、そういう冷静な見方は絶対にさせず、感情的に反発させ論理的反証も無く歴史的事実あるいはそう推定されることを「妄言」と決めつけさせるような力が朱子学にはある。

現実の反対が夢想だ。朱子学は自国が外国に劣ることを絶対に認めないから、逆に現実を忘れさせ夢想に国民を溺れさせる効果もある。そういえば思い出したが、かつて『日本は無い（イルボヌン オプタ）』（邦訳タイトルは『悲しい日本人』）という日本文化を徹底的に批判した本が韓国で出版された。著者の田麗玉《チョンヨオク》はジャーナリストで日本滞在経験もあったのだが、とてもジャーナリストとは思えない予断と偏見に満ちあふれた内容である。しかし、韓国では大ベストセラーになり、著者は国会議員になった。本人は日本を否定し貶めることが愛国心だと思い込んでいるようだが、それこそ「朱子学の毒」が回っているということなのだ。そのことに気がつけばいいのだが無理かもしれない。というのは、この著作がそもそも盗作であったことを韓国の最高裁にあたる大法院が近年認めた。あきれた話である。盗作作家が国会議員になってしまうのだから。

しかし、韓国では盗作ということが決して珍しいことではない。

韓国事情に詳しい漫画家の高信太郎《こうしんたろう》は次のように述べている。

ぼくが昔、日韓親善歌謡大会に出場するため慶尚道の浦項《ポハン》に行った時のことです。ここには東洋一と言われる浦項製鉄所があり、ついでに見学をしました。実は、浦項製鉄所は日本の新日鉄が技術をそっくり移して、一九七〇年代初頭に誕生した工場なのですが、見せられた映画にはそんなことは一言も出てきませんでした。

「東洋一の製鉄所である。どうだ、まいったか!!」です（怒）。

おまけに、当時、浦項製鉄所はプロ・サッカーチームを持っていたのですが、その名は「アトムズ」で、マスコットはなんと日本の鉄腕アトムでした。

ガイドは得意そうに「鉄の会社ですからアトムなのです」といいました。そのイケシャーシャーぶりに仰天したものです（怒）。

（『笑韓でいきましょう』高信太郎著　悟空出版刊）

ところで韓国のロボットアニメ『テコンV』をあなたは見たことがありますか？　見たら笑うだろう。どう見ても『マジンガーZ』（永井豪原作）の盗作だからだ。しかし韓国では大人気で作者の金青基《キムチヨンギ》は成功者として高く評価されている。その証拠にテコンVはなんと「独島《トクト》」、つまり韓国が領有権を主張する日本の竹島の「守護神」として韓国政府が制作したCMに登場したのである。もし私が韓国人だったら、日本の領有権を否定する愛国的CMに、こともあろうに係争国である国からパクったキャラクターなど絶対に使わせないし、使おうとする人間がいたら「国家の恥ではないか」と糾弾するだろう。

韓国人にはそういう感覚はまったく無いようだ。それはそうだろう「日本は無い」のだから。外国であり、かつては「弟子」であった何も学ぶべき価値の無い日本ごときから、韓国人が盗作するなどあり得ない。あり得ないから謝罪する必要も無い。

最近、韓国文学界の大御所で女流小説家申京《シンギョン》淑《スク》が日本の三島由紀夫の作品を盗作したと指摘された。私が韓国人作家なら、こともあろうに日本人から盗作するとは何ごとだと糾弾するところだが、少なくとも本人にはそういう感覚がまるで無い。三島作品を読んだ記憶すら無いのだそうだ。

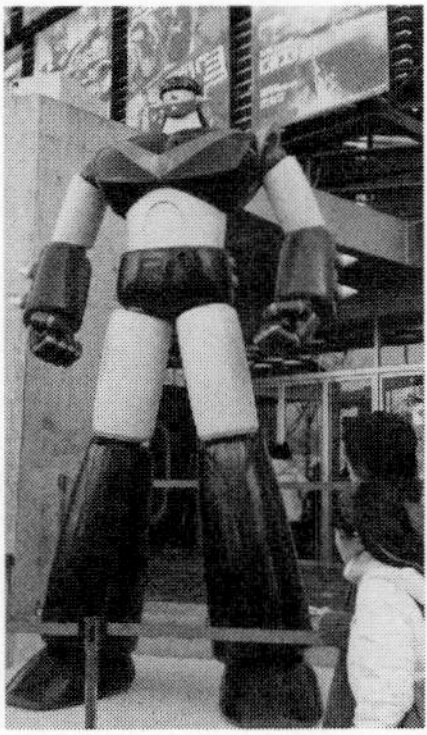

『テコンV』は身長56メートル、体重1400トン、800万馬力。韓国の国技テコンドーの世界チャンピオンである主人公が乗り込み操縦する……という設定
（写真提供/Yonhap/アフロ）

高信太郎は『笑韓でいきましょう』の中で、ある時韓国人が「為せば成る」という名言を韓国人の言葉だと言ったのに対し、「それは日本の上杉鷹山《うえすぎようざん》という人の言葉だよ」と指摘したところ、その韓国人は調べもせずに「それは上杉という人が、朴正熙大統領の言葉を、日本に伝えたのです」と言い返してきたという。すべて素晴らしいものが韓国発祥で野蛮で劣った日本発祥であるわけが無いからだ。だからこそ、ウリジナルという発想が出てくる。

本当に韓国をオリジナル大国にしたいのなら、こうした盗作作家を糾弾し社会から追放すべきだろう。厳しいようだが先進国はどこでもやっていることで、それが一流国家の条件でもある。これも冷静に考えればわかるはずで、人のものをパクって簡単にベストセラー作家や人気アニメーターになれる国ならば、誰が真面目に努力してオリジナルを生み出そうとするだろうか。

グーグルが史上最強の囲碁ソフト「アルファ碁」を開発したとき、人類を代表して対決したのは誰だったか？　囲碁発祥の地の中国人でもなく、それを発展的に継承した日本人でも無く、選ばれたのは韓国人李世乭《イセドル》九段であった。一方でそんな優秀な人材がいるのにノーベル賞などの分野ではなぜ振るわないのか？　この答えはもう書く必要は無いだろう。世宗《セジョン》は韓国の一万ウォン紙幣の肖像で、彼は訓民正音《くんみんせいおん》（ハングル）というオリジナリティの生みの親だ。しかし、五千ウォン紙幣の李珥《りじ》、一千ウォン紙幣の李滉《イファン》とともに朱子学者で、彼らは「李朝の政争」の生みの親である。韓国人は何が韓国を発展させ停滞させたか、もっと現実を直視すべきだろう。

私よりずっと韓国に対して親しみを持っていた高信太郎は、韓国人へ真の友情からこのような忠告を長年続けてきたが、いくら言っても韓国人は受け付けようとしない。これでは、とてもまともな付き合いなどできない……「笑うしかない」というのが前出本のタイトルの由来である。

この本は、とくに政治家に読んでもらいたい。もちろん、一般国民も大いに読むべきなのだが、日本人はマスコミ報道がきわめて歪んでいるので、韓国の実情あるいは韓国人の実像を知らなさ過ぎる。

たとえば『テコンV』を韓国政府が竹島の「守護神」として採用したことは、日本外交にとって大チャンスなのである。本家『マジンガーZ』は世界中の人が知っている。だから、こんな大切な国家的主張にパクリキャラクターを採用するような国が信用できるか、と世界に訴えればいい。ついでに、この作者は盗作では無いと堂々と開き直っており韓国では大人気だという真実も伝えればよい。仕掛けてきたのは韓国で、世界中で反日活動をやっているのだから。今からでも遅くは無い。そういうことをしないから、韓国のやりたい放題やられてしまうのである。

韓国は朱子学に毒された国家であり、だからこそ真実を見られず、歴史を捏造する国家になってしまう。それにもかかわらず彼らはそれを自覚せず、日本を歴史捏造国家呼ばわりする。とんでもない話だ。

またさらに、韓国は今世界中で日本海では無く「トンヘ」と呼べと主張している。「日本海」は別に日本人が言い出した呼称では無く、古くからヨーロッパ人が言い出した話なのだが、それを韓国は認めず「日本の海とは何ごとだ、トンヘと言え」と主張じている。これは漢字で書けば「東海」だということを日本人はもっと国際的にアピールしたほうがよい。西とか東とかいった概念は本来相対的なものだ。名古屋は東か西かという問いには答えられない。もう一つ基点を定めれば別だ。東京よりは西で、大阪よりは東などと言えるからだ。ところが、単に「東海」でなぜよいのか？　韓国が世界の中心だからだ。南シナ海のように「東韓国海」と言えというなら、まだ話はわかるが「東海」と言えば、まさに「中華思想」。自分たちが世界の中心というとんでもない思想なのである。にもかかわらず、西側の海は「西海」と言えとは絶対に言わないし、南側も「南海」と言わない。そこは中国が決めた黄海、そして東シナ海という呼び方がすでにあるからだ。すなわち中国様には逆らわないが日本には言うことを聞かせてやれという、卑屈な嫌がらせであり、これも元はと言えば儒教そして朱子学がもたらしたものだ。

さて、このように韓国や中国の、しかも現代のことを書くことは、この『逆説の日本史』の趣旨から外れているのではないかと、思っている読者もいるかもしれない。

それは誤解だ。近現代史を書くにあたっても朱子学の影響は見逃せない、仮にもし徳川家康が朱子学を公式学問として採用する際、科挙《かきょ》(朱子学を受験科目にした官吏登用試験)まで取り入れていたら、えらいことになっていただろう。中国かぶれの藤原惺窩《ふじわらせいか》あたりはそれをしない日本は野蛮国だと思っていたのだが、科挙まで採用しなかったからこそ鳥居耀蔵だけでなく勝海舟も奉行になれた。この差は大きい。もし、そうなっていたら日本は清国や朝鮮国のような「自分では変えられない国家」となり果てていただろう。明治維新など起こらず欧米列強の植民地になっていたかもしれないのだ。

日本の歴史学は思想や宗教を無視し過ぎる。人間はそれで動いているのだから、その内容を詳しく精査しなければ、真の歴史など書きようがない。それなのに日本の歴史学者はそれに疎く、疎いがゆえに韓国の主張をそのまま受け入れ賛成している愚かな学者までいる。愚かというのはそれは真の友人の態度ではなく、幇間《ほうかん》(たいこもち)と同じであって、結局は韓国や韓国人のためにはなっていないことに、まるで気がついていないことだ。学者では無いが、前出の元朝日新聞主筆若宮啓文の書いた、今となっては噴飯物の「朴槿恵大統領への手紙」がその典型例だ。

もちろん、政治家も例外では無い。

政治家については、今後近現代史の具体的な記述の中で取り上げるつもりだが、一つだけ似たような愚かな例を挙げておこう。一九九三年（平成5）に内閣官房長官談話を出した河野洋平《こうのようへい》である。いわゆる「従軍慰安婦の強制連行」を認める河野談話は、本人はこれで日韓友好が推進できるつもりで出したのかもしれないが、現状はどうか。

ここでは、あくまで一般論としてだが、「歴史という真実を歪めてまで相手に迎合することは、本当の意味での友好に決してつながりはしない」という、歴史の法則を述べておこう。

第二章

大日本帝国の構築Ⅰ

琉球処分と初期日本外交

朱子学という亡国の「毒酒」

■言語、文化、宗教——琉球人のアイデンティティは日本に近い

明治初期の大改革である廃藩置県《はいはんちけん》。しかし沖縄県だけはその時誕生しなかった。幕藩体制から独立した琉球《りゆうきゆう》王国だったからである。これを一度「琉球藩」にしてあらためて「廃藩」して沖縄県を「置県」する措置が取られた。これを琉球処分と呼ぶ。

琉球史はこの『逆説の日本史』シリーズで何度か取り上げたところだが、ここであらためて琉球処分の意味を考えるために振り返っておこう。

一般に誤解があるようだが、じつは「琉球」という名称よりも「おきなわ」という名称のほうが古い可能性がある。八世紀に成立した、奈良時代の日本に仏教の戒律を伝えた中国の名僧鑑真《がんじん》の伝記『唐大和上東征伝《とうだいわじようとうせいでん》』（淡海三船《おうみのみふね》著）に、七五三年（天平勝宝《てんぴようしようほう》5）、遣唐使一行が阿児奈波（あこなは）島に漂着したと記されており、これが沖縄という地名と同じものだと考えられるからだ。これに対して琉球というのはあくまで中国風の言い方であり、しかも語源はあきらかでない。

一方で、中国風の「琉球」という言い方のほうが早かったという見解もある。七五三年の遣唐使の阿児奈波島漂着よりは約百五十年も前の大業《たいぎよう》三年（中国の隋《ずい》の年号＝西暦607年）に隋の煬帝《ようだい》が「流求」に使者を送ったが言葉が通じなかった、という記事が

『隋書東夷伝《ずいしょとういでん》』に見られるからだ。ただし、この「流求」について、使者が持ち帰った布を倭国《わこく》の使者に見せたところ、使者は「これ夷邪久（いやく）国の人の用うる所なり」と証言したと、同じ『東夷伝』にある。これは屋久島《やくしま》のことだと考えられるから、当時「流求」とは屋久島を意味し、阿児奈波島はあくまで「おきなわ」であったとも考えられる。また中国には「流求」と「台湾」とを同一視する見方もあったようだ。要するに巨大国家中国にとって、中原《ちゅうげん》を遠く離れた南海に浮かぶ小さな島々など取るに足らないものであり、いちいち明確に区別するにおよばなかったのではなかろうか。

「琉球」という地名が確定したのは、元《げん》を倒し明《みん》を建国した太祖洪武帝《たいそこうぶてい》が一三七二年に、使者として楊載《ようさい》を派遣して中山王察度《ちゅうざんおうさっと》を服属させてからである。この時、明はこの国を琉球と呼び、これ以後琉球は国王が中国皇帝によって任命される国となった。

　察度王の時代はその肩書き「中山王」でもわかるように、島内は北山《ほくざん》、南山《なんざん》、中山の三つの地域に分かれていて、それぞれ王がいた。しかし一四二九年、中山王の尚巴志《しょうはし》が三山を統一した。琉球王国の誕生である。これ以後、琉球は朝鮮などと同じく、完全に中国の冊封《さくほう》体制に入った。現代の中国の中にも「沖縄はもともと中国領」などと主張する向きがあるが、それはこの冊封体制、中国を世界の中心と考える華夷《かい》秩序に入ったことを根拠と考えているようだ。もちろん、その主張が正しいなら、朝鮮王国の末裔《まつえい》である韓国も北朝鮮も中国の領土だということになってしまうのだが。あるいは中国共産党の幹部は腹の底では今もそう思っているのかもしれない。

しかし、琉球は文化的にはあくまで中国では無く日本の文化圏に属していた。建国史の英雄で琉球王朝の始祖でもある舜天王《しゅんてんおう》は、日本の平安時代末期に伊豆大島《いずおおしま》に流罪にされた源為朝《みなもとのためとも》が、琉球に渡り現地の女性を妻にして生んだ子供であるという伝説がある。これは単なる民間伝承では無く、琉球王国の正史『中山世鑑《せいかん》』つまり日本で言えば『日本書紀』に記されている。日本が勝手に言い出したことでは無く、琉球でそのように認めているのだ。江戸時代『南総里見八犬伝《なんそうさとみはっけんでん》』の作者曲亭馬琴《きょくていばきん》は、これをもとに『椿説弓張月《ちんせつゆみはりづき》』を書いてもいる。

日本では為朝は追討を受けて伊豆大島で死んだことになっているから、この「舜天王神話」は日本との関係を深めるための創作だという意見が有力だ。しかし、それならそれで、琉球人のアイデンティティは日本に近い証拠だとも言える。創作ならば誰を主人公にしても自由だし、中国人を琉球王朝の始祖にすることも可能だったのに、琉球人はそうはしなかったのである。

その親しみの理由は言語だろう。琉球語は中国語とはまったく違い、日本語、朝鮮語、モンゴル語と同じ仲間である。朝鮮語と日本語、モンゴル語と日本語は文法は同じでもまったく通じないが、琉球語は違う。琉球語というより日本の琉球方言と言ったほうがより実態に即しているかもしれない。その証拠に十六世紀から十七世紀にかけての約九十年間、琉球王朝で編纂された歌集『おもろさうし』は主に日本のひらがなで表記されているのである。ちなみにタイトルを漢字で表記すれば『神歌《おもろ》双紙』ということになるようだ。

このタイトルを見てもわかるように、民族のアイデンティティの根本をなす宗教はやはり中国風でなく日本風であった。中国では紀元前から孔子《こうし》が「我、怪力乱神《かいりょくらんしん》を語らず」と述べ、邪馬台国《やまたいこく》の女王卑弥呼《ひみこ》は「鬼道《きどう》を事とし能《よ》く衆を惑わす」と書かれた。中国で鬼と言えばそれは「幽霊」を意味する。しかも、卑弥呼は独身（「夫婿無し」）とも書かれている。恐山《おそれざん》のイタコ（女性霊媒師）のようなものか、それとも「日巫女」で「太陽神を祀る巫女」であったのか、いずれにしても中国ではまともな宗教では無い。しかし、日本では皇室の祖先神アマテラスは女性であった。

そして、琉球では日本以上に神に仕えるのは女性の役目であった。琉球神道には聞得大君（きこえのおおきみ）と呼ばれる最高位の女性神官がいた。聞得大君には王族の女性、とくに国王の妹が任じられた。沖縄民俗学の父とも言うべき伊波普猷《いはふゆう》（１８７６〜１９４７）は聞得大君を「をなり神《がみ》」の一種と見た。をなり神とは「をなり（妹）」が「妹の力」で兄を守護する形であり、後に民俗学者柳田国男《やなぎたくにお》はそのものずばりの『妹（いも）

の力』という著書でその考え方を継承発展させた。

沖縄では女性神官のことを今でもノロと呼び、民間の女性霊媒師のことをユタと呼ぶ。聞得大君は最高位のノロであると考えられている。これを「巫女」と訳してしまうことはいささか問題がある。現在の日本神道において、巫女は主に男性が務める神官の補佐役に過ぎないが、ノロは神官そのもので補佐役では無い。このあたり、日本も昔はそうだったのかもしれない。

この他にも、昔は日本もそうだった、と考えられるものに聖所に対する信仰がある。御《う》嶽《たき》信仰である。日本にも名山としての御嶽《おんたけ》山があるが、沖縄の場合はこれで「うたき」と読む。山では無く、森の中や水のほとりにあり神社の社殿のような特定の建物は無く、自然石や古い樹木があるだけだ。ここは神が来臨あるいは常駐しているとされる場所で、今でもノロによって管理されているところもある。沖縄最高の聖地とされる斎場(せーふぁ)御嶽は歴代国王が神の島である久高島《くだかじま》を遥拝する場所であった。久高島は沖縄を創造した神アマミキヨが天から最初に降りてきた場所なのである。その久高島の中央にはフボー御嶽があり今でもノロによって管理され男子禁制が守られている。儒教を信奉している中国人にとっては、このような信仰はまさに「怪力乱神」であり「鬼道」であり、「淫祠邪《いんしじゃ》教《きょう》」であったろう。しかし、冊封体制に入って以後の琉球王国でもこの信仰は決して失われなかった。民族のアイデンティティがここにあったからだろう。

だが、それは中国文化の影響は少なかった、という意味では無い。むしろ逆で、とくに中国との交流が深かった上流階級は中国文化の影響を強く受けた。その象徴が二千円札のデザインにも採用されている守礼門《しゅれいもん》である。琉球王朝歴代の王城であった首里城《しゅりじょう》の門で、名称の由来は門に掲げられた「守禮之邦」という扁額《へんがく》である。これは「我が国は礼教体制、つまり儒教秩序に従う国である」という意味であり、もともと中国皇帝から与えられた賛辞に由来するものだという。それゆえ、国王もそれを支える官僚たちも熱心に儒学、それも「亡国の哲学」である朱子学を学ぶようになった。王家も「尚」という中国風一字姓を名乗っていたが、貴族や官僚たちも琉球伝統の名前の他に中国風の別名を持つ者が増えた。たとえば琉球名「謝名利山（じゃなりざん）」、中国名「鄭迵（ていどう）」といった具合だ。この人物のことは第十四巻『近世爛熟編』でも取り上げたが、選ばれて明国に留学した超エリートであり、留学中は当然中国名を名乗っていただろう。これは日本でもそうだが当時のエリートは漢文（中国語）の読み書きは完璧にできる。後は発音の問題だけだ。そのうち中国語もぺらぺらになっただろうから、気分はほとんど中国人だったに違いない。生まれたのは日本の戦国時代初期だから、豊臣秀吉《とよとみひでよし》が明国軍と戦った時代も活動しており、当然唯一の文明国である明国に敵対する野蛮人賊徒の国日本を嫌悪していたはずだ。朱子学の信奉者はそういう思考回路にはまってしまう。

■家康が琉球を「王国」のまま存続させた深慮遠謀とは？

その野蛮国の覇者徳川家康《とくがわいえやす》から、琉球王国に挨拶に来いという連絡がきた。琉球の民間商船が仙台《せんだい》藩の領内に漂着したが、家康は仙台藩に指示してこれを丁重に送り返した。そのお礼に来いというのだ。秀吉が破壊してしまった東南アジアの貿易ルートを、琉球王国を媒介にして取り戻そうという意図があったようだ。

しかし、当時国王を補佐する最高政治顧問の立場にあった謝名《じゃな》親方《うぇーかた》（称号）はこの要請を無視した。秀吉から家康に政権の主は代わったとは言え賊徒の国と守礼之邦が、宗主国である明国の許可無しに勝手に交流してはならないと考えたのだろう。この思考の硬直性も朱子学のもたらすものである。

一方、日本の大名家で琉球に地理的に一番近いのは言うまでも無く薩摩《さつま》藩島津《しまづ》家である。江戸時代初期、島津家は財政難に喘《あえ》いでいた。英主島津義久《よしひさ》は戦国時代末期に全九州をほぼ制覇したのだが、ライバルの大友宗麟《おおともそうりん》が豊臣秀吉に出兵を求めたため形勢は大逆転した。秀吉の「九州征伐」の結果、島津家は薩摩、大隅《おおすみ》二か国の領主に後退したのである。島津家は家の規模が小さくなり収入は減少したのに、その時点までは九州征服のために武士の雇用を拡大し報酬をアップし続けていたので財政は破綻したのである。その後豊臣政権下では石田《いしだ》三成《みつなり》から新しい国内経済運営を学び、朝鮮出兵では奮戦して接収されていた日向《ひゅうが》国を取り戻したが、関ヶ原《せきがはら》では西軍に加担するという戦略ミスを犯し、再び日向国を失った。

そこで島津家は新しい領土を確保するため、南の海に目を向けた。奄美《あまみ》大島《おおしま》を中心とする奄美群島だ。当時、奄美は琉球王国領であった。石高《こくだか》は低いが砂糖という特産品があり相当な収入が期待できた。

もちろん勝手に兵を送るわけにはいかない。当時当主であった島津家久《いえひさ》（義久の甥で娘婿）は家康に許可を求めた。家康はこれを許可した。それどころか、事のついでに琉球本島まで遠征することを求めたのである。琉球王国を占領し日本の領土としてしまえ、ということだ。

ここで読者は不思議に思うかもしれない。家康はなぜ関ヶ原で徹底的に逆らった島津に対して、それほど甘いのかと。ひょっとしたら読者の中には、家康は島津と琉球王国を争わせることによって、漁夫の利を占めようとしたのかと考える人もいるかもしれない。それはまったくの見当違いで、朝鮮国で明国軍を撃破し、関ヶ原ではわずか一千の兵で敵中突破した東アジア最強とも言える島津軍と、中山による統一以降国内争乱を避けるため「刀狩り」を行ない国の非武装化を進めた琉球王国とでは、勝負にならないことはあきらかであった。

家康はやはり琉球王国を支配することによって、それをダミーに使い一刻も早く明との貿易を復活したかったのだろう。島津家久とは、真田幸村《さなだゆきむら》を「日本一《ひのもといち》の兵《つわもの》」と激賞した島津忠恒《ただつね》のことである。家康は忠恒に自分の諱《いみな》から「家」の字を与えて家久と名乗らせた。破格の待遇である。通常は「足利義輝《あしかがよしてる》→上杉輝虎《うえすぎてるとら》」のように、下の字をもらって上につけるものだからだ。織田信長《おだのぶなが》が同盟関係にあった家康や長宗我部《ちょうそかべ》元親《もとちか》の嫡子《ちゃくし》たちには、このような贈り方（徳川信康、長宗我部信親《のぶちか》）をしているので、家康はそれを見習い島津家を懐柔しようとしたのだろう。関ヶ原で直接家康と戦ったのは家久では無く家久の父で義久の弟の義弘《よしひろ》だ。お前は父とは違う、気に入っておるという印象を与えたかったのだろう。だから奄美侵攻を快く許し、あわせて琉球王国攻略まで命じたのである。

関ヶ原の戦いから九年後の一六〇九年（慶長《けいちょう》14）、島津家久の命を受けた総大将樺山久《かばやまひさ》高《たか》を大将とした琉球遠征軍三千は山川《やまかわ》港を出発し奄美大島に向かった。奄美は無血で占領し徳之島《とくのしま》に向かったが、ここでは謝名親方の女婿翁盛棟《おうせいとう》が三百の手勢を率いて抗戦した。しかし、琉球には鉄砲隊も無く十分の一の手勢では勝てない。わずか四日で徳之島は占領された。

そして沖永良部島《おきのえらぶじま》を無血占領した島津軍は倭寇《わこう》警備のため砲台が設置されていた那覇《なは》港を避け、北山の運天《うんてん》港から上陸し、要衝今帰仁《なきじん》城を難なく落とすと、四月一日ついに首里城に到達した。

首里城は城と言っても中国風の宮殿であり、「刀狩り」を済ませた琉球王国は非武装国家も同然であった。武官らしい武官もいないのである。それでは、国の安全はどのようにして守るのかと不思議に思う読者もいるかもしれないが、それは琉球の主が琉球国王つまり中国皇帝の家臣であるという冊封体制の中にいるから大丈夫なのだ。平たく言えば琉球は軍事超大国「中国親分」の「子分」なのである。子分が痛めつけられたら親分は自ら乗り出して行って狼藉者を倒さねばならない。だから秀吉が朝鮮王国を侵略した時、明国は朝鮮まで出兵し秀吉軍と戦ったのだ。ただし明国軍はその時恩着せがましく振る舞った上「酒を出せ、女をよこせ」と散々朝鮮側に注文をつけたという。このあたりは清水次郎《しみずのじろ》長《ちょう》とは大違いで、宗主国つまり「親分」が「子分」の王国をどのように見ていたかわかる話だが、慶長の役で日本軍と明国軍の大激戦「泗川《しせん》の戦い」（１５９８年）があったのが、この時点からわずか十一年前である。つまり琉球王国の視点で言えば「今、無理に抵抗して血を流すことは無い。朝鮮王国だって最初は日本軍に膝を屈したが、明国軍が駆けつけてくれて日本軍を排除できたではないか」と考えたに違いない。これは何百年も昔の話では無い。たった十一年前に明国軍が冊封体制に属する王国を救ってくれたという事実があるのだ。

当時の琉球国王尚寧《しょうねい》が、島津軍が首里城を包囲してからわずか二日目に降伏を申し出たのは、このような思惑があったからではないか。その腹の中は「今に見ておれ、徳川家康。秀吉と同じ痛い目に遭うことになるぞ」だったかもしれない。温厚な性格の尚寧王はそうでなくても、政府の最高顧問的立場にあった謝名親方はそう思っていたに違いない。そもそも、琉球が日本の侵略を招いたのも、すでに述べたように朱子学の毒が回っていた謝名親方が家康の再三の平和的要求を無視したからだが、なぜ謝名はそんな危険を冒したのか。あまりにも強気な態度ではないか。琉球は外国と戦えるような情況では無いのだから、国政の担当者としてはあまりに軽率とも言える。

だがこれも、おわかりだろう。暴力団風に言えば「ウチのシマに手を出せるもんなら出してみろ。親分が黙っちゃいないぜ。あんたんとこの前の親分も痛い目に遭って引き下がったことを忘れちゃいまいな」と謝名は思っており、そう信じたからこそ最初は抵抗の姿勢を見せたものの尚寧王の降伏方針にも従ったのだろう。徳之島での抵抗は、まったく何もしないで明国の応援を仰ぐよりも「我々も抵抗したのですが力およびませんでした」と訴えるほうがいい、と考えたからかもしれない。降伏自体も謝名のほうから国王に「明国軍が必ず助けてくれます。ここはいったん頭を下げておきましょう」とアドバイスした可能性もある。

ところが明国軍はとうとう来なかった。謝名にとっては大誤算である。

理由は三つほどあった。

第一に明国の国力が衰えていたことである。皮肉なことに国力低下の最大の原因は文《ぶん》禄《ろく》・慶長の役で日本軍を撃退するため多額の費用と人員を要したことだった。そのため国力をかなり損耗した明国は防衛力が低下し北方の遊牧民族満州族《まんしゆうぞく》の侵入に悩まされることになった。このため明国は海外に出兵するような余裕は無くなっていたのである。後に明国は彼らに倒され清国が建国されるが、そんな情況では自分の国を守るのが精一杯である。

第二に琉球王国が島国であるという問題があった。地続きの朝鮮半島へは簡単に兵を送れるが、島国に遠征するためには海軍を作らねばならない。これには大変な負担がかかる。いかに日本が中国の「シマ」に手を出したからとは言え、それを守るための軍事負担にしてはきつすぎる。

そして第三に、これこそ家康の深慮遠謀と言うべきだが、遠征軍に島津軍を選んだということである。じつは泗川の戦いにおいて数倍の明国軍を撃破したのは、ほかならぬ島津軍であった。明国では彼らを「鬼石曼子（グイシーマンズ）」と呼び疫病神のように恐れた。その旗印も目に焼き付いたはずである。その島津軍が侵攻の主体であるならば、当然強力な精鋭部隊を敵の何倍もの人数で琉球に送らなければいけない。もちろん、そんな余裕はとても当時の明国には無い。結果的に謝名の期待は裏切られた。琉球王国は親分の明国から見放された。

ところで、ここで読者は大きな疑問を再び感じるかもしれない。その第一はせっかく琉球王国占領に成功した島津あるいは徳川家康がなぜ琉球を正式な領土としなかったのか、ということだ。その後も家康は琉球王国をそのままの形で存続することを認めたのである。

明国は当時世界一の大帝国であった。もし明国が世界貿易に乗り出していたらスペインやポルトガルなどは足元にもおよばない強大な中華帝国になっただろう。そうなれば全世界のスタンダードは英語ではなく中国語になり、今我々は中国語をビジネス用語として学んでいたかもしれない。そうならなかったのはなぜだか、おわかりだろう。朱子学である。朱子学は商売や貿易を「人間の屑《くず》のやる仕事」と規定する。だから明国はせっかく鄭和《ていわ》の大航海でアフリカまで艦隊を送り、いくらでも世界貿易ルートを築ける立場にありながらそのことにはまったく関心を示さなかった。朱子学の毒がいかに凄まじいものか、このこと一つ取ってみてもわかるはずだ。

明国では貿易は犯罪だから、まともな貿易商人も海賊扱いにされ「倭寇」と呼ばれた。前期倭寇は日本人だが後期倭寇の八割は明国人だったと言うのには、こういう背景がある。これを、もったいないと思ったのは日本人である。織田信長や豊臣秀吉や徳川家康だ。信長は日本国内の征服が終われば海外に乗り出そうとしていたし、秀吉は実際に海外に乗り出し明国を占領することによって国際貿易圏を確立しようとし、失敗した。家康は秀吉の大失敗を見ているし、もともと手堅い人間だからそこまでやる必要は無いと思った。だが貿易は何としてでも拡大したい。

しかし貿易を「悪」と考える明国は他国との対等な貿易を認めない。唯一認めているのは朝貢《ちょうこう》「貿易」とそれを簡略化した勘合《かんごう》「貿易」である。彼らはこれを貿易とは呼んでいないことに注意していただきたい。あくまで基本は朝貢なのである。まず大切なのは中国皇帝に対して頭を下げ私はあなたの家臣でありますと認めることだ。そうして貢物を捧げ（朝貢）れば皇帝は「汝《なんじ》の忠義を褒《ほ》めてとらす」という形で、皇帝のプライドにかけてその何倍も素晴らしい物品を下賜してくださる。これが朝貢「貿易」だ。実質的には貿易だが形式上は家臣からの献上に対する褒美ということになり悪事では無くなるというわけだ。正式には国王の使者が皇帝に対して捧げるべきだが、それをもっと効率的にできるようにしたのが勘合貿易である。これも許可状を持った人間が「取引」では無く、献上品と下賜品の交換を司るという形を取る。実際には商人が立ち会うのだが、形の上では彼らを皇帝と国王の代理人とするわけだ。

明国がそういうやり方でしか貿易を認めない以上、秀吉以来途絶えていた勘合貿易を復活するには日本としては二つのやり方しかない。一つは室町三代将軍足利義満《よしみつ》がやったように、私はあなたの家臣でございますと頭を下げ日本国王に任じてもらうことである。しかしそれは日本人のプライドが許さないと言うなら、日本の代わりに頭を下げて中国の家臣となり朝貢もするが、実際には日本の一部であるというような「ダミーの国」が必要になる。

家康は琉球にそれを求めたのだ。ここで家康がプライドを捨てなかったことはもっと評価されてもいい。

さらに家康は琉球にもう一つの意味を求めた。それは新しい「小中華」つまり世界の中心である日本に対して、朝貢する国家という位置づけである。中国のスケールとは比べものにならないにせよ、日本も中国と同じように朝貢国を持つことによって、あくまで中国とは対等な国家であるという聖徳太子《しようとくたいし》以来の国是を維持しようとしたのである。

ここで読者はもう一つの重大な疑問にぶつかるはずである。それは、江戸幕府はなぜこうまで苦労して、手に入れた琉球王国を通じての貿易利権を活用しなかったのかという問いだ。江戸時代、幕府が琉球貿易で大いに儲けそれが幕府財政に寄与したという話はまったく耳にしないはずである。なぜこんなことになってしまったのか？

それも皮肉なことに朱子学なのだ。すでに何度も述べているように、家康は朱子学を日本に導入し武士の基本教養とした。その目的は、明智光秀《あけちみつひで》や豊臣秀吉のような主人を平気で裏切る人間をこの世から根絶し、武士の世界に忠誠という道徳を確立するためであった。

しかし、そういう目的でこの「毒酒」を導入したことはやはり失敗であった。その「成分」には商業蔑視というそれまで日本人にはまったく無かった「成分」が含まれていたからである。日本人は古来、商売あるいは貿易を悪いことだとは露《つゆ》ほども思っていない。古くは平清盛《たいらのきよもり》そして足利義満、戦国大名の大内《おおうち》氏さらには信長、秀吉、家康に至っても貿易を悪だと考える発想は日本人にはカケラも無かった。

ところが、皮肉なことに貿易の価値を知っていた家康が日本に導入した朱子学が、日本のとくに武士階級に浸透することによって、江戸中期を過ぎると武士たちは商売を悪だと考えるようになってしまった。貿易ももちろんそうだ。

これも考えてみれば不思議なことのはずだが、幕府は二百六十年間オランダと独占貿易をしていた。他の国とはやっていなかったのだから大変貴重なルートであり、当然幕府は大儲けをしても不思議は無いはずである。ところがそんな話はまったく聞かない。独占貿易はスペインやポルトガルのように夢のような利益を生むはずなのに、なぜそれが無かったのか。商売を蔑視した幕府の武士たちが、貿易など人間の屑のやる仕事として長崎商人に丸投げしていたからだろう。

この構造にメスを入れようとしたのが江戸時代中期の老中田沼意次《たぬまおきつぐ》であった。意次は国際貿易を復活させようと考えてもいたし、平賀源内《ひらがげんない》を可愛がっていたことも有名だ。源内は様々な物産に詳しくまた町人文化の担い手でもある。当時オランダを通じてヨーロッパに拡散した日本からの輸入品で、人気があったのは日本の浮世絵や陶磁器である。これも朱子学によれば「職人の卑《いや》しい技の産物」であることに注意していただきたい。つまり普通の武士はこういうものを売り物にしようとは夢にも思わないのである。だが、意次にはそういうセンスがあったのだろう。だから源内を可愛がった。しかしそれは朱子学の毒に冒された人間にとっては、「幕府を賤業に走らせる大悪人の所業」であった。

■「琉球王国」カードを有効に使った薩摩藩の経済的センス

「寛政異学《かんせいいがく》の禁《きん》」つまり朱子学以外の学問は認めないというとんでもない法令を、田沼時代の後に出すことになる松平定信《まつだいらさだのぶ》は、だからこそ意次を失脚させた。本人は幕府のためにやったつもりだろうが、じつは幕府はこれによって財政を立て直す大チャンスを失ったわけである。

そして幕府の最後の大チャンス「ペリーの黒船」も朱子学の「商業（貿易）は悪」という信条が邪魔をして、せっかく有利な条件でアメリカと独占貿易ができるところを当初は拒否し散々引き延ばしをしたため、頭にきたアメリカがイギリスと手を組み不利な条件で条約を押しつけられる結果になってしまった。朱子学が自縄《じじょう》自縛《じばく》となり幕府を滅ぼしたのである。

琉球問題でも、最初はほかならぬ徳川家康が明と朝貢「貿易」を行なうために、薩摩藩島津家をして琉球王国を征服させ、征服した後も王国としての体裁はそのまま維持させた。そうしなければ朝貢できないからである。ところが家康の意図を見抜いた明は、朝貢再開を求める琉球王国の使者に対し「オマエのところもなかなか大変のようだ。それゆえこれまで二年に一回だった朝貢を、十年に一回に減らしてやる」といういかにも恩着せがましい回答をした。実際には明は琉球王国の上流階級と太いパイプがあり、琉球が独立を失ったことを知っていた。だが使者を「オマエの国は日本国のダミーではないか」と追い返したりはしない。朝貢国が多いことはその時点での明国皇帝の徳の大きさを示す指標でもある。だから朝貢国の数は減らしたくない。だが朝貢自体は減らしたい。朝貢国が持って来たものの何倍ものお返しをするというのがルールであり、経済的には明の一方的な損にもなるからだ。

もっとも損得勘定というのは、これまた卑しい商人の行為であり、まねしてはいけない。だが「琉球よ。オマエのところもなかなか大変であっただろうから数を減らしてやる」という言い方なら明のプライドを保ったうえに、経済的にも損失を防ぐことができる。だから明はそういう対応をしたのである。

家康は大いに失望した。島津家が琉球王国征服に成功したのは家康六十七歳の一六〇九年（慶長14）。家康は一六一六年（元和《げんな》2）に七十四歳で死んだから、このころは最晩年である。当時の六十七歳は今の八十歳、九十歳に匹敵する。しかも豊臣家はまだ滅んでいない。家康が豊臣家覆滅に成功するのは一六一五年（慶長20）つまり死の一年前である。豊臣家覆滅に晩年の全精力を注いでいた家康には、一六〇九年の時点であと十年後に実現する「朝貢」などはもうどうでもよかっただろう。しかもその子孫たち、つまり徳川将軍家は家康の遺志を継いで朱子学を奨励したために、ますますこの「琉球貿易利権」に対する関心を失っていった。

ここで鋭い読者の中には、その後も徳川家がなぜオランダとの貿易は続けたのか疑問に思うかもしれない。それは「孝」である。だから、親や先祖が決めたことはみだりに変えてはいけない「祖法《そほう》」というルールが朱子学にはある。オランダとの貿易も商売だから「人間の屑の所業」であり、幕府は一刻も早くやめたかっただろうが、東照神君家康公の始めたことである。子孫が勝手に廃止してはならないと思ったのだ。しかし貿易が賤業であることは紛れも無いから、それに精を出したりしてはいけない。

ここで常識で考えていただきたい。幕府は二百年以上オランダとの貿易を独占してきたのである。今も昔も独占貿易というのはきわめて儲かるものだ。それが経済の常識である。しかし、前にも述べたように江戸時代に徳川幕府がオランダとの貿易で儲けて財政を健全化させたという話は聞いたことが無い。つまり幕府はこれで儲けようという気がまったく無く（それをすれば「商人」になってしまう）、実務を長崎商人に丸投げしていたのだろう。だから長崎商人には大金持ちがいたが、その貿易収入は幕府には流れなかった。

もったいない？　そのとおりである。だから老中田沼意次は貿易を再開して幕府の財政を立て直そうとした。平賀源内を可愛がったのも源内が国内の物産にきわめて詳しく、町民文化の産物である浮世絵などにも造詣が深かったからだ。浮世絵や陶磁器は外貨を稼げる輸出商品になる。ところが商売で儲けるということも、そうした「卑しい町人」が作った「文化的な価値の無いもの」を幕府が扱うことも、ガチガチの朱子学信者松平定信にとっては「極悪人の所業」であった。

だから田沼意次を権力の座から追放した定信は意次の政治を徹底的に否定し、取り巻きの連中に「田沼は極悪人、賄賂の帝王」と散々宣伝させた。後世に対する、いわゆる情報操作である。情け無いのは、日本の歴史学界はいまだにこの情報操作に乗せられていることだ。その証拠に今の教科書でも定信の政治は「寛政の改革」と呼ばれているのに、田沼の政治は「田沼政治」とされているだけ。幕府を財政的に立て直すためには農業一辺倒の「朱子学社会」を、信長、秀吉、家康以来の重商主義に戻すことが必要だったのだが、朱子学が普及して以後そういう考えが「悪」とされたことに気がつかないと、日本の歴史などわかりようもないのである。

一方、これとまったく逆の道を行ったのが薩摩藩島津家であった。薩摩国（鹿児島県）はそもそも火山灰台地で稲作を中心とした農業には適しておらず、逆に東シナ海に面しているなど貿易の拠点としては有利な条件を備えていたため、昔から交易が盛んであった。そして徳川家康が晩年の衰えもあって「琉球貿易利権」を手放し、子孫である徳川将軍家も朱子学の影響によって「利権を返せ」と言わなくなったことは、薩摩藩にとっては大きな利益につながった。「琉球王国」という海外貿易が可能なカードを幕府以外では薩摩藩だけが持っていたということだ。しかも幕府はせっかく持っていた「オランダ」というカードをまったく有効活用しなかったのに対し、薩摩藩はこれを大いに活用した。いや、活用せざるを得なかった。

幕府は中央政府である。将軍家は全国に広大な領土を持っている（家臣の分と合わせて800万石と言われる）、直轄の金山銀山もあり、通貨発行権も持っている。だから最後の最後まで「朱子学的やせ我慢」をして、貿易に財政再建の活路を見出すことは無かった。しかし薩摩藩はそういうものを持っていないので、財政が窮乏すると「琉球王国」カードを有効に使った。使わざるを得なかった。そのことは結局、薩摩藩は経済的センスを持ち続けたということであり、来るべき開国時代、明治維新への絶妙なトレーニングとなったのである。

もちろん幕府にも経済的センスを持つ武士はいた。勝海舟《かつかいしゆう》はその代表であろう。勝は弟子の坂本龍馬《さかもとりようま》に「イギリスを見習え」と言った。ヨーロッパの島国に過ぎないイギリスはなぜ世界帝国になったのか。それは貿易船を世界に派遣し大いに富を増やし海軍を充実したからだ。なるほどと合点した龍馬は日本最初の貿易商社「亀山社中《かめやましやちゆう》」を作り海援隊を作った。明治維新を成し遂げた勢力も結局この方針を採用した。しかし、正論を述べた勝海舟は同じ幕府の保守派に命を狙われた。なぜか？　朱子学バカがいたからである。松平定信が田沼意次を「極悪人」と考えたように、朱子学の信奉者にとって勝海舟は「事もあろうに幕府に商売をさせようとしている極悪人」にしか見えないというわけだ。

その勝海舟がオランダ人の作ってくれた長崎の海軍伝習所で学んでいる時、訓練航海の途中鹿児島の錦江湾《きんこうわん》に立ち寄った。いかに訓練航海とはいえ幕府の軍艦が自領の湾に入ることを、どこの大名も好まない。湾の水深や海面下の地形は軍事機密であり、測量などすることは偵察であり戦争の準備行為となる。しかし当時の薩摩藩主島津斉彬《しまづなりあきら》は一行を大歓迎し上陸を許して勝に、自ら指揮して建設した日本最初の近代工場群「集成館《しゅうせいかん》」も見学させた。これは薩摩藩の鉄鋼製造能力および銃砲製造能力も全部見せたということだから軍事機密の公開である。

なぜ、斉彬はそんなことをしたのか？ 日本人だからである。薩摩藩主である前に島津斉彬は自分は日本人だと考えていた。だから幕臣である前に日本人であるという自覚を持っていると見た勝海舟にすべてを見せた。海舟は大感激し、たちまち二人は百年の知己のように親しくなった。斉彬は家臣に西郷隆盛《さいごうたかもり》という優秀な男がいると海舟に常々自慢し、一方西郷には幕府にも勝海舟という傑物がいるぞと常々話していた。だからこそ斉彬の死後に二人が初めて会った時も、百年の知己のように意気投合したのである（第20巻『幕末年代史編Ⅲ』参照）。

当然、朱子学の悪影響を脱していた日本人島津斉彬は、貿易で国を豊かにすることを考えていた。薩摩切子《きりこ》（薩摩藩が幕末に生産したカットグラス）も斉彬以前から存在したが、これを「売れる輸出商品」として集成館で大々的に生産させたのは斉彬である。

■「貿易の道具」であったがゆえに守られた琉球独自の文化

さて、この時点で当時はこの世にはいない田沼意次と松平定信が、島津斉彬の態度をどのように評価するか考えていただきたい。

田沼意次ならこう言うだろう。「お見事。それこそ拙者が望んでいたものでござる。薩摩がうらやましい。ぜひとも、見習いたいものでござる」。これに対して松平定信は「いやしくも大大名である御方が、卑しき商人のまねごとでござるか」と軽蔑を露《あら》わに陰では唾を吐いたかもしれない。しかし、島津斉彬が田沼意次の夢を実現したからこそ、薩摩藩は幕末の主役に躍り出ることができたのだ。

問題は江戸時代朱子学を熱心に学んだのは徳川幕府だけでは無く、地方の大名もそれに倣《なら》ったということだ。家康は商業潰しのために朱子学を採用したのでは無い。それは家康にとっても想定外のことで、家康の目的は主君に対する忠誠を第一とする朱子学を普及させることで、徳川の天下を盤石とするにあった。もっともこの目的も想定外の事態で果たせなかったことはすでに述べたとおりだが、主君に対する忠誠を重んじるのは徳川家だけでは無い。そのために地方の大名でも朱子学は熱心に学ばれた。ということは藩内に朱子学派が生まれるということだ。薩摩藩も例外では無く、藩内にも斉彬のやり方を「人間の屑の所業」と見る人々がいたということなのである。代表的なのは、皮肉にも斉彬の弟で、斉彬の死後その息子が藩を継いだ弟の久光《ひさみつ》であった。斉彬の死（これを私は保守派による暗殺だと見ているが）によって、藩主の父という形で権力を確立した久光と、斉彬の一番弟子とも言うべき西郷隆盛が最後まで対立したのも結局これが原因なのである。西郷は久光に面と向かって「地五郎《じごろ》（田舎者）」と言い放った。朱子学のガチガチの信者である久光にとってみれば、面と向かって主君の父を侮辱するなど万死に値する大罪である。一方、朱子学に凝り固まってまるで世界が見えていない久光など西郷にとってはまさに塵芥《ちりあくた》も同然、先代の斉彬とは比べものにならない、ということなのである。

世界を見ていた斉彬は琉球人の優れた青年をイギリスに留学させようとしていた。将来的には琉球を解放し名実ともに日本国にするためである。朱子学派はそんなことは一切考えない。何事もご先祖様の決めたとおり、琉球とはあくまで「貿易の道具」であり、そのために「王国」に見せかけることが祖法（先祖の決めたルール）であった。琉球人にとっては政治的にはじつに不愉快な話だが、文化的にはそうでも無かった。独立王国に見せかける目的のために薩摩藩は日本文化、日本式風俗の押しつけはしなかったため、独自の文化を保つことができたからだ。

この形のまま琉球は明治維新を迎えた。そして再生した日本国、後の大日本帝国は琉球にこれまでのような曖昧な形を許さなかった。そこで琉球処分が行なわれたのである。

薩摩藩による征服（1609年）以後の琉球王国の性格について、琉球史が専門の高良《たから》倉吉《くらよし》琉球大学名誉教授は次の三つに分類している。

第一は、薩摩（さつま）藩を直接の管理者としつつ幕藩体制の一環に明瞭（めいりょう）に編成されていたことである。第二は、諸藩と異なり中国（清国）との間に伝統的な外交・貿易関係をもっており、国王は皇帝の冊封（さくほう）を受け、定期的に皇帝に進貢（朝貢）を行っていたことである。そして第三は、独自の王国体制をもって領内を直接的に経営していたことである。

（『日本大百科全書（ニッポニカ）』小学館刊）

明治維新（1868年）により日本が近代国家として生まれ変わると、この琉球「王国」の「曖昧」な帰属関係が問題となった。これまでに述べたように、琉球「王国」は中国の皇帝を中心とした国際関係（いわゆる華夷秩序）と、それに属することを潔《いさぎよ》しとしない日本国の調整機構として存在し、薩摩藩はそれを鎖国体制の中での貿易カードとして利用してきた。しかし、世界に向かって開国した日本にもはや「貿易の道具」としての琉球「王国」は必要無い。そこで、明治政府は一八七一年（明治4）、廃藩置県を断行し鹿児島藩（薩摩藩）を廃止した際に琉球を鹿児島県管轄とし、翌一八七二年（明治5）に奈良原繁《ならはらしげる》らを琉球に送り、琉球王府および三司官にその旨通達した。この際、琉球が薩摩藩に滞納していた貢租《こうそ》三万石と借金五万円は免除された。「アメとムチ」の「アメ」の部分である。そうしておいて、明治天皇は琉球国王尚泰《しょうたい》を琉球藩王とし侯爵《こうしゃく》として華族《かぞく》に叙し、琉球王国を琉球藩とする旨宣告した。そして琉球藩の管轄を外務省に移した。

ところがその年、その前年台湾東南岸に漂着した琉球宮古島《みやこじま》の住人のうち生存者十二名が那覇に送還されて来た。じつはもっと多くの漂流民がいたのだが、清国が生蕃《せいばん》（台湾先住民に対する蔑称）と呼んでいる人々によって五十四名もの島民が惨殺されてしまっていたのだ。

この「琉球漂流民虐殺事件」を大久保利通《おおくぼとしみち》が外交的に巧みに利用したことは、すでに第二十二巻『明治維新編』で述べたところだが、重要なところなのでもう一度繰り返すと大久保はまず清国に抗議した。日本国民である宮古島民が殺されたのだから謝罪と賠償を求める、という申し入れである。宮古島は琉球王国に所属していた。従って中国側が宮古島島民を日本国民として認めてしまえば、当然琉球も日本領と完全に認めることになる。

ところが清国は台湾原住民は「中国皇帝の徳化《とっか》の及ばない化外《けがい》の民《たみ》」であるから、その行動については関知しない、つまり台湾先住民のやったことは清国とは何の関係も無いと言ってきた。こういう言い方をすれば「琉球王国は日本なのか中国なのか」についても見解を表明する必要は無くなる。しかし大久保は転んでもタダでは起きない男である。ならば、台湾の原住民を「征伐」しても清国の主権を犯さないことになるからと、当時不平氏族の不満が溜まっていたこともあり、そのガス抜きも兼ねて西郷隆盛の弟従道《つぐみち》を司令官に義勇兵三千で台湾を攻めた。大久保はこの問題を「荒立てる」ことによって清国を交渉の場に引っ張り出そうと考えていたのだ。目論見は成功し清国は主権の侵害であると抗議してきた。即時撤兵を要求してきたのである。それに対して大久保は清国に渡り外交交渉で、撤兵に応じる代わりに島民に対する賠償金を獲得することに成功した。これが一八七四年（明治7）のことだ。つまり清国に琉球は日本領だと認めさせたわけである。

こうして「外堀」も埋めていった日本はいよいよ仕上げに取りかかった。「琉球藩」を廃止して沖縄県にすることである。そこで日本政府は「琉球藩」の尚泰藩王や三司官など「王府」の役人たちに、再三廃藩に応じるように通達したが、彼らは一向に応じる気配が無かった。

なぜ「元琉球王府」の人々は日本政府の意向を拒んだのか。そこには複雑な住民感情があった。沖縄学の草分け的存在であるウチナンチュ（沖縄人）伊波普猷は、薩摩藩による征服後の琉球「王国」について次のように述べている。

島津氏に征服されてから四、五十年後の沖縄の弱り方は非常なものであって、士族は自暴自棄になって酒色に耽り、農民は疲弊して、租税は納まらず、王府の財産は窮乏を告げ、社会の秩序は甚《はなは》だしく乱れて、当時の政治家には、この難局をどう切り抜けていいかわからなかったようである。

（『沖縄歴史物語』伊波普猷著　平凡社刊）

伊波はさらに、薩摩人は沖縄人が日本風に振る舞うと、もっと沖縄人らしくしろと言い、かと言って中国風にすると中国人のまねをするなと文句を言う、とも言っている。

そのくせ自分に必要な時には、彼等に唐装束をさせて、東海道五十三次を引きずりまわし、これが自分の付庸の民でござるといって、その虚栄心を満足させる道具に使ったりした。だから当時の沖縄人は、日本人であるか、それとも支那人であるか、自分でもよくわからなくなっていたのである。こういうように、彼等を曖昧《あいまい》な人民にして置くことが、その密貿易のためには、都合がよかったのである。

（前出同書）

冒頭の三つの分類を再び見ていただきたい。琉球人（沖縄人）のアイデンティティは混乱のきわみにあった。しかし、尚王家を中心とした上流階級には中国に対する親近感が強くあった。「密貿易のための都合」とは言え、琉球王は代替わりのたびに清国皇帝からの国王任命の使者を受け中国風の拝礼をして就任していた。その際、御礼の朝貢に対しては多大のお返しもあったろう。年号も表向きは日本のものでは無く清国のものを使用している。確かに、言語は中国語とはまったく違うのだが、上流階級は中国留学組もおり中国名も持っている。中流以下でも交流はあるので中国語を話せる人間は多い。

だから、ちょうど十七世紀初頭の薩摩藩侵攻時のように、あの時は明国だったが今度は清国に軍事援助を仰ぎ日本の圧力をはねのけようと考えた人間も上流階級には少なからずいたのである。こうした親中国勢力を黒党と呼び、日本に従おうという人々を白党と呼んだ。

こうした中、宮古島問題で清国から日本に有利な回答を引き出した大久保（当時、内務卿）は、一八七四年（明治7）十二月、「琉球処分」推進を建議し、翌年には琉球藩高官三名を東京に招致しいまだ実現していなかった尚泰藩王の上京を求めたが、彼らの回答は曖昧《あいまい》であった。そこで大久保の命を受けた内務大丞《だいじょう》松田《まつだ》道之《みちゆき》が処分官に任命され彼らを道案内として琉球入りし、首里城で藩王代理の今帰仁王子（尚泰弟）に、清国への朝貢、冊封使などの廃止、日本年号の使用、藩制の近代化を求めたが、琉球藩側では「朝貢廃止は忘恩行為になる」としてこれに難色を示した。あくまで清国とのパイプを失いたくなかったのだ。そこで日本国政府は今度は三条《さんじょう》実美《さねとみ》太政大臣の命令として清国との交流停止を正式に通達した。これも琉球藩は受け入れられないという態度を取る一方で、清国には密使を送り「日本が貴国への朝貢を止めさせようとしている。何とか日本に圧力をかけてこの動きを阻止していただきたい」と訴えた。ところが、清国は欧米列強の侵略を受け、それに対応するのに手一杯でとても琉球問題までは手が回らない。黒党（親中派）が望んでいたのは清国の軍事介入だったようだが、清国には到底そんな余裕は無い。

当時、日本は外交攻勢をかけ、有史以来初めて「日本と中国は対等である」という日清修好条規の締結に成功していた。一八七一年（明治4）のことで、これを西郷隆盛が絶賛していたことはすでに第二十二巻『明治維新編』で述べたところだ。つまり、この時点で黒党が頼りにしていた華夷秩序は大きく崩れていた。ならば、曖昧な回答を繰り返す琉球藩をこのまま放置すべきではないと日本政府は考えた。一八七八年（明治11）に大久保は暗殺されたが、政府の方針は揺らぐこと無く内務卿を引き継いだ伊藤博文《いとうひろぶみ》の命により、松田は一八七九年（明治12）三月、警官約百六十名と陸軍熊本鎮台から一個大隊約四百名を伴い、首里城を接収し藩王家に廃藩置県つまり琉球藩の廃止および沖縄県の設置を通達した。そして鍋島直彬《なべしまなおよし》を沖縄県令に任命。旧藩王尚泰に東京移住を命じ、代わりに天皇の名で土地邸宅と金禄公債証書二十万円を下賜した。

これがいわゆる琉球処分である。

こうして琉球「王国」は日本国沖縄県となった。幸い琉球がほとんど非武装状態だったので流血の惨事だけは避けられたが、とにかく琉球人それも上流階級の多くはこの琉球処分に大きく抵抗したことは間違い無い。つまり日本が無理矢理それを断行したということだ。

ではそれは無理矢理やったことであるがゆえに、琉球人を無視した蛮行であったと言うべきなのか？

その評価について、伊波普猷は前出の『沖縄歴史物語』で次のように断じている。

著者は琉球処分は一種の奴隷解放だと思っている。

なぜそうなのか？　薩摩藩島津氏の支配以来、琉球人のアイデンティティが混乱のきわみに落とされたことを強く批判する伊波が、なぜ琉球処分には肯定的評価をするのか？

それは、この琉球処分によって上流の支配者階級は多くの特権を奪われたが、彼らに搾取されていた被支配階級、つまり圧倒的多数の庶民が近代国家の国民としての権利を享受できるようになったからであろう。尚王家とそれを取り巻く黒党が望んだのは、清国と同じ朱子学を根本道徳とした身分制秩序に支えられた国家であった。士農工商が基本でありその身分の壁を乗り越えることは難しかった。彼らにしてみれば元足軽《あしがる》の伊藤博文が内務卿ひいては総理大臣になれる国家など野蛮人の巣窟に過ぎず絶対に認めることはできない。四民平等《しみんびょうどう》や男女を問わず国民すべてが学校に行けること、それゆえ農民や商人の出身でも政治家になったり高級軍人になれるような「野蛮な体制」になることは何が何でも阻止しなければいけない。

筆者は朱子学という「インテリのヒステリー」「亡国の毒酒」がいかに多くの進歩思想を阻害してきたか、かなりの紙数を使って述べてきたつもりだが、今の思想的に淡泊な日本人にはイスラム原理主義などと同じく、こうした合理性を完全に度外視した熱狂はなかなかわかりにくいのだろう。もちろん伊波にはそれがわかっていた。その証拠に彼はこの『沖縄歴史物語』に次のようなエピソードを書いている。それは幕末の薩摩藩主島津斉彬が、彼の創始した近代的工場群「集成館」で日本改革のために製造させた三千挺のライフル（西洋式新式銃）の「運命」についてである。第十九巻『幕末年代史編Ⅱ』に記したところだから覚えておられる方も多いだろう。

幕府大老井伊《いい》直弼《なおすけ》の専制政治を打ち破るために薩摩藩主島津斉彬は非常の決意をした。ライフル三千挺で武装した精鋭部隊で武家諸法度《ぶけしょはっと》を無視して上洛、ついで江戸入りし井伊体制を打倒しようというのだ。しかし出発直前、斉彬は不可解な死を遂げる。私はこれを暗殺であると考えているが、とにかく斉彬の死によってそれまで息を潜めていた朱子学を信奉する一派が復権した。では、その朱子学信奉派がその斉彬の遺産の三千挺のライフルをどうしたか？　という問題である。

価値観で判断すれば子供でもわかる話で、斉彬がそれらを造らせたのは日本には単発の火縄銃だけで、国産の西洋式連発銃は無かったからだ。この時代は戦乱の時代である。戦いが避けられない以上、優れた兵器というものはどんな形であれ尊重されるべきものだ。当たり前だが織田信長はそうした。では朱子学の信奉者たちはどうしたか？

> 斉彬が苦心して改良した新式洋銃も夷制として廃棄され、その代りに再び火縄銃が採用されるに至った。
> （前出同書）

夷制すなわち野蛮な制度あるいは道具のことで、彼らにとって外国製＝劣等であって、例外は無いのだ。だから琉球処分によって近代化が実行されても、黒党の活動はずっと続いた。琉球を「火縄銃」に戻すためである。それが絶対の正義なのだから。

■北海道開拓、シベリア開発を百年以上遅らせた朱子学という「毒酒」

伊波普猷は、「三百年間奴隷制度に馴致されていた沖縄人」（『沖縄歴史物語』平凡社刊）という表現を用いている。「日本」でありながら、その政治的中枢は「中国」であった琉球。当時の現状を端的に言えばまさにこうなる。

幕末から明治にかけての日本の近代化とはいったい何だったのか？

それも、もうおわかりだろう。朱子学からの脱却、朱子学の払拭であった。

十四世紀から十五世紀にかけて、中国は明王朝の最盛期で世界最大の文明国は中国であった。ヨーロッパは昔は「暗黒時代」などと呼ばれていたくらいで、政治経済文化の体制はどれも中国に比べて見劣りがした。イスラム帝国のほうが文化という点ではヨーロッパより優れていたかもしれないが、バランスのよさではあきらかに中国であった。現在我々が目にする万里《ばんり》の長城も、この時代に改修され完成したものである。

すでに述べたように、アフリカまで行った鄭和の大航海もこの時代のことだ。しかしその少し後にポルトガルやスペインは大航海時代を迎え発展し世界中に進出した。彼らの言語を話し彼らの宗教を信じる人々も著しく増加した。なぜポルトガルやスペインはそれができたのに、それより早く世界に進出していた中国にはそれができなかったのか？

もう答えは述べた。朱子学である。明は漢民族の王朝だが、その前の元は漢民族の宋《そう》を滅ぼした遊牧民族（モンゴル人）の王朝である。滅ぼされて宋から南宋になった時代に生まれた朱子は、「野蛮人」に陵辱された漢民族の現実から目を逸らし、ひたすらに「野蛮人」を憎み、孔子、孟子《もうし》以来の穏やかな儒教をヒステリックで独善的なものに改造した。これが朱子学である。だから、貿易は商人の行為であるということと、「野蛮人との交流」であるという二つの理由で、「人間の屑のやる行為」ということになった。せっかくの鄭和の大航海がアフリカへの商圏の拡大につながらなかったのは、まさに朱子学のせいなのである。現代の中国指導部は盛んにそれをやろうとしているが、朱子学さえ無ければ鄭和の活躍した六百年前にそれは実現され、アフリカ諸国の多くで中国語が使われていたかもしれない。いや、それどころか世界のビジネス共通語は英語では無く中国語ということになっていたかもしれない。朱子学がそのすべてのチャンスを失わせたのである。

明はその後も海禁政策（国際貿易禁止体制）をとり続けた。貿易をやればスペインやポルトガルのように大儲けができるのにあまりにももったいないと、朱子学に毒されていなかった豊臣秀吉は「唐入《からい》り」して、その体制を変えようとした。子飼いの加藤清正《かとうきよまさ》や小西行長《こにしゆきなが》が明攻略に成功すれば広大な領地を与えることができるし、国際貿易圏を築き多大な利益を上げることもできる。そうすれば徳川家康がいかに豊臣の天下をひっくり返そうとしても不可能だからこそ秀吉はそれを実行したのだ。結果的には大失敗に終わった、しかもそれは豊臣の天下が崩壊するきっかけとなった。しかし、人間は成功すると思うから実行するので、結果的に失敗したからと言って「頭がおかしくなっていたのだ」などと評するのは、人間が、ひいては、その人間の行動の蓄積である歴史がわかっていないとしか言いようが無い。

もっとも日本人も、朱子学のせいで人類文化のスタンダードになる機会を失った中国人を笑えない。徳川家康によって導入された朱子学は、時代を経るに従って日本人をも中毒にした。その典型的な「中毒患者」であった老中松平定信は、朱子学に毒されていなかった老中田沼意次の追い落としに加担し幕府を財政的に立て直す好機であった「田沼の改革」を頓挫《とんざ》させたばかりで無く、田沼の進めていた蝦夷地《えぞち》開発やそれに伴うロシアとの接近も「野蛮人との交流」は必要無いとすべて潰した（第15巻『近世改革編』参照）。

これで北海道開拓は百年以上遅れたし、何よりの禍根は、ロシア帝国が友好関係を結ぼうという姿勢で打ち出していたサインをことごとく無視し、相手を怒らせてしまったことだ。ロシアが日本と善隣関係に入りたかったのは、資源は豊富だが極寒の地であるシベリアを開発するため、そのすぐ南にあって不凍港を持ち食料調達が期待できる日本をパートナーにしようと考えたのだが、日本がこれを拒否したためシベリア開発も百年以上遅れる結果になった。もし田沼時代が続いていたら、日本とロシアはシベリア開発の同志となり友好関係を深めていたかもしれない。そうすればロシアが後に中国経由で朝鮮半島へ進出をすることにも歯止めがかかり、日露戦争まで発展しなかったかもしれないし、第二次世界大戦後のソビエト連邦による開発を目的とした日本人捕虜のシベリア抑留も無かったかもしれない。

注意すべきは朱子学は「毒酒」であって「毒」では無いことだ。何を言っているかと思うかもしれないが、人間、それを飲んだら死ぬとわかっているものを、いきなり口にしたりはしない。毒ではなく薬だと思うから飲むのだ。そして中毒になる。

儒教というのは政治学であると同時に個人を高める学問である。少なくともそういう一面があることは誰も否定できない。しかし問題は朱子学の場合、儒教の考え方だけを最高唯一のものとし例外を認めないということだ。たとえば民主主義という考え方がある。この基本は万人平等という理念であり、だからこそ職業に貴賤《きせん》無しという考え方にもつながる。

しかし朱子学は「儒教を修めた人間」と「儒教を身につけていない人間」は絶対に平等だと考えないし、考えないがゆえに職業にも貴賤は絶対に存在する、と考える。ゆえに民主主義のような考え方を一切認めない。朱子学こそ正しいのであり、民主主義は外国の「野蛮人」が考えたものであるからだ。

たとえばアメリカのように、あるいはそのアメリカに学んだ日本のように、能力のある人間なら誰でも大統領や首相になれるような体制は絶対に認められない。それは「儒教を身につけていない人間」がトップに立てるということであり、そのようなものは国家としては認められない。たとえて言えば「ボス」に一番乱暴な悪人が選ばれる強盗団と同じことだ。それとは異なり「儒教を修めた人間」が必ず政治に携わるように、皇帝を補佐する官僚は「朱子学の習熟度」を測る試験で選ぶ。これが科挙《かきょ》（体制）であり、それを維持していない国家は、たとえ朱子学を学んでいたとしても野蛮人の国である。

日本の儒学者藤原惺窩《ふじわらせいか》が朝鮮人学者に「日本は貴国のような文明国では無い」と嘆いたのも、こういう心理が背景にある。また、江戸時代日本と「通信」をしていた朝鮮国の使者も心の奥底では日本を野蛮国とみなしていた理由もおわかりだろう。

話を琉球いや沖縄に戻せば、黒党（親中国派）が、「琉球処分」の後の日本国沖縄県が儒教体制下ではあり得ない近代化を遂げ発展しても、それが「改悪」にしか見えなかったこともおわかりだろう。「雨の中では射《う》てない単発の火縄銃」と「どんな天候でも射てる連発銃」の優劣すらわからなくなる（これも正確に言えば性能という現実を直視できなくなる）のが、朱子学という毒酒いや麻薬の「効用」である。もはや宗教と言うべきかもしれない。哲学なら当然受け付けるはずの合理的な批判を一切受け付けないからだ。

日本人が幕末の歴史に触れた際、最大の疑問を感じる点は黒船《くろふね》（に象徴される西洋文明の優越性）を目の当たりにしながら、それから本当に国家の改革を軌道に乗せる明治維新までなぜ足掛け十数年もかかったのか、ということだろう。

そして今こそ、その答えがもっとも明瞭に納得できる形でおわかりになったのではないかと思う。勝海舟や坂本龍馬はその優越性にすぐに気がついた。朱子学に毒されていなかったからである。しかし朱子学に中毒していた「黒党」は黒船という現実を直視することができなかったのである。また彼らはせっかく島津斉彬が製造した新式ライフルをドブに捨てた。そうした「逆流」があったからこそ、明治維新まで十数年もかかった。そして明治維新を実現させた男たちが近代国家の象徴としてまず何を作ったか？　それは国会でも無ければ憲法でも無く、いわゆる大学でも無かった。作ったのは鉄道であり近代的工場であった。「黒船を直視させること」こそ近代化のもっとも近道であることを、彼らは経験的に悟っていたのだろう。

　だが沖縄の黒党は何と一八九四年（明治27）、日本が清と日清戦争を戦うまでしぶとく粘り強く抵抗を続けていた。沖縄では男子は結髪《けっぱつ》することになっていたが、明治政府は本土と同じく断髪令《だんぱつれい》を施行した。しかし、抵抗して結髪を続ける者もおり、そのほとんどが黒党支持者であった。髪を結い、身分の高い者は冠をかぶるというのが中華風であり、琉球では冠を簡略化したハチマチを貴族や役人は身につけていたが、これも「旧来の陋習《ろうしゅう》」として明治政府は廃止した。その明治政府のやることすべてを逆に「野蛮」だと考えていたのが黒党である。そうした人々は子供を小学校にも行かせなかった。学問をさせる必要が無いと思ったのでは無い。そうでは無く、小学校で教えられているのが真の学問では無く算数など「野蛮人の技芸」だからだ。

　そして琉球処分から二十二年後に勃発した、日清戦争という中華（清国）と野蛮（日本）の対決は沖縄の黒党と白党の争いを再燃させた。伊波普猷は『沖縄歴史物語』（平凡社刊）において、次のように述べている。

　首里三平《みひら》等の黒党は、毎月朔日《ついたち》と十五日とには、百人《もも》御物参《そおものまい》りと称して、神社仏閣に参詣し、旧藩主の健康と清国の勝利とを祈った。知花朝章《ちばなちょうしょう》は尚家の命を受けて、清国の事情視察のために、福建に脱走した。その頃海底電信はなく、勝報も一週間後でなければ知れなかったので、船便で勝報が至るごとに、『琉球新報』は号外を出したが、黒党の連中はこれを信じなかったのみか、真赤な嘘だと言いふらした。方々の家庭でも、このことについて、父子兄弟の間に盛んに議論が闘わされた。（中略）戦争は幸いに日本の勝利に帰し、お隣りの台湾まで日本の領土となり、御用船等が那覇を経由として行くようになったので、黒党の連中も日本の勝利を信じないわけにはいかなくなった。おまけに、講和談判後、清国から帰国した知花が、清国の内情を詳しく説明して以来、旧支配階級の気持がにわかに一変して、白党の数が激増し、児童の就学歩合も著しく増加した。

日本は黒船から明治維新まで十数年かかった。沖縄は琉球処分から黒党根絶まで二十余年を要した。なぜ沖縄のほうが時間がかかったのか。それは中国との交わりが深く朱子学中毒の度合いが日本よりひどかったからだ。現実を直視することも、外国に学ぶこともできなかったのである。

それでも琉球「王国」は中国本土や朝鮮国よりは、はるかにマシであった。江戸時代初期から実質的には日本であり、その分だけ完全な中国化、朱子学化を免れたからだ。だからこそ白党も生まれたし力を持っていた。

しかし、科挙を実施していた清国、その体制を唯一至上のものとして支持していた朝鮮国においては、黒党だらけで白党は存在し得ない。これでは、絶対に近代化できないし、欧米列強やそれを見習って「宗旨替え」した日本には勝てない。日清戦争における日本の勝利がそれを実証する形になった。台湾も日本領になった。

要するに日本国は自信を深め中国は自信を失った。しかし、中国は基本的には儒教以外に国民統合の原理を持っていない。日本のように気楽に朱子学など払拭すればいい、と言える立場では無いのだ。

一方日本のほうも朱子学の悪影響を脱したつもりで、じつは深いところでその中毒にかかっていた。江戸時代、本来孔子孟子の儒教のように牧歌的な原理であった神道《しんとう》に、朱子学の要素を取り込んでしまっていたからである。これが国家神道に発展する。

■「朱子学中毒は不治の病」と確信させた絶好の「教材」

「国家神道」については編を改め詳しく述べることとして、ここでは「琉球処分」がその後の日本外交および大日本帝国（正式にはまだ発足していない）の対外姿勢にどのような影響を与えたかを述べよう。

日本は自信を深めていた。アジアの中で最大の文明国と言えば「中国」であるというのが、それまでの世界の常識であった。だが、江戸時代編に述べたように、アジア世界の中で日本だけが中華思想(朱子学)の裏返しをやり「日本こそ中国(＝世界の中心の文明国)」であるという思想が育てられていた。この背景には日本古来の宗教である神道と朱子学の合体があった。平安時代に神道と仏教が習合し新しい信仰を生み出したように、江戸時代には神道は朱子学と習合したのである。これが「国家神道」と呼ばれているもので、当然それは後から生まれたプロテスタントが先行のカトリックを否定排除したように、「旧教」である神仏習合を否定した。これが神仏分離、廃仏毀釈《はいぶつきしゃく》につながった。

話が先走りすぎたので元に戻そう。

要は明治国家の日本人は、自分たちの「信仰」が正しいと確信したのである。その確信がどれぐらい深いものであったか、現代人にはわかりにくいだろう。

たとえば江戸時代、脚気《かっけ》という病気はもっとも豊かな生活をしているはずの将軍様をも罹患する原因不明の死病であった。文明開化の明治になっても年間数万人が死ぬ、恐るべき病気の一つであった。しかし現代ではそれがビタミンB欠乏症であることがわかっているから罹患する人はあまりいないし、仮にそう診断されても顔面蒼白となる人はいないだろう。そんな病気、すぐに治るからである。同じように、かつて朱子学中毒というものがどれぐらい害毒をまき散らしていたかというのは、現在朱子学中毒から完全に脱却した日本人には実感としてはまるでわからなくなっているのである。

歴史を真に理解するためには、その時代の人間の気分になって考えることが絶対に必要だ。しかし口で言うのは簡単だが実際にはきわめて難しい。素人がいきなり演劇の舞台で、徳川家康の役をやってみろと言われたようなものだからだ。しかし、幸いにも人間には想像力という武器がある。私はそれを使ってこそ歴史について真の理解が深まると考えているから、その想像力がうまく使えるように歴史のディテールにこだわってきた。

自分たちこそアジアでもっとも優れた国民であるという、この日本人の確信。あるいは日本こそ、中国よりも朝鮮よりも況《いわ》んや琉球よりもはるかに優れた国家であるという確信。それが生まれた背景には、日本以外のとくに東アジアの国は「朱子学中毒」が蔓延しているどうしようもない国家だという認識があった。

この認識あるいは確信がどれほど深いものであったか。それを実感として的確に理解してもらおうと、私はせっかく島津斉彬が苦心して製造した新式ライフル三千挺が朱子学中毒患者によってドブに捨てられたことを述べた。また同じく中毒患者の鳥居耀蔵《とりいようぞう》がどれだけ蘭学者を陥れたかも述べた。一般にはあまり有名ではない長崎の砲術家中島名左衛門《なかじまなざえもん》の非業の死についても述べた。覚えておられるだろうか？　長州藩が無謀な攘夷《じょうい》を決行し関門海峡を通過する外国船に無警告で無差別砲撃をした時、慌てた外国船が一時撤退したことを大勝利だと快哉を叫ぶ攘夷派に、その夜の「祝賀会」で「外国の実力はこんなものでは無い」と諭した洋式砲術家である。中島はその夜のうちに惨殺された。もちろん外国と通じていたわけでも無い、彼が言ったことは要約すればただ一つ、「外国の武器のほうが優れている。その現実を直視せよ」であった。

しかし、もう散々述べたからおわかりだろう。「現実直視」こそ朱子学中毒患者がもっとも嫌うことだ。「毒酒」の酔いが醒め、自分の「信仰」が誤りであることを自覚させられるからだ。だから彼らは「妄言」の根源を絶つため中島を殺した。それも武士にあるまじき卑怯なやり方で（第20巻『幕末年代史編Ⅲ』参照）。

しかし彼らは、それを恥じたりはしない。彼らにとっては中島こそ「邪教に毒された極悪人」だからだ。結果的には薩摩藩で島津斉彬が造った西洋式ライフルがドブに捨てられ火縄銃に戻ったように、長州藩では中島のもたらそうとした西洋式砲術が捨てられ戦国時代の大砲に戻った。だからこそ薩摩藩は薩英戦争で、長州藩は馬関《ばかん》戦争で、欧米列強に完膚無きまでに叩き潰されたのである。上海《シャンハイ》という現実を直視してきて「朱子学では戦はできぬ」と悟った高杉晋作《たかすぎしんさく》や、ロンドンという現実を直視してきた伊藤博文や井上馨《いのうえかおる》がいなければ長州藩も滅亡していただろう。

これも前々から述べていることだが、だからこそ清国（中国）や朝鮮国は自力で近代化できるはずが無いと、明治の日本人は考えた。朱子学中毒患者の症状にはこのような「外国文明の徹底的否定」の他に「祖法遵守」という「症状」もある。先祖の決めたことは変えてはならないから、火縄銃を新式銃に変えることも、小学校を男女共学に変えることもできないということだ。

そして、ここが歴史の真実を見るまさにポイントなのだが、当時の日本の指導者にはこの朱子学中毒患者との戦いに勝ったからこそ近代化できた、という思いが強くあったということだ。高杉も伊藤も藩の滅亡を阻止するために最善の行動をしたのに、攘夷派つまり朱子学中毒患者に暗殺されそうになり、井上に至ってはめった斬りにされ危うく死ぬところであった（袖解橋《そでときばし》の変『第20巻　幕末年代史編Ⅲ』参照）。その井上を死から生還させたのはいったい何だったか？　蘭方医所《ところ》郁《いく》太郎《たろう》の治療すなわち西洋医学であった。朱子学に殺されかけた井上は西洋文明に救われたのである。

ところが海の向こうの朝鮮国や清国では、漢方医学よりあきらかに優れている西洋医学ですらまともに採用されていない。「西洋は野蛮で文化など無い」からである。これを見て「朱子学への勝利者」で占められた当時の日本の指導者たちが、彼らのことをどのように考えたか、もうおわかりだろう。「バカにつける薬は無い」ということだ。

今でも日本人は「粘り強く説得すれば理解してもらえる」と信じている人が少なく無い。それは日本人の独特の信仰である「和《わ》」（実は怨霊《おんりょう》信仰）に基づくものである。だからこそ日本では本来水と油ほど違う神道と仏教が一つになった。しかし、この信仰はいわゆる狂信者には通用しない、イスラム原理主義者が典型的な例だが、日本に狂信者がほとんどいないのは織田信長が仏教原理主義者を一掃してくれたからである。もちろん、それは「話し合い」によるものでは無く、撲滅《ぼくめつ》によるものだった。歴史上はっきりしているのは、これ以外に方法は無いという現実である。

■勝海舟が抱いた「日本、中国、朝鮮の三国同盟」という理想

朱子学がいかに亡国の哲学であり、中毒すればまともな知性など吹き飛んでしまうか、日本ではそれを実感した人々によって新しい国家が建てられたばかりか、建国後も「朱子学中毒は不治の病だ」と確信させる絶好の「教材」が外国では無く日本国内にあった。

その「教材」いや反面教師と言うべきか、それは元薩摩藩の国父島津久光であった。通常の歴史学では島津久光の歴史上の人物としての役割は廃藩置県をもって終わったとしている。島津家臣であった西郷隆盛と大久保利通は廃藩置県を行なうことによって、島津家臣から天皇の直臣《じきしん》になり、それ以降さらに思い切った改革が実行可能になった。全国の大

名家の中で島津久光がただ一人これに反対していたことはよく知られている。しかし、西郷や大久保がそれを振り切ったことによって、多くの歴史学者は、この時点で久光は「過去の人物」になったと考えているが、それはじつは大間違いなのである。それ以後も久光はきわめて大きなマイナスの影響を日本の歴史上に与え続けた。

新政府は廃藩置県以降も維新の功労者である久光を無視できず、左大臣の地位などを与えて懐柔しようとした。これに対して久光は朱子学の立場から新政府のすべてを否定する意見を述べて抵抗した。廃藩置県はもとより版籍奉還《はんせきほうかん》も地租改正も男女共学も徴兵制もすべて否定した。理由はそれらは外国の野蛮な制度であり、祖法をみだりに改変するものだからだ。つまり「新式銃を火縄銃に戻せ」と主張したのである。そもそも斉彬の新式ライフルをドブに捨てた時も、久光は父斉興《なりおき》に次ぐ薩摩藩ナンバー2だったことを忘れてはいけない。

気の毒だったのは久光の嫡男で、斉彬の死後は薩摩藩主の座を継いだ忠義《ただよし》だ。久光はその死に際して忠義に「断髪するな。西洋医にかかるな」と遺言した。親の遺言は祖法に準じるもので、朱子学でもっとも大切な徳目「孝」の一環だから、忠義は死ぬまでそれを守りとおした。明治政府の公式な席では基本的に洋服を着なければいけない、外国人も臨席する式典ではとくにそうだ。久光は洋服を着てはならぬとまでは言わなかったようで、たとえば一八八九年（明治22）の大日本帝国憲法発布の記念式典に忠義は洋服姿にちょんまげというなんとも珍妙な姿で出席し外国人の失笑をかった。何しろ華族最高位の「島津公爵」様だから、参列した日本人も表向きは笑うわけにはいかなかったろうが、陰では後ろ指をさしていただろう。「なんと親孝行な息子か」などと感心する人間は一人もいなかったに違いない。

肝心なのは久光は一八八七年（明治20）、忠義は一八九七年（明治30）まで国家の重要人物として生きていて、当時の人々に存在を認識されていたことである。ここで、またまた当時の人間の気持ちになって考えていただきたい。

たとえば、あなたが当時のベテラン官僚だとしよう。久光には当然頭を下げなければならない。しかし、その大臣閣下のおっしゃることは自分の仕える新政府の仕事に対する頭ごなしの非難であり、「盗人にも三分の理」どころか一分の理も無い、言うとおりに「火縄銃に戻した」りしたら日本国は滅んでしまう。それゆえ結論は一つしかない。「バカ殿にも困ったものだ」である。

一方、若手の官僚や軍人が忠義公爵様のちょんまげ姿を見たら「なぜ、断髪しないのか？」と疑問に思うはずだ。当然、彼らは答えを求める。答えは「朱子学」であり同時に清国や朝鮮国はいまだにこの「中毒状態」であることを知るだろう。どう思うか？「あの国々はどうしようもないな。近代化など夢の夢だ」と思うに違いない。

マイナスの影響とはそのことだ。まさに久光・忠義親子はこの形で日本人を「洗脳」していったのだ。

こうした風潮の中、勝海舟は「日本、中国、朝鮮」の三国が同盟し欧米列強に対抗すべきだという信念を持っていた。東アジアの古くから交流のある三国が結ぶのがもっとも自然な形だからである。だから勝は当時誰も言わなかった「朝鮮はそもそも日本のお師匠様ではないか（日本国家の黎明期に朝鮮半島の人々が国家発展に協力した）」という表現を使ってまで、明治初年の日本に台頭しつつあった「征韓論《せいかんろん》」に歯止めをかけようとした（第22巻『明治維新編』参照）。

しかし、その努力は徒労に終わった。勝の理想とする三国同盟が成立するためには朝鮮国も清国も「明治維新」を断行しなければならない。それが無ければ同盟など絶対にあり得ない。両国が朱子学中毒の状態を脱しない限りは、彼らにとって日本は「野蛮な裏切り者」にしか過ぎないからだ。しかし、それが起こらない。

勝と言えば、生涯反目したライバルに福澤諭吉《ふくざわゆきち》がいるが、じつは福沢も明治のある時点までは勝と同じく「隣国の開明を待て共に亜細亜《アジア》を興す」という意見の持ち主であった。

「」内は福沢自身の言葉である。

その福沢が豹変した。「西洋の文明国と進退を共にし支那、朝鮮に接する」つまり欧米列強に倣《なら》って彼の国など植民地にしてしまえ、と言わんばかりの主張を唱えるようになる。

もちろん人間が豹変するには、それなりの理由がある。

明治初期の朝鮮国は、幼くして王位に就いた国王高宗《こうそう》の父大院君《たいいんくん》（1820〜98）と閔《びん》妃《ひ》（明成《めいせい》皇后。1851〜95）の熾烈な「党争」が続いていた。高宗はきわめて気弱な性格で子供のころは実父大院君に、長じては妻の閔妃に操られる存在だった。まさに日本の幕末の長州藩主毛利《もうり》敬親《たかちか》のような「そうせい侯《こう》」だったのである。

ちなみに大院君とは「自分は王位に就かなかったが息子が王となった人物」に与えられる称号で朝鮮史上三人いて、厳密には興宣《こうせん》大院君のように号で区別する。しかし、この人が一番有名なので、中国で「三蔵法師」と言えば玄奘《げんじょう》を指し、日本で「黄門」と言えば水《み》戸《と》光圀《みつくに》を指すように、朝鮮史で「大院君」と言えば李昰応《りかおう》を指す。

大院君はパワフルな人物であった。若いころはまさに「遠山の金《きん》さん」のように巷《ちまた》で放浪した経験もあったようだが、旧式の武器で欧米列強と戦い一度は攘夷を実現するという、日本の志士たちもできなかった「快挙」を成し遂げた（第22巻『明治維新編』参照）。

しかし、そのことはかえって仇《あだ》となった。朝鮮国は清国以上に「朱子学中毒患者」の多い国である。王族は若いころから朱子学を学んでいるし、原則として朱子学の試験に合格した男子でなければ官僚になれない国だから、中島名左衛門を惨殺した長州藩攘夷派のように国家の近代化（西洋化）などまったく必要無いと、国家の中枢部も国民も考えるようになってしまったのだ。

また、そのことがいち早く近代化路線に転じた日本に対する徹底的な侮蔑も生んだ。朝鮮人は日本を「あの国は科挙が無いから野蛮国である。それでも知識階級は朱子学を学んでいて少しはマシだと思っていたが、今は西洋の野蛮な技芸（文化とは認めない）に徹底的にカブレている。どうしようもない国だ」と思ったのである。幕末の日本においても、近代化を推進した島津斉彬や鍋島閑叟《なべしまかんそう》などの真の名君が「蘭癖《らんぺき》（外国カブレ）大名」などと呼ばれ、攘夷派（朱子学中毒患者）から侮蔑され敵視された。そのことを考えれば、当時の朝鮮国の日本国および日本人に対する反感はどのようなものであったか、容易に想像できるはずだ。また逆に、この当時の日本人が朝鮮人に抱いた感情も手に取るようにわかるはずである。それは「本当のバカはオマエたちだ。火縄銃が西洋の連発銃に勝てるはずがあるか。それにオマエたちの親分（宗主国）である清国皇帝も、条約で日本天皇を対等な存在と認めた。もはや華夷秩序（中華思想）は崩壊した。いつまで古い体制に固執しているのか！」である。『逆説の日本史』第二十二巻で述べたように、これは副島種臣《そえじまたねおみ》外務卿の為した明治初期外交、いや日本外交史上最大の業績の一つなのだが、朝鮮国はその現実も直視しようとはしなかった。問題はこういう朱子学中毒患者に、どうすれば現実を直視させ覚醒させることができるか、だ。

ペリー方式しか無いと日本人は考えた。日本全体が覚醒したのは、ペリーの前任者ビッドル代将が試みた平和的交渉つまり話し合い路線では無く、威嚇砲撃などによって武力をちらつかせ屈服させるペリー方式だった。それで、多くの日本人が目覚めたが、重度の朱子学中毒患者の多い薩摩と長州はそれでも目覚めずに列強に対して無謀な戦いを挑んだ。そして惨敗して初めて覚醒した。

この「惨敗して覚醒した」というところを的確に理解している人は少ないように思う。歴史学者ですら実態に即して理解している人はほとんどいないと私は思っている。どういうことかと言えば、「話し合い」と「戦争」はまったく違う。一番大きな違いは「死人が出る」ということだ。そんなの当たり前じゃないかと思うかもしれないが、まずは、こう考えていただきたい。「話し合い」で問題が解決したということは一人の死者も出なかったが、戦争の結果問題が解決したということは少なからずの死者（戦死者）が出たということである。では長州藩が実際に列強の四か国連合艦隊に無謀な戦いを挑んだ馬関戦争を例にとって考えてみよう。この時の戦死者はどういう人間が多数を占めていただろうか？

当然、攘夷派だろう。それももっとも重篤な朱子学中毒患者たちである。「朱子学では戦《いくさ》はできぬ」と考えていた高杉晋作とは真逆の思想の持ち主である。現実を直視しない彼らは敵に届かない旧式な大砲で列強艦隊を攻撃しただろう。当然その砲台は敵の攻撃目標となり彼らは真っ先に血祭りに上げられたはずである。あるいは彼らは、彼らの思想的末《まつ》裔《えい》である大日本帝国陸軍の末期の指揮官のように、敵のライフル部隊の中へ銃弾を防御できない甲冑《かっちゅう》に身を固め日本刀を振りかざし突撃していったかもしれない。

お気づきだろうか。こういう戦いにおいては重篤な朱子学中毒患者ほど戦死する率が高いのである。つまり、こういう戦争は実質的には藩内の重篤な朱子学中毒患者を徹底的に粛清したのと同じ効果があったのだ。これこそもっとも大切なポイントである。

「惨敗して覚醒した」とあると、「話し合い」が大好きな日本人は西洋の近代的兵器を目の当たりにしたすべての日本人が、「生きたまま」開国派に転向したように錯覚する。

そうでは無い。

何度も言うが朱子学中毒患者は目の前の現実を直視しない。確かに、中には現実を見て覚醒した者もいたかもしれないがそれはほんの少数で、重篤な朱子学中毒患者であればあるほど決して目の前の現実を見ないから、無謀な攻撃をして戦死する。嫌な言い方だが戦争の「効用」とはまさにそれで、そうした決して話し合いでは「改心」しない連中が大量に死んでくれたからこそ、ようやく長州藩全体としては「惨敗して覚醒」することができたのだ。

ちなみに、この「効用」を政治的に最大限にうまく使ったのが高杉晋作だと私は考えている。だが馬関戦争で結果的に朱子学中毒患者の多くが「粛清」された後も、長州の生きる道としてはこれしか無いという、列強との講和を進めた高杉晋作、伊藤俊輔（博文）の命を性懲りも無く狙った朱子学中毒患者の残党がいたことも、どうかお忘れ無く（第21巻『幕末年代史編Ⅳ』参照）。後に大日本帝国初代総理大臣となった伊藤博文はこうした経験から、朱子学中毒患者についてどのように対処すべきかと思っていたか、もうおわかりだろう。「説得あるいは交渉で彼らは考えを変えることは無い」である。政権担当者としては伊藤より先輩であった大久保利通もそう思ったであろう。なにしろ、大久保の旧主はあの島津久光なのである。

■「野蛮人が支配する日本などやがて滅びる」という朝鮮人の思い込み

江戸時代、日本（幕府）と朝鮮国の外交は対馬《つしま》藩宗《そう》氏が担当し、現在の韓国の釜山《プサン》に草《そう》梁《りょう》倭館《わかん》と呼ばれた施設があった。実際は倭館を中心とした日本人居住区というべきものであったが、廃藩置県が断行されると新生日本政府は草梁倭館を在朝鮮日本国大使館として外交官を送り、その旨を日本天皇の名をもって朝鮮に通告した。しかし、大院君が政権を掌握していた朝鮮側はこれを断固拒否した。その理由について念のために繰り返すと、「世界で元首に『皇』の字を使ってよいのは清国皇帝だけで、日本のような野蛮国がその文字を使うことは許されない。それを認めたら朝鮮国王は日本天皇の臣下という位置づけになってしまう」であった。日本はあくまで対等な外交関係を求めており、少なくともこの時点では朝鮮国を服属させようなどという気はまるで無いのだが、彼らは、じつに頑《かたく》なで「皇の字を勝手に使った国書など受け取れるか！　朝鮮国内から退去せよ」の一点張りなのである。外務省はすでに述べたように一八七〇年（明治3）、佐田白茅《さだはくぼう》らを釜山に派遣し事態打開をはかったが、西洋化に走る日本人を野蛮人扱いにした大院君の意向もあって交渉どころの騒ぎでは無かった。朝鮮は「野蛮人ども早く出て行け、交渉の余地など無い」と佐田らを追い返した。憤激して帰国した佐田はいわゆる「征韓論」つまり「ペリー方式しか無い」との信念を持つようになり、それを広く提言するようになった。現代の韓国が歴史教育で「征韓論の祖」としているのは、この佐田白茅である。朱子学と神道の合体によって日本中に広まった「神功《じんぐう》皇后の三韓《さんかん》征伐以来、朝鮮半島は日本の領土である」という誤った歴史認識が佐田の信念を裏打ちしたのは問題だが、佐田が頑迷固陋《がんめいころう》な朝鮮国を近代国家に導くには「ペリー方式しか無い」と考えたのは、外交官としては当然の判断だったと私は考える。当時、日本の政権担当者であった大久保利通もそう考えただろう。

大久保とこの問題で袂《たもと》を分かった西郷隆盛も対朝鮮外交については同じ考えだったと思う。西郷は決して話し合いで両国の関係がまとまるとは思ってはいなかった。島津久光は西郷の旧主でもあるのだ。朱子学中毒患者を説得して改心させることなど絶対に不可能という最大の反面教師が身近にいたのである。だから、大使として渡韓した自分が殺されるか切腹し、それがきっかけになって日本と朝鮮が戦争状態になってこそ、朝鮮の朱子学中毒患者が「粛清」され「明治維新」への道が開ける。そして朝鮮が近代国家に生まれ変われば、盟友勝海舟が理想とする日本、朝鮮、中国の三国が固く同盟を結び欧米列強に対抗するということも夢ではなくなる。そのために自分の命を捧げても悔いは無い、というのがいわゆる「征韓論者」西郷隆盛の真意だったと思うのである。従来のこの問題に関する分析は、朱子学というものの中毒作用にほとんど気がついていない人の論議だから、西郷はあくまで平和裡に話し合いで問題を解決するつもりだったのだ、という私に言わせればきわめて「甘い」見方になってしまうのである。もちろん、そういう心理の底には日本人ならではの「話し合い絶対主義（話し合いで解決できないものは無い）」という「信仰」の強い影響もある。

しかし、現実主義の大久保はまず清国を何とかすべきだと考えた。宗主国である清国を差し置いて朝鮮国に手を出せば豊臣秀吉の二の舞にならぬとも限らない。そこですでに述べたように外務卿副島種臣をして一八七一年（明治4）に清国との間で日清修好条規および通商章程を調印し、「天皇」という称号を事実上清国側に認めさせた。これで、朝鮮も日本天皇を認めるだろうと、大久保は考えたに違いない。ところが、何ということだろう。この期におよんでも朝鮮は頑なに日本の国書すら受け取ろうとしない。日本国天「皇」と書かれているからだ。宗主国の清国皇帝はその現実を受け入れたのにもかかわらず、である。

ひょっとしたら大院君は衰えた清国は日本を対等と認めてしまったが、その後に王朝交代が起こり新しい中国が生まれれば、また華夷秩序が復活すると思っていたのかもしれない。これは、とんでもない時代錯誤に見えるかもしれない。しかし、我々はその後どうなったか歴史を知っているが、朝鮮半島の人々にとってはこのことは一千年以上続いた歴史上の事実であった。たとえば野蛮なる遊牧民族が建てた元は、漢民族の明に倒され華夷秩序は復活したし、その明を倒して建国した遊牧民族の清も結局は朱子学を採用し華夷秩序を復活させた。それが東アジアの歴史なのである。朱子学中毒患者の朝鮮人にとってみれば、野蛮人の支配する日本などいずれ滅びると考えても何の不思議も無い。その頂点に「攘夷」を成功させた大院君がいる。

こうした中、一八七五年（明治8）江華島《こうかとう》事件が起こった。日本海軍の雲揚《うんよう》が江華島付近で挑発行為をした結果、朝鮮側の江華島砲台と交戦した事件である。優勢な軍事力で朝鮮軍を圧倒した日本は朝鮮に開国を要求し、翌一八七六年（明治9）、日朝修好条規（江華島条約）を結んだ。まさにペリー方式だ。このことが痛手となって大院君の政権は崩壊し代わって閔妃政権が誕生した。閔妃は大院君政権崩壊が無理な攘夷の決行および維持にあったとみて、当初は西洋化近代化に寛容な姿勢を取った。そこで日本の近代化を学ぶために留学生が日本の慶應義塾《けいおうぎじゅく》に派遣された。喜んだのは創立者の福澤諭吉である。とうとう朝鮮国も覚醒したか、これは絶対に助けてやらねばと福澤は決意した。その朝鮮近代化を推進する、後の独立党開化派のリーダーを金玉均《きんぎょくきん》といった。

■愛国者を極悪人呼ばわりする朝鮮国に絶望した福澤諭吉

金玉均が福澤諭吉に接触してきたのは一八八一年（明治14）のことだった。当時、朝鮮国はまだ完全に開国しておらず、国民が国外に出ることには厳罰が科せられていた。にもかかわらず国禁を犯した玉均の使者（僧侶だったらしい）は、慶應義塾にやって来て福澤に面会を求めた。その口上は貴国の近代化に学びたい、留学生を受け入れて欲しいというものだった。

福澤は激しく感動した。頑迷固陋な朝鮮国にも、ついに「覚醒した者」が出現したかという思いと、その先覚者がまず自分を頼りにしてきてくれたか、という思いである。これ以後福澤はまさに「金玉均応援団」となって、朝鮮国の近代化を助けようと固く決意することになる。

福澤は明治以降、無位無官をとおし政府とは一線を画してきた。「門閥《もんばつ》制度は親の敵でござる」と公言し、「天は人の上に人を造らず、人の下に人を造らず」と『学問のすゝめ』にも書いた。門閥制度という言葉を使っているが、これは士農工商など身分の上下を当然とする朱子学に対する反発を示す言葉だろう。つまり「朱子学＝絶対悪」ということだ。その「絶対悪の権化」のような国から、自分の理想とする国家に変革したいという志を持つ若者がやって来て、自分のところで学びたいと申し込んで来たのだ。それを考えれば福澤が有頂天になったことも理解できるだろう。

ところが激怒するのと同じく有頂天になることも、人間にとって必ずしもよいことではないようだ。というのは、どちらにせよ感情の大きな高ぶりは、冷静な判断を誤らせるからである。政治と一線を画すというのが福澤の福澤たるゆえんであり存在意義でもある。だが、この朝鮮近代化について福澤は当事者とまでは言えなくても黒幕に近い存在になってしまった。それまで距離を置いていた政治や外交問題に、自身が深く関わることになったのだ。

朝鮮においては、江華島事件以後鎖国政策を貫こうとした大院君の立場は弱くなり、代わって対立勢力の閔妃派が力を伸ばした。閔妃派はまさに福澤のところに使者がやって来た一八八一年に軍政改革に乗り出した。日本を見習って列強に対抗できるような近代的な軍隊を創設しようとしたのである。ちょうど幕府がフランスから軍事顧問団を招いたように朝鮮は日本の軍人を招き、その指導の下に近代化に取り組んだ。しかし、それは日本と同じく旧軍が新軍に切り替わったのではなく、幕府歩兵隊あるいは長州奇兵隊のようにまったく新しい階層からの徴集によるものである。

しかし、こう書くと大きな誤解が生じるかもしれない。日本国においては歩兵隊や奇兵隊ができたのは、従来軍事のエリートであった武士が西洋風の新装備に対して拒否反応を示したからであった。「足軽の武器」などで武装できないということである。しかし朝鮮には武士はいない。国家を主導するのは科挙に合格した官僚（文官）であり、武官もいるが文官に対しては一段低い存在であった。ましてや現場の兵士となると、それ以下の階級から召集された人々である。だから朝鮮国では新しく編成された軍隊のほうが身分的にもエリートであった。いわゆる両班《ヤンバン》の子弟が多かった。これに対して従来の軍隊はそれを支持していた大院君の力の低下もあり、給料の遅配など不遇に扱われることが多くなった。そもそも限られた予算の中で新しい軍隊を作るのだから、本来は旧軍を廃止して予算を節約すべきなのだが、日本もそうであったようにそれほど簡単にはいかなかったのである。

この不満が爆発した。旧軍の兵士が暴動を起こしたのだ。これは一度は収束したものの首謀者が逮捕され処刑されることになったため、再び兵士が暴動を起こした。これを壬午《じんご》事変という。壬午はエトで朝鮮は公式には清の年号を用いているので、国内事件はこのように表現するわけだが、この年は一八八二年（明治15）、つまり閔妃が改革に乗り出したその翌年であった。言うまでも無く事件の黒幕は失地を回復し、閔妃派に打撃を与えんとした大院君であった。

暴動は首都の漢城《かんじょう》全体に広がり、閔妃派の政府高官ばかりで無く日本人軍事顧問や日本公使館員らが殺害された。日本公使館は避難して来る在留日本人でふくれあがり、こうした場合の国際法に基づき日本は朝鮮国に対して公使館護衛を要請した。しかし朝鮮国にそんな余裕は無く、また国際法など守る気も無い暴徒が公使館を襲撃したため、ついに花房義質《はなぶさよしもと》公使以下二十八名の日本人は夜陰に紛れて公使館を放棄して漢城を脱出、苦心の末に海岸にたどり着き済物浦《さいもっぽ》から小舟で海に出た。別にあてがあるわけでは無かった。陸上はどこも危険だったということだ。つまり漂流状態だったのだが、幸いにも通りがかった英国船に救助された。

一方、閔妃は素早く逃亡し、王宮を占拠した大院君は息子の「そうせい王」高宗に迫って全権を掌握した。クーデター成功である。しかし、閔妃はしたたかだった。宗主国の清を代表して朝鮮に駐留していた袁世凱《えんせいがい》に泣きつき、配下の清軍を出動させ暴動を鎮圧するとともに大院君を政権の座から引きずり下ろした。この後大院君は清に連行され暴動扇動の罪に問われて軟禁されることになる。閔妃は逆転勝利で形の上では政権を固めた。形の上と言ったのは、この結果、袁世凱が清の代理人として朝鮮の内政および外交に強い影響力を持つようになったからだ。

一方、日本は公使館が攻撃され日本人に死傷者が出たことに強く抗議し、その年の内に朝鮮との交渉に臨み、日本人を殺害暴行した犯人の逮捕と処罰、被害者の遺族などへの見舞金、損害賠償、そして、公使館や在留邦人護衛のため日本軍の首都漢城における軍隊駐留権を獲得した。これを済物浦条約と呼ぶ。済物浦は仁川《インチヨン》の旧称だという。

このため、漢城では王宮を我がもの顔で闊歩している清軍と、新たに駐留してきた日本軍がにらみ合うようなことにもなった。こうした中、金玉均は旧来の伝統から離れられない清よりも日本を見習うべきだと強く思うようになった。琉球処分の時の「白党」の感覚である。「黒党」などを支持しては琉球の未来は無いと「白党」の人々が思ったように、玉均派の人々は清と訣別して日本と結ぶべきだと考えるようになったのだ。そのためには、冊封体制から脱却しなければならない。つまり、宗主国を持たない日本のような独立国家になるべきだ。だから彼らのグループは最初は近代化を目指すということで開化派と呼ばれていたのだが、そのうちに独立党と呼ばれるようになっていた。

もちろん独立を目指すことは、新羅《しらぎ》以来千年以上続けてきた祖法を変えることになる、保守派つまり朱子学中毒患者にとっては「極悪人の所業」になる。しかし、それでも玉均はそれを実行に移すことにした。そうしなければ朝鮮民族の未来は無いからだ。福澤もやるべしと言ったに違いない。具体的には清国べったりの閔妃とその支持派をクーデターを起こして宮中から一掃し、「そうせい王」の高宗に迫って「明治維新」を実行することである。

問題は袁世凱率いる清軍である。当時、朝鮮軍を圧倒できるだけの力を持ち、近代化した日本軍も兵力の点ではおよばない。玉均は準備を整えチャンスを窺《うかが》っていた。

一八八四年（明治17）、チャンスは来た。ベトナムの領有をめぐって清とフランスが清仏戦争に突入したのだ。袁世凱は応援のためベトナムに向かった。そこで玉均は竹添進一郎朝鮮弁理公使の協力も得て閔氏政権打倒に立ち上がった。このクーデターもその年のエトで甲申《こうしん》事変と呼ぶ。しかし、大誤算があった。戦争が早期に終結する見通しとなったため袁世凱はすぐに朝鮮に戻って来たのだ。このためクーデターは清軍の介入で失敗し、「三日天下」に終わった玉均はすべてを放棄し日本に亡命せざるを得なかった。この失敗、ひょっとしたらクーデター計画に気がついた閔妃が袁世凱と組んでわざと隙を見せたのではないかという気もするのだが、それを裏付ける史料は無い。

では仮にクーデターが成功したとして、「朝鮮維新」はうまくいったであろうか？

私は成功しなかったと思う。日本の明治維新は「草の根の力」がそれを支えていた。吉田松陰の提唱した草莽崛起《そうもうくっき》である。重要なことは、日本人は庶民に至るまで政治に参画しようという意図があったということである。

朝鮮にはそれが無かった。なぜ無かったかもおわかりだろう。朱子学のせいである。幕末の長州藩を激賞したロンドンタイムズの記事（第20巻『幕末年代史編Ⅲ』参照）を思い出していただきたい。あのタイムズの記事は中国人については何と評していたか？（外国が攻めてきたら日本人は戦うが）中国人であれば自分たちの街が炎上するよりはるか前に逃げ出していただろう、と述べていた。だが、それは決して中国人が臆病で日本人は勇気があるという意味では無い、と私は解説しておいた。中国人が逃げ出すのは、国を守るのは「官」の仕事であって「民」は一切関係無いからである。士農工商で言うなら士は踏みとどまって戦わねばならないが、農工商は国家の命令で徴兵でもされていない限りは戦う必要は無い。いや、むしろ戦う姿勢を見せればお上に対する反逆の志があるのかと見られるかもしれないし、戦略に口を出せば朱子学中毒患者の松平定信に叱責された林子平《はやししへい》のように「身分をわきまえろ」と怒鳴られるだけだからだ。

その朱子学中毒患者に支配された国朝鮮を改革しようとした金玉均の死に様は、悲憤慷慨《ひふんこうがい》の涙無くして語れないものであった。十年におよんだ亡命生活の果て、玉均は閔妃の密命を受けた刺客洪鍾宇《ホンジョンウ》に上海におびき出され、当地のホテルにおいてピストルで射殺された。現地警察に対し洪は、暗殺は朝鮮王室の命令によるもので金玉均は国賊であると主張した。そして朝鮮国ならびに清国の外交圧力で釈放された洪鍾宇は「英雄」として迎え入れられ政府高官となった。

一方、金玉均の死体は葬ることは許されず塩漬けにして清国軍艦で朝鮮に運ばれ、閔妃はこれに「大逆罪」として「死刑宣告」した。しかも死体はバラバラにされ胴体は捨てられ首（頭部）は広場に「大逆不道　玉均」の札とともに晒された。凌遅《りょうち》刑というもっとも残虐で過酷な処罰を受けたのだ。妻子は逃亡したが、親族も皆殺しにあったのは言うまでも無い。政府高官となった洪鍾宇は後に独立協会の李承晩《イスンマン》を逮捕させ終身刑に追い込んだ人物でもある。李承晩は後の大韓民国初代大統領である。祖法を変えようとする人間は彼らにとってすべて極悪人なのだ。じつは洪鍾宇は日本に留学した経験もあって近代文明をその目で見ているのだが、生涯考えを変えることは無かった。

まさに悲憤し、隣国の情況に絶望したのが福澤だ。

金玉均は祖国を愛し祖国を守るために近代化、清国からの独立を目指したのに、「大逆罪」というもっとも重い罪を着せられ殺された。この国には改革を為す力など無く、真の愛国者を極悪人呼ばわりする、愚かで野蛮で残酷な人間どもに支配されている。そして、もっとも腹立たしいのは、そういう連中は自分たちがそうであることの自覚はまったく無く、むしろ日本こそ野蛮だと考えている。この時代の福澤自身の言葉を借りれば「儒教主義と云い、学校の教旨は仁義礼智と称し、一より十に至るまで外見の虚飾のみを事として、その実際に於ては真理原則の知見なきのみか、道徳さえ地を払うて残刻《ざんこく》不廉恥《ふれんち》を極め、尚傲《ごう》然《ぜん》として自省の念なき者の如《ごと》し」（『脱亜論《だつあろん》』）である。それが朝鮮、支那（中国）の実態であり、もはやこれは「治療不能」であるというのが、福澤の認識であり結論であった。

では、日本はどうすればよいのか？

■『脱亜論』が正確に予測した、中国・朝鮮の「亡国」への道

福澤諭吉の朝鮮国への絶望感はあまりにも深かった。

同じ守旧派の支配する清国も同じ(そもそも金玉均のクーデターを潰したのも清国)で、清国や朝鮮国はもはや自力で近代化することなど不可能だ、と福澤は考えた。最初はライバル勝海舟と同じく、朝鮮、中国の自主的近代化を待って同盟し三国で欧米列強と対抗す

るという理想を持っていた福澤は、この時からまったく反対の方向へ転向した。反対とはむしろ欧米列強を見習って、日本が彼らに開国を促されて変革したように日本が朝鮮・中国を武力で覚醒させるということだ。

この主張を、明治の、いや日本史のすべての時代を通じてもきわめて優秀なオピニオンリーダーであった福澤は、当時もっとも影響力の強いマスコミ媒体であった新聞の論説として、簡潔な文章としてまとめて発表した。『脱亜論』という。福澤の主宰する『時事新報』に一八八五年（明治18）三月、つまり前年十二月の金玉均の甲申政変のわずか三か月後に発表された。

その論説の中で福澤はまず、朝鮮国や清国に対するかつての期待を次のように述べている。

我輩を以てこの二国を視《み》れば、今の文明東漸の風潮に際し、迚《とて》もその独立を維持するの道あるべからず。幸にしてその国中に志士の出現して、先ず国事開進の手始めとして、大にその政府を改革すること我維新の如き大挙を企て、先《ま》ず政治を改めて共に人心を一新するが如き活動あらば格別なれども……

（『福澤諭吉著作集　第8巻』慶應義塾大学出版会刊）

その上で、

若《も》しも然《しか》らざるに於ては、今より数年を出《い》でずして亡国と為《な》り、その国土は世界文明諸国の分割に帰すべきこと一点の疑《うたがい》あることなし。（前出同書）

と、その後の歴史の展開を見ればまさに正確な予測を述べている。ただし、福澤がここで言う世界文明諸国とは、いわゆる欧米列強のことで日本は入っていない。

ここからは、福澤の原文をわかりやすく現代語訳すると、

「本来隣国同士は助け合うのが本当であるが、今日本の隣国である清国および朝鮮国は日本のためになるところはまるで無い。むしろ西洋文明人には、この三国は近いがゆえに何かと同一視する傾向がある。中国朝鮮を見るような目で我々日本を見られるのは困ったものだ。たとえば中国朝鮮の政治があまりにも専制的で近代国家の体を為していないと見れば、日本もそうであるかと見るだろうし、中国朝鮮が科学を正しく評価しなければ西洋の学者もまた日本も科学以前の未開の国家だと思うだろう。また中国人が卑屈で恥を知らな

ければ日本人もそのように卑屈だと思われるだろうし、朝鮮国に非人道的な残虐な刑罰があれば日本人もおそらくそのような残虐な刑罰を科しているだろうと思われるだろう。こうした事例は枚挙にいとまが無い。これは同じ村の中に悪人が二人いれば、その隣人も悪人だと思われてしまうのと同じことで、まさに日本国の一大不幸と言うべきである」

このように述べたところでいよいよ福澤は結論に取りかかる。ここは再び福澤の原文に戻ろう。

左《さ》れば今日の謀《はかりごと》（外交戦略）を為《な》すに、我国は隣国の開明を待て共に亜細亜を興《おこ》すの猶予《ゆうよ》あるべからず、寧《むし》ろ、その伍を脱して西洋の文明国と進退を共にし、その支那（清国）、朝鮮に接するの法も隣国なるが故にとて特別の会釈に及ばず、正《まさ》に西洋人が之に接するの風に従て処分すべきのみ。悪友を親しむ者は共に悪名を免《まぬ》かるべからず。我《わ》れは心に於《おい》て亜細亜東方の悪友を謝絶するものなり。

（前出同書　括弧内引用者）

訳すまでも無いと思うが、要するに「支那《しな》、朝鮮」という、どうしようも無い連中とは訣別し、日本はこれからは欧米列強流でやっていこうという「脱亜のススメ」である。

ちなみに「支那」という福澤も使用した歴史的用語について一言述べておこう。

まず支那という言葉自体差別用語であると言っている人がいるが、これは少なくとも国語学上は何の根拠も無い妄説である。なぜなら支那はもともと中国全土を初めて統一した秦《しん》が、ヨーロッパでChina（シナ）と呼ばれ英語チャイナの語源となった後、それを逆輸入した中国が、向こうでは我々のことをこのように呼んでいると「当て字」したものであるからだ。この当て字自体、当の中国人が行なったものだから差別的意味は含まれていない。中国人がモンゴル人の「モンゴル」に「蒙古」（無知蒙昧で古い）などという字を当てたような悪意とはまったく無縁である。

一方、中国というと「中華の国」つまり世界の中心で一番優れた国という意味になる。まさに中華思想だが、そうした考え方に反発する人間はあえて中国を使わず支那を使った。江戸時代以降の日本人が中国という言葉を使わなくなったのは、中華思想に反発してのことなのである。そうは言っても中国人の側から見れば、とくに中華民国成立以降の中華人民共和国に至る中国人の側から見れば、我々の国は国号が中国であるのに、わざわざ支那と言うのは差別的であると考える向きもある。もっともなことなので、私は一般的にチャイナを表現する場合は中国と言う。別に中華思想に共鳴しているわけでも無いし、支持しているわけでも無いが、彼らが自分たちの国をそう呼んでいるからそれは尊重すべきだと思うのである。

日本の隣国である韓国は、いまだに日本の天皇のことを日王と呼び、皇太子と呼ばずに日王世子と呼んでいる。日本のような「小国」は「皇」の字を使うべきでは無いということらしいが、失礼な話である。そういう無礼な国家、国民と同列に扱われたくないので、他にいろいろな考え方もあるのだが、私は隣国を中国（大陸の場合は正式には中華人民共和国、台湾は中華民国）と呼ぶことにしている。

それにしても、韓国の頑迷固陋ぶりにも困ったものだ。今日でさえそうなのだから、その前身である朝鮮国に福澤が絶望したのも無理からぬところもあるのだが、国民作家司馬《しば》遼太郎《りょうたろう》は「革命をおこした国は倨傲《きょごう》になる。／特に革命で得た物差しを他国に輸出したがるという点で、古今に例が多い。明治の日本人には朝野ともにその意識がつよく、他のアジア人にとって不愉快きわまりないものであったろう」（『この国のかたち　三』文藝春秋刊）と手厳しく批判している。

確かにそういう一面もあっただろうが、肝心なことは、なぜよりによってアジアの一番近い隣国である中国朝鮮がとくに福澤の「脱亜」の決意を促したか、ということだ。

おわかりだろう。朱子学である。朱子学中毒患者は西洋文明の優秀さをまったく理解しようとしないばかりか、それを採用した者を「野蛮」と決めつけて徹底的に軽侮する。そこが福澤の、そして当時の日本人の「カンに触った」ことを認識しなければ、このあたりの歴史について公平な評価はできない。

それでも、この『脱亜論』発表以降、福澤がここで展開した予測が外れ、彼らの「国中に志士の出現して、（中略）その政府を改革すること我維新の如き大挙を企て」る者でも輩出したら、福澤はむしろこの『脱亜論』を撤回しただろう。しかし、そうはならず、福澤の悪い予感は的中した。中でもすでに述べたように朝鮮改革の「希望の星」とも言える金玉均が逃亡生活の果てに殺され、「大逆」罪により極刑中の極刑である「凌遅」に処せられたことは、福澤の絶望感をさらに深めた。

じつは玉均に限って言えば、彼はまだしも「幸運」だったのである。と言うのは生け捕りにされず、ピストルで射殺され遺体が「凌遅刑」に処せられたからだ。これはキリスト教世界で言えば、死後遺体が掘り返されて火あぶりにされたような人間が、生前焼き殺されなかっただけ、まだ「マシ」だったと言えるのとほぼ同じことなのである。つまり本来の「凌遅刑」とは、「凌遅処死　刑場に立てられた柱に受刑者を縛りつけ、生きながら肢体を切りとる。清代の方法では、両乳に刃を入れ、両手足を斬り、腹を割いて臓腑をとり出し、喉を断って殺したという。簡単に絶命させせないための死刑執行人（劊子手〈かいししゆ〉）相伝の技術があった。加える刀の数によって等級があった。明代、宦官(かんがん)

劉瑾（りゅうきん）は3日がかり4700刀を加えられたという」（『世界大百科事典』平凡社刊）というもので、世界でもっとも残虐な刑罰だったのである。

文明開化の世の中にそんな刑罰が存在する国がある。しかもそれを科せられた金玉均は極悪非道の大量殺人鬼などでは無い。それどころか、祖国を愛し祖国を滅ぼすまいと命を賭けて改革に取り組んでいたからこそ、福澤も積極的に応援していた好青年だ。それが祖国近代化のガンとも言うべき朝鮮王家の守旧派に「国家反逆」の罪で処刑された。確かに王家の守旧派に反旗を翻《ひるがえ》したのは事実ではあるが、それは私利私欲では無く真に朝鮮民族の将来を思ってのことである。そんな人間に汚名を着せて殺してしまった守旧派こそ、自分たちさえよければいいという私利私欲の塊であり朝鮮民族の敵ではないか。しかし、民衆は黙したまま抗議の声一つ上げないし、玉均を殺した犯人は政府高官に出世し守旧派の意を受けて改革派を次々に弾圧している。

「福澤先生は正しい」と慶應義塾の卒業生ばかりでなく、日本人の多くがそう思った。こんな国に未来は無い、機会があれば我々日本人の手で導いてやるしかない、と日本人は「倨傲」にも考えたのである。ここで、ぜひとも注意しなければならないのは、この金玉均を大逆罪で処刑した守旧派の頂点に立っていたのは、いったい誰かということだ。

それは閔妃である。つまり、日本人にとって朝鮮国王高宗皇后の閔妃こそ、朝鮮国の未来を閉ざしている元凶という認識が生まれたのだ。いや、日本人だけでは無い、なにしろ金玉均を無惨に処刑されたのだから朝鮮を近代化しようとしている朝鮮人志士たちにとっても、閔妃は不倶戴天《ふぐたいてん》の敵となった。

こう書くと韓国人の若い世代には意外かもしれない。今の韓国の歴史教育では閔妃を「日本帝国主義の侵略に最後まで抵抗し無惨に殺された英雄」と教えているからだ。だが、戦後しばらくの間の韓国では「あいつは閔妃のようだ」と言えば、それは女性に対する最大の侮辱だった。それが百八十度様変わりして英雄になったのは、反日を民族の団結原理とした韓国が、歴史上の事実よりも「日本人のしたことはすべて悪」という主張を優先させるために「とにかく日本人に殺害されたのだから、閔妃のしたことはすべて正しい」という形で歴史を歪曲したからである。そういう姿勢が何によってもたらされているか、もう何度も繰り返したとおりだ。韓国にも日本のように左翼勢力と手を組んだ「近現代史を歪める人々」が跳梁跋扈《ちょうりょうばっこ》しているのである。その害毒はあきらかに日本よりひどい。

ところで『脱亜論』に対する私なりの批判を述べておくと、朱子学中毒患者の頑迷固陋に対する怒りはじゅうぶんわかるのだが、それにしても少し見切りが早過ぎないかというのが私の感想である。たった一回革命が失敗しただけだ。しかもリーダーの金玉均はこの時は生き残ったのである。殺されたのは約十年後だ。だったらもう少し粘り強く、彼らの活動を応援すべきではなかったのか。

ここであらためて感じるのは、明治以前の福澤には志士としての経験が無いということだ。彼は侍の出身ながら血を見るのが大嫌いで、幕末の戦いには一向に参加しようとしなかったし、明治になると早速大小（刀）を捨てた。確かに金玉均は残虐な形で処刑されたが、それを言うなら吉田松陰だって首を斬られたし、明治維新が達成されるまでは志士の累々たる屍《しかばね》が転がっていた。

いわゆるインテリの走りである福澤には、そうした流血に対する感性というか辛抱が無く、それが結果的に見切りを早くしてしまったのではないか、ということだ。

もちろん、それはオピニオンリーダーである福澤だけでは無い、すべての日本人に共通する欠点とも言えるかもしれない。

第三章

大日本帝国の構築Ⅱ

廃仏毀釈と宗教の整備

「平和ボケ」ニッポンを「内教」で立て直す

■欧米列強に負けないための「神道＋朱子学」という新宗教

宗教の整備というのは耳慣れない言葉だろうが、明治維新以降幕藩体制であった日本が、天皇を中心とした大日本帝国に変革していくにあたって、技術革新などの近代化と同時並行で行なったものである。

そして宗教を基礎とした道徳の構築にあたって、そのモデルを示したのが教育勅語であった。

古くからの読者はお気づきのように日本の歴史学界というのは宗教無視というきわめて愚かな伝統がある。もちろん日本史全体の中に宗教史という分野はあるのだが、人間の基本的行動を決めるのが宗教である以上、政治、経済、社会のあらゆる分野に宗教の影響は色濃くあるはずであり、それを抜きに歴史などを語れるものでは無い。

典型的な例が最近何度も繰り返した、朱子学の歴史に対する影響であろう。朱子学はあきらかに宗教であり、江戸時代はそれが武士の基本教養だったのだから、その教義内容がわかっていない限り、人間の行動の集積である歴史を探求することはできない。繰り返しになるが、なぜ財政的にはもっとも幕府を立て直す可能性があった田沼意次《たぬまおきつぐ》の政治が改革と呼ばれずに悪政とされたのか？　その正反対の施策を行ない財政的には幕府を窮地に陥れた松平定信《まつだいらさだのぶ》はなぜ名君とされてしまうのか? これがわかっていないと、幕末の島津《しまづ》斉彬《なりあきら》や勝海舟《かつかいしゅう》が、日本にとってもっとも的確な道を取ろうとしたのに、なぜ生命を狙われたのかということがわからなくなる。

これも何度も言ったが、今の日本史の教科書を見ても朱子学は思想史で扱われているだけであり、それが政治に与えた影響などまったく無視されているのである。これはキリスト教が中世ヨーロッパの政治に、いかに大きな影響を与えたかを無視して歴史を書くようなもので、まさに噴飯《ふんぱん》ものであることがご理解いただけたかと思う。

日本は徳川政権のおかげで二百六十年間平和国家であった。それは大変素晴らしい成果ではあったのだが、外国との競争を無くし内側に籠もってしまったことは「太平の眠り」つまり平和ボケを招き、欧米列強に負けない国家にリニューアルしなければならなくなった。これが幕末から明治にかけての日本の課題であった。

我々の先祖は見事にその課題を果たしたが、そのために必要とした宗教は神道《しんとう》と朱子学の「混合体」であった。そして、これは意外に認識されていないことだが、平安時代中期以降日本は神仏混淆《しんぶつこんこう》の国であったので、その「神道+朱子学」という新しい宗教の中には仏教の要素も入っていたのである。ところが幕藩体制が壊れて新国家つまり後の大日本帝国が構築されるにあたって、そのバックボーンとなる宗教自体も外国の欧米列強に学んで国民統合の原理にする必要があった。それが「宗教の整備」ということだ。この一環として行なわれたことで、誰もが知っているのが明治における神仏分離令である。多くの人が「暗記科目」の知識としてそういう事件があったことは知っているが、なぜそれが起こったのかということについては、逆に多くの人が知らない。その理由はこの『逆説の日本史』の愛読者はおわかりだろう。

神仏分離の試みはじつは江戸時代初期にすでに始まっている。名君として後世に名を残した保科正之《ほしなまさゆき》あるいは水戸光圀《みとみつくに》あたりがその創始者でもあった。そのことを知っていれば歴史の大きな形が見えてくるはずだ。

そして、さらに見えている形を大きくするには、幕末から明治までの日本人の宗教が、日本史全体から見るとどのようなものであったか？　つまり日本宗教史というものをもう一度振り返る必要がある。そこから始めよう。

まず日本は神道の国であった。その聖典とも言うべき『古事記』には大きく分けて三つの思想が語られている。一つは穢《けが》れ（あるいはケガレ忌避《きひ》）そして言霊《コトダマ》、それに和である。

ケガレ（忌避）というのは、おそらくは国中に清冽な水が流れている日本で生まれた独自の思想であり、とくに最高神の天照大神《あまてらすおおみかみ》がいわゆる男女の「まぐあい（セックス）」では無く、父の伊邪那岐命《いざなぎのみこと》が、ケガレの中でもっともタチの悪い死のケガレを落としている時に生まれた、と語られているのは印象的である。だからこそ古代の日本は、天皇が亡くなると一代ごとに都を移転していた。なぜ経済的効率をまったく無視して、そんなことをしていたのか？　教科書にはそもそもそんな事実があったことすら書いてない。宗教を無視するからである。

これに対して言霊思想は昔は世界中にあった。つい最近までいわゆる未開の地に住む原住民の間にはそういう信仰があったところもあるらしい。つまり世界中の宗教の源流にあった思想である。内容を一言で言えば言葉というのは単なる記号では無く、その言葉自体に現実を動かす力がある。だからみだりに使ってはならないというものだ。科学の観点からはそれは迷信に過ぎない。しかし日本人がこの言霊にずっと惑わされてきたこと、これからも惑わされていくだろうということは、いくつか事例を挙げて述べたところだ。一つだけ繰り返せば、日本ではそもそも「日本は戦争に負ける」などと言ってはならないのであり、それほど露骨ではないが、それに近いことを言った山本五十六《やまもといそろく》海軍大将は生命を狙われた。言霊の世界では、「言えば起こる」から「起こって欲しくないことは言うな」になり、それでもそれをあえて口にする人間は、それを望んでいるということになる。とんでもない話である。優秀で国家に対する忠誠心のある軍人が、戦争の可能性について「負ける」と判断したのならその判断は尊重すべきである。軍人こそそうした分野の最高の専門家であるからだ。にもかかわらず日本では、専門家では無い人間が「そんなことは口にすべきでは無い」などと叫び、国を破滅の方向へ導く。深層心理を言霊に支配されているからである。

ケガレおよび言霊について唯一つ事例を挙げただけでも、宗教の知識無くして歴史など到底分析できないことがおわかりだろう。

そしてもう一つは和である。

和というのは聖徳太子《しょうとくたいし》が十七条憲法で規定したように日本人最高の守るべき原理である。聖徳太子自身は個人的には我が国の天皇家出身のナンバー2（摂政《せっしょう》）であり、同時に熱心な仏教徒でもあった。にもかかわらず、日本人がまず従うべき原理は天皇でも無く仏教でも無く和である、とした。じつは和に対する信仰の根底には怨霊《おんりょう》信仰がある。日本人は怨霊を恐れていた。ケガレを嫌うと同時に怨霊こそ悪の根源である、と考えていたからである。この世に恨みを残して死んだ人間は怨霊になる。その怨霊の祟《たた》りは、本来日本を平安たらしめる天皇の霊力よりも強いものもある。そこで怨霊はこの世の平穏を取り戻すためにも、鎮魂されなければならない。

鎮魂とは、たとえば菅原道真《すがわらのみちざね》の例に典型的であるように、生前の無実の罪を取り消し生前の位より昇進させるというのが基本だ。さらに神に祀り上げ怨霊に機嫌よくなってもらえば世の中は安泰になる。

問題は怨霊というのは人間の身体にたとえれば病気であって、言うまでも無く一番よいのは病気にならないことだ。では病気にならないため、つまり怨霊を発生させないためにはどうすればよいのか？　むやみやたらと競争せず集団の中で協調を保ち相手を蹴落としたりしないことである。おわかりのように、これが「和を保つ」ということである。つまりなぜ和がそれほど重視されたかと言えば、怨霊の祟りを防ぐ手段としてなのである。病気にならないための健康法のようなものだ。そして具体的には「和を保つ」ためには「話し合い」で解決するのが一番いいということになる。日本人が何事も話し合いで解決すべきと言う「話し合い絶対主義」であるのはそれが理由である。

従って建設業界の談合というのは法律違反なのであるが、これは「競争せず和を保つ」ということだから日本の伝統文化に沿っている。だから、なかなか無くならないのである。こういう事例を見ればわかるように、歴史どころか現代の政治すら宗教を無視して的確に分析することができない。にもかかわらず日本の学問というのは、歴史学に限らずそれを無視してやってきた。

明治維新の時に欧米列強に軍事的に追いつくことを第一目標としたために、もっとも基礎的な文化である宗教の研究がおろそかになった。そのツケが今回ってきている。

■世界宗教史上でも類を見ない「民族宗教と世界宗教の対等合併」

さて日本の宗教史に戻ろう。日本ではその後仏教が入ってきた。さらにその後にキリスト教が入ってきた。この二つの宗教のきわめて大きな違いは、仏教が受け入れられたのにキリスト教は受け入れられなかったということである。徳川幕府はキリスト教を厳しく禁止したというのは理由にならない、そんなことを言う人は宗教というものがわかっていない。かつてのローマ帝国もキリスト教を徹底的に弾圧した。初代法王に擬されているキリストの一番弟子ペテロはローマ帝国によって処刑された。そしてその墓の上にあるのが現在のバチカンつまりサン・ピエトロ（聖ペテロ）大聖堂である。宗教というのはいくら弾圧しても受け入れる土壌が民間にあれば必ず広がる。ヨーロッパにおけるキリスト教のように。逆に土壌が無ければ必ず枯死する、インドにおける仏教のようにである。つまり仏教は日本人にとって受け入れやすいものであったが、キリスト教はそうではなかったということだ。

では、なぜ仏教は受け入れられたのか？「怨霊鎮魂についての有力な技術」としてまずは導入されたのである。奈良の大仏はなぜ造られたか？ 表向きは国家鎮護という大義名分があるが、あの時天皇家では男系の子孫が絶え崩壊の危機にあった。きっかけは藤原氏が藤原出身の光明《こうみょう》皇后を実現するため、皇族の長屋王《ながやおう》一族を滅ぼしたからである。ところが、その犯人である藤原四兄弟が次々に疫病で死ぬという不幸が起こった。これは天然痘《てんねんとう》が日本に上陸したからなのだが、古代人はそんな科学は知らない。光明皇后実現のために殺された人々の祟りととらえた。だからこそ四兄弟の妹である光明皇后の強い意向で大仏は造立された。それが井沢学説である。

ずっと時代は飛んで江戸時代の『四谷怪談《よつやかいだん》』。あくまでフィクションだが、激しい怨念で祟りを為すお岩《いわ》さんに僧侶は読経して退散させようとする。お経というのは本来仏の言葉や伝記を書いたものであり、それ自体は呪文では無い。しかし映画などで見ればあきらかにおわかりのように、あれは怨霊封じの呪文になってしまっている。つまり仏教は、そういう「力」を評価されたのである。

さらに、そのうち神道には無いもう一つの仏教の要素が日本人をとらえた。それは「あの世」あるいは来世である。日本人はまさに伊邪那岐の妻伊邪那美がそうであったように、神と言えども死の運命は免れず、しかも死んでしまえばケガレの極致になってしまう。だからこそ古代人は天皇の死ごとに遷都したのだが、経済的効率の問題だけで無く、これではあまりに「救い」が無い。

ところが仏教は来世を保証し、特に浄土教は阿弥陀如来《あみだにょらい》を信仰すれば極楽浄土《ごくらくじょうど》に生まれ変わるという教義をもって日本人を虜《とりこ》にし、ケガレへの転落であった「日本人の死」を来世の希望に変えるという百八十度の転換を成し遂げた。つまり仏教は神道の欠陥を補うものを持っていたため、広く日本人に受け入れられたのである。

それでも仏教が初めて入った時は、受容するかしないかで蘇我《そが》氏と物部《もののべ》氏が争った。だが、和の信奉者である日本人はそのうちに、「神仏は同じものだ」という、釈迦《しゃか》が聞いたら目を白黒させるような教義を完成させた。本地垂迹《ほんじすいじゃく》説である。つまり民族宗教である神道と世界宗教である仏教が、世界宗教が民俗宗教を吸収するのでは無く対等に合併するという、おそらく世界宗教史上でも類を見ない現象が起こったのである。

■「日本の神々こそ最高の存在」と説く「反本地垂迹説」理論

現代の日本人がほとんどまったく意識していないのは、九世紀あたりから明治維新直後の十九世紀まで、およそ一千年にもわたって日本人の基本的な信仰は「神仏混淆教」だったということである。日本古来の神道と外来の仏教は、本来まったく関連の無い別個の宗教であったにもかかわらず、日本人はそれを融合させ「神仏」という新しい信仰対象を生み出した。たとえば神道の神である熊野権現《くまのごんげん》は仏教の阿弥陀如来と同一であるとされた。だから平安時代後期には紀伊国熊野の地はこの世の極楽浄土（阿弥陀如来の住処）ということになり、天皇を引退した上皇たちは「熊野詣《もうで》」を盛んに行なったし、鎌倉時代に阿弥陀信仰を確立しようとした一遍《いっぺん》は熊野本宮に参籠して時宗《じしゅう》を確立した。起源も教義も習俗もまるで違う二つの宗教、神道と仏教がなぜ融合し合体することができたのか？

　仏教を取り入れた朝廷あるいは公家社会が注目したのは、先に述べた「怨霊鎮魂機能」の他に「死穢《しえ》（死のケガレ）除去機能」があった。古代、日本の首都は天皇一代ごとに移転していた。天皇が亡くなることによって発生するケガレが、天皇が偉大であるがゆえに除去できないほどのものだからだ。しかし、天皇一代ごとに首都移転していてはいつまでたっても国家は発展しない。そこで持統《じとう》天皇の大英断でその習俗が変わった。彼女が取った手段は自分の遺体を仏教式に火葬にすることであった。それでケガレを排除した（排除したことにした）のだ。その後も完全に首都の固定に至るのには平安京つまり平安時代まで時間がかかったが、仏教という新たな「宗教技術」が導入されることによって、それまで神道だけでは不可能であった首都固定が実現するようになったのである。

　要するに神道の欠点を補う形で仏教が導入されて定着したということだ。その最大のものが「死」に対する対応であっただろう。神道は死に対して、ほとんど「救い」を講じていない。伊邪那美は死ぬことによってケガレ切った黄泉《よみ》の国に行ってしまい、神である夫の伊邪那岐も彼女を助けることができなかった。神道は死んでしまえば、その魂を神として祀る以外には救われる道は無く、ただ暗くケガレた黄泉の世界に行くしか無いのである。

江戸時代、神道の聖典である『古事記』を「復活」させ天皇を中心とした神道を確立したと言える本居宣長《もとおりのりなが》ですら、「死＝救い無きケガレ」と認識していたのは、すでに詳しく紹介したところだ（第17巻『江戸成熟編』参照）。だから、死後の救いあるいは死そのものの超克《ちょうこく》といった課題に答えている仏教が、神道と対立すること無く日本に定着したのである。

もっとも、当初日本に仏教を導入するか否かが争われた飛鳥《あすか》時代、聖徳太子は剣を取って仏教反対派の物部氏と戦わねばならなかった。つまり、神道の徒の血が流されたわけである。そういう悲劇もあったし、いくら「足らざるところを補う」と言っても、宗教としての形がまるで違うのに、なぜ神仏混淆が可能になったかと言えば、仏教側にそれを可能にする神学上の理論があったからだ。それが垂迹説である。

紀元前に生まれた釈迦の仏教は個人の救済を中心としたものであった。それに飽き足らない、つまりちょうど古代の日本人が神道が死に対する「対策」を何も持っていないことに不満を抱いたように、釈迦の仏教が大衆の救済を目指していないことに不満を持った若手改革派は、釈迦の死後数百年たってから新しい仏教を始めた。

大乗《だいじょう》仏教である。大乗とは大きな乗り物のように大衆を「乗せ」救済に導く仏教という意味であった。ちなみに、この反対が「小乗《しょうじょう》（1人しか乗れない）仏教」で、大乗側がそれまでの仏教をバカにして言った差別語である。しかし新しい仏教は釈迦の言説であるという形を取っているものの、実際には大乗仏教のオリジナルであり、その証拠に釈迦の仏教とはまったく違う様相を呈していた。

この矛盾を解決するために大乗仏教の先達たちが考え出したのが方便《ほうべん》あるいは垂迹という考え方である。もともと釈迦は大乗の教えを説くつもりであった。しかし、それはあまりにレベルが高いので、まずは「小乗」の教えを説きその後大乗に転じた、としたのである。したがって「小乗仏教」で述べられているのは、取りあえず人間を仏教の中に取り込むための教えであり、それは当然真の教えとは違う「方便」に過ぎないというのが大乗仏教の考え方である。

それに伴う考え方として歴史上の釈迦つまりゴータマ・シッダッタとは、この世に第一段階としての「小乗」を説くために便宜的に現われたものであり、本当の釈迦の実体は永遠不変の世界の中にいると考えられた。これを久遠実成《くおんじつじょう》の釈迦と言い、その実体が方便を説くためにこの世に現われることを垂迹と呼んだのである。大乗仏教は本来このような「神学理論」を持っていた。これを日本人がうまく応用したのである。

つまり日本においても仏は真の教えを説こうとしたが、いきなりではレベルも高過ぎるし、もともと熱帯の風俗をしている仏の姿もなじみが無い。そこで、まず仏は古代においては日本の神々に姿を変えて初歩の教えを説いた。それで地ならしをした後、初めて完全な教えを実体である仏の姿で説いた。つまり日本の神々の本体は仏であり、神々とは取りあえずこの世に現われた存在に過ぎないということになる。本体のことを昔の言葉で本地《ほんじ》と言い、それが仮の姿でこの世に現われることを垂迹と言う。つまり本地垂迹は「日本の神々とはかつて仏が姿を変えてこの世に現われたものだ」という意味になる。こう考えれば、神道では死後の救いが無いのに、後から来た仏教がなぜそれに答えているかという説明にもなり、前後関係も矛盾しない。しかも神はケガレとして触れなかった人間の死のことまで、仏はしっかり面倒みてくれるから当然「棲み分け」もできうまく定着するということになる。

　ところが、そのうち話が逆になった。逆というのは神道における日本の神々こそ最高の存在であり、仏というのはその化身に過ぎないという考え方が生まれたのである。つまり反本地垂迹説である。

　この百八十度の大転換、きわめて重大な問題というか事件なのだが、そもそも本地垂迹説は知っていても、反本地垂迹説は初耳であるという読者も多いのではないか。もちろんこの言葉は私が作ったものでは無い。専門学者はむしろ神本仏迹《しんぽんぶつじゃく》説と呼ぶようだが、その第一人者村山修一は次のように説明している。

神こそ本で仏はその垂迹であるとする理論。（中略）鎌倉時代初期、天台座主公顕のごとく神明に浄土往生を祈請するものも出る情勢となって仏教神道が発生した。天台では山王一実神道、真言では両部神道から出た三輪神道・伊勢神道が代表し、法隆寺でも太子流神道が興った。（中略）特に『神道五部書』は伊勢詣の流行に伴う信者教化と外宮優位を示す目的から伊勢の外宮神官が編んだもので、仏教を超えた絶対無の神の時代、有為から無為への時代を志向する伊勢神道の根本理念をあらわし、神本仏迹説の根拠とした。一方、元寇の影響をうけ神国思想の高揚から石清水八幡宮の神威を説く『八幡愚童訓』がつくられ、北畠親房も『神皇正統記』『元元集』の著作を通じ、政治的立場から伊勢両宮の神を絶対的存在者とする神本仏迹説を主張した

（『国史大辞典』吉川弘文館刊）

つまり、鎌倉時代というかなり早い段階で「日本の神が本体で仏は化身に過ぎない」という理論が構築されていたのである。これも「対等合併」だったからだろう。どちらかがどちらかを吸収するといった関係では、こうした主張は生まれない。

そして室町時代、これらの考え方を総合し「唯一神道」を立てたのが吉田兼倶《よしだかねとも》であった。これは一言で言えば神道がすべての根本で、仏教も儒教もその果実や枝葉に過ぎないというものである。兼倶は神々の本体も「陰陽未分の元神」とし、そこから神が垂迹する、つまり「神本神迹」（神の本体も神）とした、と村山は述べる。つまり「神本仏迹説も仏本神迹説（本地垂迹説）の発展形態に過ぎない以上、これを反本地垂迹説と呼ぶのは必ずしも妥当で無く、むしろこれをのりこえた神本神迹説にしてはじめてその名にふさわしいものとなる」（前出同書　括弧内引用者）というわけだ。

■神道信者の保科正之が仏教を弾圧したのはなぜか？

いったいどうしてこうなったのか。これは天動説が地動説に代わったような「コペルニクス的大転換」ではないか。確かに元寇《げんこう》によるナショナリズムの高揚も原因の一つには違いないが、それのみではこれだけの大きな変化の説明にはならない、と私は思う。研究者はそのことにはほとんど注目していないと言ってもいいかもしれないが、この『逆説の日本史』の読者には縦割りの狭い視点しか持たない歴史学者の目を超えた大きな形が見えるはずだ。

おわかりだろう、儒教それも朱子学の影響である。神道が独善的かつ排他的になったのは、室町《むろまち》時代以降の唯一神道からであることは認識が一致しているが、なぜそうなったのかということについては、納得のいく説明はあまり聞いたことが無い。しかし、この室町時代というのが一つの大きなヒントである。つまり朱子学が日本に伝わり定着した時代だ。

室町時代の初期、楠木正成《くすのきまさしげ》は後醍醐《ごだいご》天皇に忠を尽くし自らの命を犠牲にした。これが朱子学に基づく行動であったことは今や定説と言っていいだろう。朱子学が生まれたのは日本の平安末期から鎌倉時代にかけてだが、それが日本に伝わり定着したのはやはりこの楠木正成以降だと考えられる。吉田兼倶はその後の時代の人間なのである。

朱子学はなぜ生まれたか？　漢民族こそ世界一の民族だと信じていた中国人の王朝宋《そう》が「野蛮人」の金《きん》に散々な目に遭わされ、中原《ちゆうげん》を失い南に逃れた時代に朱子学は誕生した。何度も述べたところだが、その屈辱の中で生まれた朱子学は現実無視の独善性そして外国文化の蔑視という排他性を持っている。その「毒酒」が日本にも入ってきたのがまさに室町時代なのである。

現代の日本でも『論語』のファンは多いが、それは孔子《こうし》、孟子《もうし》のような、あえて言えば牧歌的な儒教である。しかし朱子学は排他的でヒステリック。だからすでに述べたように欧米では孔孟の儒教に対して朱子学のことを新儒教と言う。あきらかに違うものだと認識しているわけだが、日本の神道も『古事記』を読めばわかるように、どちらかと言えば牧歌的な穏やかなものであった。しかし唯一神道以降の神道は日本を世界に冠たる国家だとする独善性があり、外国の文化に対しては排他的でありヒステリックである。これはまさに朱子学という「毒酒」のもたらす典型的な「症状」ではないか。

だから、「忠義」を日本に定着させるため大々的に武士階級に対し朱子学を奨励した徳《とく》川家康《がわいえやす》以前も、朱子学は日本の宗教に大きな影響を与えていたのである。

江戸初期の代表的な名君とされる保科正之および水戸光圀（二人は奇しくもともに家康の孫）だが、思想的には正之は熱心な神道の信者であり、光圀は朱子学の信奉者だから、立場がまるで違うように見える。

しかし、二人はともに自分の領内で仏教弾圧を行なっている（第16巻『江戸名君編』参照）。では、なぜそういう行為に出たのか？　光圀はそもそも「怪力乱神《かいりよくらんしん》」を認めない朱子学の徒であるから理解できるとしても、正之は神道信者なのだ。この国における神道信者とは神仏混淆なのだから同時に仏教信者でもあるはずだ。それなのになぜ仏教を弾圧したのか？

答えはもうおわかりだろう。この後、家康が奨励したことによって朱子学は武士の基本教養となる。そして、朱子学が忠義を尽くすべき真の主君「王者」は、覇者に過ぎない徳川将軍家では無く天皇家であると、多くの武士いや日本人全体が考えていくようになっていく。天皇家は朱子学で言う「王者」であるとしたのは神道家で、この形で日本においては神道と朱子学の合体が進んだ。神仏混淆では無く「神朱混淆」になったのだ。当然その風潮の中では、せっかく家康が自己神格化に成功した東照大権現《とうしょうだいごんげん》の権威も、時代を経るごとに低下するという皮肉な結果となった。理由はおわかりだろう。東照大権現は本地を薬師如来《やくしにょらい》とする、言わば「仏教系の神」だからである。

■朱子学の独善性排他性に影響され猖獗をきわめた「廃仏毀釈運動」

ここでキリスト教についても一言しておく必要があるだろう。仏教と異なり、キリスト教は神道との習合（融合）の対象とはならず、むしろ徹底的に排除されたからである。

キリスト教が受け入れられなかった理由は大きく分けて二つある。一つは教義的な問題、もう一つは政治的な問題である。

教義的な問題は要するに一神教の持つ排他性と言い換えてもいい。つまりキリスト教は他の神を認めない。だから当然他の神との習合も拒否する。じつはこの言い方は正確ではない。一般には、一神教の反対語が多神教だとされている。しかし、これは一神教の人間から見れば間違いで、一神教の反対は無神論である。一神教である以上、神は一つしかいないのだから、それが「在る」か「無い（無神論）」かが問題で、そもそも多「神」ということはあり得ない。釈迦も阿弥陀もアマテラスも東照大権現も存在し得ないのである。日本にはそうした一神教の原理は元来存在しなかった。

話は変わるが、日本を象徴する料理はいったい何だろう？　ずっと昔、高名な雑誌のアンケートで有識者が「刺身」を選んだことを記憶している。刺身とはまた逆説的で、本来料理とは素材を使って、それとは違った味を表現するものであるはずだ。中華料理も西洋料理もそうである。しかし刺身は素材本来の味を生かすことがもっとも重要であり、外国の料理とはまるで違うものだ。最近は西洋料理も日本流を取り入れるようになってきたが、本来料理とは「まずいもの」「そのままでは食べられない素材」をいかにして美味しく食べられるようにするかという技術であるにもかかわらず、そうなってしまうところがいかにも日本的で面白い。そう言えば茶もそうだ。茶とは本来「まずくて飲めない水」をいかにして美味しくするかという「道具」なのだが、日本ではその味を楽しむことが第一の目的になっている。

では私が日本料理を代表するものを一つだけ挙げるとすれば、それは鍋料理である。鍋料理はどんな素材でも受け入れる。日本のものであれ西洋のものであれ中国のものであれ、一つの鍋の中で融合させ料理にしてしまう。これこそ「日本」で、もし日本教というものがあるとしたら、鍋の中にある具材では無く、鍋料理という「システム」自体だろう。しかしキリスト教という強烈な食材は、鍋に入れると他の味を全部ぶち壊しにしてしまう。超極辛のカレーのようなものだ。だから我々の先祖はキリスト教を受け入れるのを拒否したのである。

一方、政治的な理由もある。日本に初めてキリスト教が伝わった時代は、スペインやポルトガルという海洋帝国がローマ法王庁の指示のもとに、世界のキリスト教化を進めている時代であった。キリスト教化と言えば聞こえはいいが、これは異教徒を武力で征服し無理矢理改宗させるというものである。その被害者インカ帝国がどんな目に遭ったかは、この『逆説の日本史』でも触れたところだ（第11巻『戦国乱世編』参照）。

戦国大名大友宗麟《おおともそうりん》はキリスト教に入信し宣教師の示唆を受けて、廃仏毀釈《はいぶつきしゃく》ならぬ神仏毀釈を行なった。領内の神社仏閣を徹底的に破壊したのである。これらは邪教（邪神でないことに注意。他に神は存在しない）の施設だったからだが、多くの日本人にとっては決して好ましいことでは無かったはずである。日本はもともと鍋料理が好きで独善性排他性を何よりも嫌う国民性がある。

しかし徳川家康はキリスト教を厳禁したものの、同じく独善性排他性を持つ朱子学は武士階級に奨励したため、それまで日本人が大いに嫌っていた独善性排他性が日本にも定着することになった。戦国時代の大友宗麟の行為には眉をひそめた日本人が、江戸初期の徳川光圀、保科正之の時代には、彼らの領内における廃仏毀釈を好ましからざる行為とは感じなくなっていく。その時点では、そういう感想を抱く人間はまだまだ少数派だったかもしれないが、江戸時代が進むにつれて多数派になっていった。前にも述べたように、朱子学の持つ独善性排他性と「王者は覇者に勝る」という信念は「尊皇攘夷《そんのうじょうい》」という国民運動にまで発展し、そのエネルギーが明治維新を成功させたことも事実だ。しかし、現実を無視した攘夷のほうは、早々に放棄しなければならなかった。火縄銃では欧米列強に勝てないからである。

ここで注意すべきは、欧米列強はすべてキリスト教国であることだ。当然、彼らは開国した日本に対してキリスト教を認めるように求めた。そこで日本人の持っていたキリスト教に対する潜在的な恐怖が蘇《よみがえ》ったのである。戦国時代、スペイン、ポルトガルを中心とする西欧勢力はキリスト教によってこの国を支配しようとした。それに気がついたからこそ豊臣秀吉《とよとみひでよし》あるいは徳川家康はキリスト教を絶対的に禁止したのである。それでも島原《しまばら》の乱は起こった。ところが二百数十年を経て再び彼らが強力な武力を持ってやってきた。戦国時代の日本は武力でスペイン、ポルトガルに対抗できたが、彼らと違って英米仏露といった国々は日本が逆立ちしてもかなわないほどの武力を持っている。そうした武力を持っている国に、さらにキリスト教の布教まで認めてしまったら、今度こそ日本は消滅してしまうではないかと、とくに宗教関係者は恐怖を抱いたのである。

横井小楠《よこいしょうなん》を覚えておられるだろうか。あの勝海舟をして「おれは、今までに天下で恐ろしいものを二人見た。それは、横井小楠と西郷南洲《さいごうなんしゅう》（隆盛《たかもり》）とだ」と言わしめた人物である。その横井は一八六九年（明治2）一月、御所参内の帰途、京都の路上で暗殺された。実際その動機は「横井が日本をキリスト教化しようとしている」というものであった。実際横井はそう考えてはいなかったようだが、とにかくそれが維新の立役者の一人である横井を殺すほどの有力な動機になっていたという点に注目すべきなのだ。

宗教関係者だけでは無い。倒幕し維新を成功させた人々も、そのバックボーンには天皇に対する信仰がある。ところがキリスト教はそうした絶対者を認めない。だが開国した以上キリスト教は解禁しなければならないから、明治政府は何とかキリスト教に対抗する国家原理を構築する必要に迫られたのである。

何しろ相手は一神教だから、こちらもそれに対抗して宗教を強化しなければいけない。そこで維新政府がまず考えたのは、天皇の祖先神に対する信仰を強化することによって天皇の権威を高め国の統合原理にすることであった。

ここで徳川家康以来、朱子学に強く影響されていた当時の人々は、そのもたらす独善性排他性に影響されて、まず平安《へいあん》以来の国民宗教の「神仏混淆教」から「外国の原理（＝野蛮）」である仏教を排除し神道を純化することが大切だと考えたのである。

そこで行なわれたのが神仏分離つまり廃仏毀釈運動である。「廃仏」とは仏教を廃し「毀釈」とは釈迦の教えを毀《こわ》すことであった。元々は中国語であり、北魏《ほくぎ》の太武帝《たいぶてい》や後周《ごしゅう》の世宗《せいそう》など四人の皇帝によって行なわれた仏教弾圧（三武一宗の法難）を指した。日本においては一八六八年（慶応《けいおう》4）四月、維新政府に早々と設置された神祇官《じんぎ》が、全国の神社にいた神仏混淆信仰に基づく別当・社僧など僧形の神官に還俗《げんぞく》を命じた。ついで太政官が神仏分離令（神仏判然令）を発して、権現《ごんげん》など仏教語を神号とする神社の神号変更、仏像を神体とすることの禁止、を全国に布告した。もちろん東照大権現が神社として生き残ったように、すべてが例外無しに政府の思惑どおりに定まったわけではなかったが、これによって神仏混淆教は大打撃を受けた。というのも、この政府命令に力を得た神社関係者、平田派国学者、水戸学（朱子学）信奉者が、全国で仏堂の破壊、仏像や経典などの焼却を行なったからである。これらの一連の破壊活動が後に「廃仏毀釈」と総称されるようになるわけである。

つまり神仏分離は政府の方針で、それを民間で拡大したのが「廃仏毀釈」運動である、ということになる。

この廃仏毀釈という日本中を吹き荒れた、かつての中国の文化大革命のような運動によって、日本の仏教文化遺産がいかに数多く破壊されたか。今の日本人はほとんど意識していない。ちょうど平安中期から明治維新直前まで日本が神仏混淆教の国だったことを忘れているように、だ。私の個人的感想ではこの廃仏毀釈によって破壊された日本古来の仏教遺産は、総数の五割におよぶのではないかとすら思う。これを綿密に算定した研究は、私の知る限り存在しないのであくまで推定だが、多くの人は五割とはあまりにも多過ぎると思うだろう。では、これから二、三実例を述べるのでそれを知った上で、もう一度判断をしていただきたい。

廃仏毀釈の程度については各地で激しい温度差があるのだが、もっとも激しかった場所は旧津和野《つわの》藩、旧薩摩《さつま》藩(鹿児島県)、天領隠岐《おき》といった地域である。すでに述べたように、天領は幕府の直轄地であるがゆえに、勤皇浪士のターゲットになるケースが多かった。一八六三年(文久《ぶんきゅう》3)浪士集団の天誅《てんちゅう》組が、天領である大和《やまと》国五条《ごじょう》代官所を襲撃したのが典型的な事例(第20巻『幕末年代史編Ⅲ』参照)だが、そのような動きは全国で見られた。隠岐も例外では無く正義党と称する浪士集団が、隠岐が幕府から朝廷の直轄地となることを望んで反乱を起こし、明治の時流にうまく乗って、隠岐支配の正当性を認められた。そこで彼らは、まさに虎の威を借る狐のように以下の行動に出た。

神道家や壮士などが先頭にたって、寺院と仏像仏具などを破壊し、家々の仏壇なども破壊された。島後（隠岐東部）には四十六か寺あったが、すべて廃滅した。神社では神社改めがおこなわれ、仏像仏具などはみなとりだして破却された。島前（隠岐西部）には、後鳥羽天皇の行在所となった源福寺があり、仏教信仰の中心となっていたが、壮士たちは、本尊大日如来の首をおとし、仏像経巻を破壊して糞尿をかけた。路傍の石仏・庚申塚《こうしんづか》なども、ことごとく破壊された。島内には七十余人の僧がいたが、そのうち五十三人は還俗して帰農し、他は島外に追放された。

（『神々の明治維新』安丸良夫著　岩波書店刊　括弧内引用者）

注意すべきは、僧侶が目の敵《かたき》にされたのは彼らが幕府の民衆支配の手先となっていた側面があるからだ。檀家《だんか》制度である。幕府はキリシタン防止のために檀家制度を敷き、菩提《ぼだい》寺《じ》を事実上の戸籍管理者とした。庶民とくに農民が旅をするための通行手形を発行するのも、菩提寺の住職の重要な仕事であった。江戸幕府は、長い戦国時代の反省もあって社会の安定をもっとも重要な政治課題とした。だからこそ身分を固定して競争社会を無くした。競争社会は戦国時代につながるからである。同じようにかつては戦闘集団であった仏教をおとなしくさせるために、武装解除をした上で檀家制度を強要し宗派間の競争を無くした。

これは仏教にとっては、信者の獲得競争が自由にできなくなったわけだから一種の堕落となり、寺院関係者の中にはそうした制度にあぐらをかいて庶民に対して強圧的な態度を取る者もいた。当然、それは庶民の反感の対象になった。

もちろん、これも全部が全部そうでは無く庶民に慕われる「お寺の和尚さん」も大勢いた。ただ、倒幕に際して幕府の出先機関であった代官所が攻撃目標となったように、寺院も幕府の出先機関であり攻撃目標だと考えられていたことは頭の中に入れておかねばならない。御一新を求める人々にとっては当然廃止されるべき存在である。

しかし、廃仏毀釈がこれほど猖獗《しょうけつ》をきわめたのも、やはり根本には宗教、思想上の問題があり、それが最大の理由であることは間違い無い。壇ノ浦に沈んだ平氏一門の墓があり、ラフカディオ・ハーンの怪談『耳なし芳一《ほういち》のはなし』の舞台となった、下関阿弥陀寺《しものせきあみだじ》も廃寺となった。安徳《あんとく》天皇が仏式で葬られていたからだ。天皇のためには新たに赤間神宮《あかまじんぐう》が建立された。しかし、もっとも廃仏毀釈が激しかったのは、薩摩藩が支配していた鹿児島県であった。

■鹿児島にはなぜ国宝、重要文化財クラスの仏像や寺院が皆無なのか？

基本的な事実を確認しておこう。神仏分離とは政府が出した命令であり示した方針でもある。それを受けて民間で行なわれた仏教排撃運動が廃仏毀釈ということになる。あくまで民間の運動であったので地方によってかなりの程度の差があった。まだ廃藩置県《はいはんちけん》前で中央集権が確立しておらず、各藩の内情が異なっていたからである。もちろん共通項もある。この廃仏毀釈の実態を理解するために、地方の代表的な事例を二つ取り上げよう。

まずは廃仏毀釈がもっとも激しかったのが旧薩摩藩領の鹿児島県である。ここではすべての寺がいったん廃寺とされ、すべての僧侶が強制的に還俗させられた。私は古寺探訪が趣味でその手の入門書も書いているのだが、その巻末に各都道府県別に見所のある寺のリストを作ったことがある。仏像でもいい庭園でもいい建築でもいい、何か一つ見るべきものがあればそのリストに載せた。つまりかなり許容範囲は広かったのだが、鹿児島県ではついに探訪すべき寺を推薦することができなかった。たとえば中央文化の浸透が比較的遅れた感のある東北の青森県あたりでも、江戸時代に藩主の菩提寺になったところはそれなりの見所がある。同じ東北の宮城県松島町にある伊達《だて》家の菩提寺瑞巌寺《ずいがんじ》は国宝建築である。つまり廃仏毀釈で破壊されず国宝建築として今も残っているということだ。いかに廃仏毀釈すると言っても、先祖の位牌が収められている菩提寺を、先祖が信仰していた仏像などとともに破壊するのはかなり抵抗がある。だから少なくとも各県に一つくらいは、国宝ないし重要文化財の仏像や建築を持つ寺院が残っているのが普通である。

ところが鹿児島県は見事に一つも無いのだ。徹底的に破壊されたのである。それでは歴代藩主の位牌はいったいどうしたのかという疑問が当然湧いてくるだろう。私も今回本気になって調査するまではそれがわからなかった。もちろんちゃんと過去に調べた人がいた。

歴代藩主とゆかり深い寺院にあった位牌は、藩内のみならず、京都・鎌倉・南島等からも集められ、福昌寺墓地に埋納された。埋納場所には、六角柱の石塔が建てられ、（中略）碑文には「祭りに使う藁の犬が捨てられるように、用のないもの」として埋めたとあり、当時の鹿児島藩指導者の徹底した廃仏思想が表されている。

（「薩摩の廃仏毀釈（一）」秋吉龍敏『敬天愛人　第31号』西郷南洲顕彰会発行）

文中にある福昌寺《ふくしようじ》とは、まさに薩摩藩島津家の菩提寺だったのだが、今は跡形も無い。島津家は鎌倉幕府以来の名門で八百年の歴史を誇っていたから、その菩提寺の本尊仏や他の仏像、経典、什器《じゆうき》などは国宝級の逸品だったと思われるのだが何一つ残っていない。「福昌寺」は今や墓地の地名として名を残すだけだ。秋吉によれば、廃仏毀釈が始まった時点での鹿児島藩（まだ廃藩置県前）の僧侶は二千九百六十四人だったという。その二千九百六十四人がすべて強制的に俗人に戻されたのである。あの「リメンバー関ヶ原」の聖地である妙円寺《みようえんじ》（第12巻『近世暁光編』参照）さえ廃寺とされ、代わりに徳重《とくしげ》神社が建てられた。

「位牌を廃棄してしまったら先祖の供養はどうするのだ」という問題に対しては、歴代藩主の戒名《かいみよう》も遡《さかのぼ》って取り消す代わりに、新しく神道の神としての神号が与えられた。

戒名は死に際して仏戒を授かったという意味を持っている。つまり完全に仏教に帰依したことになるので、過去に遡って取り消しその上で神号を献じたのである。初代藩主島津忠久《ただひさ》は瑞宝常照彦命というようにである。

初代藩主の保科正之が熱烈な神道家であった会津《あいづ》藩では、藩主の葬儀は神式で行なわれ戒名の代わりに霊神号が与えられていたのだが、薩摩では江戸時代後期に至るまで、皇室と同じく藩主も一族も仏式で葬られていた。この慣習を大きく変えたのが蘭癖《らんぺき》大名として知られ、維新の立役者の一人薩摩藩主島津斉彬が大いに薫陶を受けた、曽祖父島津重豪《しげひで》であった。重豪は新し物好きで、信仰においても神道に傾倒して仏教を捨てた。

江戸時代初期から日本人とくに知識階級は朱子学と神道の融合した「日本教」を信じるようになっていた。朱子学には様々な欠点があるということはすでに指摘したとおりだが、宗教では無く哲学であるとの表看板があるから、やはり物事を論理的に考えようとする側面がある。そもそも朱子学つまり儒教は、紀元前の孔子の時代から死後の世界のことは考えない。そして本居宣長のところで紹介したように、熱烈な神道の信者であった宣長は死後の世界は認めているものの、それを否定的にしか評価していなかった。そこでこのころから、徐々に国家に功績のあった人間や日本民族に貢献した人間を神として讃《たた》えようという、従来の神道とは違うまったく新しい概念が生まれていたのである。

日本で神に祀られているのは皇室の祖先神などを別とすれば御霊《ごりょう》すなわち祟り神であった。菅原道真がそうだ。しかし徳川家康は織田信長《おだのぶなが》の影響を受けて自分を権現という善なる神に転化することに成功した。権現信仰は仏教の影響が強いということで、神道を重んじる日本教の中では価値が低下していくのだが、国家に功績のあった人物を「護国の神」として祀るべきだという考え方自体は、皮肉なことに「東照大権現」の成功によって、日本教にも継承されていくのである。

ところで島津斉彬と言えばもっとも開明的な藩主であり、そういう人間が神道の徒であったということは、現代の目から見ると違和感があるかもしれない。しかしあえてわかりやすく言えば、浄土や仏などというような見たこともないものを信じろという仏教よりは、自分たちの先祖の霊と同じ形で、死後に国を守るという信仰のほうが違和感が無かったということである。

また鹿児島には他の地方と違って廃仏毀釈がやりやすい条件がいくつかあった。前掲秋吉論文によれば、まず寺請《てらうけ》制度が無かったことが大きい。寺請制度というのは、ご存じのように江戸幕府がキリスト教禁止を徹底するために日本人を必ずどこかの寺院の檀家にしたという制度であり、寺院は檀信徒がキリスト教信者で無いことを証明する義務があった。言わば幕府の行政機構の末端を担う戸籍管理事務所のようなもので、大都市の町民はともかく農民などは通行手形を菩提寺の住職から発行してもらうのが通常であった。ところが薩摩藩では、末端の農民に至るまで村役所つまり武士が管理していた。薩摩には外城士《とじようし》という独特の制度があり、戦国時代が終わった後も武士を完全には帰農させず、鹿児島城を取り巻く村々に言わば「予備役《よびえき》」の兵士としておいた。有事の際は兵士として働き、村を本城を守る外城と化して戦えということだ。一国一城令があるし全部の武士に俸禄《ほうろく》（給料）を払うのは財政的に無理だからこういう形を取ったのである。一般に武士身分を持つ人間、つまり苗字帯刀を認められてはいるが、藩主から俸禄はもらえず食い扶持《ぶち》は自分で田畑を耕して稼ぐ人間を郷士《ごうし》と呼ぶが、差別されていた土佐《とさ》の郷士と違って薩摩の外城士は戦争を想定した予備役のような感覚であり、普段は行政機構の末端で働かされていた。だからこそ薩摩は幕末においても長州の奇兵隊のような組織を作らずともかなりの人数を動員することができたのである。

さらに江戸時代薩摩藩内ではキリスト教だけでは無く、他の地域では認められている一向《いっ》向《こう》宗も禁止されていた。隠れキリシタンならぬ隠れ念仏という言葉すら薩摩藩内ではあった。もともと一揆《いっき》を起こしやすい体質を持っている一向宗を警戒するため、薩摩では幕府や他藩のように寺院を行政機構には組み入れず、むしろ監視対象としている側面が強かった。こうした中、江戸時代で神道が普及したことによって、ますます寺院は異端視された。

このため容易に廃仏毀釈が進んだのである。

と言っても一千年の歴史を持つ神仏混淆教を完全に撲滅できたのでは無い。むしろ激しい弾圧の中でも仏教信仰は続けられ、明治政府がキリスト教を解禁するとともに信教の自由を認めた際には多くの寺が復活した。

ただし、すでに述べたように文化財に関しては壊滅的な打撃を受けていた。これが鹿児島県の事情である。

■古都奈良にも吹き荒れた「廃仏毀釈」の嵐

では奈良県はどうだろうか。

奈良と言えば今でも古寺探訪の中心地であり多くの古寺が悠久の昔から、そのまま残されているというイメージを抱く人が多いだろう。東大寺《とうだいじ》、興福寺《こうふくじ》、法隆寺《ほうりゅうじ》、薬師寺《やくしじ》など、日本の古寺を代表する伽藍《がらん》が今も多くの参拝客を集めており廃仏毀釈など本当にあったのかという気がするかもしれない。

　だがそれは早計というものだ。たとえば今の奈良県天理《てんり》市には内山永久寺《うちやまえいきゅうじ》という大寺院があった。「永久」とは年号で、同じく年号を寺号に用いた比叡山延暦寺《ひえいざんえんりゃくじ》、東叡山寛永《とうえいざんかんえい》寺《じ》などと同じく勅願《ちょくがん》（天皇の発願《ほつがん》）によって建立された寺だ。廃仏毀釈直前までは同じ奈良県にある興福寺や薬師寺並みの規模を持つ寺だったはずだが、いまは跡形も無い。

　永久寺は、十二世紀の永久年間に鳥羽《とば》上皇の勅願によって建てられたのだが、開創に尽力した興福寺の塔頭《たっちゅう》寺院的性格を持ちながらも、神仏混淆の風潮の中で近くの石上神宮《いそのかみじんぐう》の神宮寺とされ大いに栄えた。本尊は阿弥陀如来で本堂前には、大きな池のある浄土式庭園まであったという。この他にも多宝塔観音堂など多くの堂宇《どうう》が並んでおり、『大和名所図絵』にも載っていた。ということは江戸時代の参詣者が多数訪れる観光名所だったわけだ。西の日光《にっこう》などと呼ばれたとも言われる。平安時代の開創で勅願寺なので、本尊の阿弥陀如来は、現在国宝に指定されている平等院鳳凰堂《びょうどういんほうおうどう》や日野法界寺《ひのほうかいじ》の阿弥陀像に勝るとも劣らないほどの、見事な丈六（一丈六尺）仏だったはずだが、現在は本体の破片すら残っていない。徹底的に破壊されたに違いない。

　幸いにしてと言おうか、寺から持ち出されたことによって、現在に伝えられたものもある。たとえば石上神宮摂社《せつしや》の出雲建雄神社《いずもたけおじんじや》となっている建物は、もともと永久寺の鎮守社（神社の境内にある神宮寺に対し、寺院の境内にある神社）であった住吉神社の拝殿だった。また大阪の藤田美術館所蔵となっている仏画『両部大経感得図《りようぶだいきようかんとくず》』も永久寺旧所蔵品で、これら拝殿と仏画はともに国宝に指定されている。アメリカのボストン美術館の所蔵品には日本にあれば重要文化財、国宝クラスと言われる仏画『四天王像図』があるが、これも永久寺から流出したものと伝えられている。これらの事実から考えれば、在りし日の永久寺がいかに多くの貴重な文化財に囲まれていたか、少しは想像できるのではないか、そして実際には多分我々の想像をはるかに超える素晴らしさであったかもしれないのだ。

だが、繰り返すが今は跡形も無い。飛鳥の観光コースとして有名な「山の辺《やまべ》の道」は永久寺跡のすぐ近くを通っているのだが、かろうじて目印となる旧浄土庭園にあった池にすら気づく人は少ないのが現状である。

こうした永久寺の惨状を知れば、多くの人は「奈良の郊外にある永久寺に比べて、都心の興福寺はよく無事に残ったな」と思うかもしれない。しかし、それはじつは誤解だ。永久寺ほどでは無いにしても、興福寺も廃仏毀釈によって大きな被害を受けている。

ところで一度でも奈良市内を観光で訪れた経験のある方は奈良公園をご存じだろう。もっとも日本人は意外に認識していないかもしれない。東大寺、興福寺や鹿がたむろしている広場を巡った人が「ところで奈良公園はどこですか?」と言ったという話も結構聞くからだ。日本人にとって公園というのは、ちょうど若いママが子供を「デビュー」させるような、都会の一角にある滑り台や砂場やブランコが備わっているような場所を言うのではないか。もちろん国際水準ではあんな狭いところは公園とは言わない。パークと言うからには三百四十一ヘクタールの広さを誇るニューヨークのセントラル・パークのような、広大な緑に恵まれ人々の憩《いこい》の場になるような場所を言うのだ。ところが何と奈良の中心部はほぼ奈良公園の領域であり、その広さは五百二ヘクタールもある。これに興福寺の境内などを含めると、あのセントラル・パークの二倍近くの広さがあるのだ。土地の広いアメリカならともかく、ちまちまとした日本では異例の広さだ。いわゆる国立公園などを別として都市の中にある公園としては日本最大のものだろう。

しかし明治になって開かれた土地ならともかく、千三百年以上昔から都として栄えた場所に、なぜこのような広い公園になるような「空地」があったのか?

この謎の答えはもうおわかりだろう。今、奈良公園と呼ばれるところはほとんど興福寺の境内であり、かつては数々の堂宇が並んでいたのである。

■興福寺五重塔さえスクラップにして売り払おうとした狂気

まず、350~351ページに掲げた古図面を見ていただきたい。奈良ホテルは現在もある建物だが、かつてそこは興福寺の境内であった。また、奈良縣廳《けんちょう》（県庁）あるいは裁判所などとあるのは、廃仏毀釈によって廃絶させられた寺院の一部がそうした政府の建物に改造されたということだ。興福寺一乗院と言えば戦国時代、室町十五代将軍となる足利義昭《よしあき》がまだ僧侶だったころに門跡《もんぜき》を務めていた由緒ある塔頭なのだが、政府に接収された後は時代の流れの中で取り壊されて今は跡形も無い。

興福寺の多川《たがわ》俊映《しゅんえい》貫首《かんす》は次のように述べている。

> 春日社と一体化していた興福寺では、寺僧はこぞって還俗《げんぞく》し、新神司などという称号を賜わって春日社への神勤めとなった。かくて、興福寺は無住となるし、なお、明治四年（一八七一）には寺領は没収されてしまった。ここに、堂塔は荒廃する。中金堂《ちゅうこんどう》は県庁舎、食堂《じきどう》は寧楽《なら》学校舎として利用されることとなった。したがって、中金堂本尊の釈《しゃ》迦如来《かにょらい》坐像や食堂本尊の千手観音《せんじゅかんのん》立像などの諸仏は、それぞれ北円堂《ほくえんどう》、南円堂にところせましと押し込められた。／猿沢池《さるさわのいけ》畔より見上げる五重塔は、古都奈良の風景の随一たるものであるが、その五重塔が売られて取りこわされようとしたという話もこのころのことである。

（『奈良興福寺　あゆみ・おしえ・ほとけ』小学館刊）

この五重塔は公開入札で売りに出され五十円で落札されたのだが、買い取った町衆は塔を「スクラップ」としてしか評価していなかった。

五重塔モ無用ノ長物ト云ワレ（中略）落札人ハ之ニ火ヲ放ツテ金物ノミヲ取ル心算ナル由ヲ同地人民ガ聞付斬テハ他ニ延焼スルノ恐アリトテ嘆願シタルヲ以此事ハ止ミ、左レハ塔ノ基礎ヲ掘リ大綱ヲ掛テ引倒スカタ然ルベシト評議中ナリシニ、右等ノ事東京ニ聞ヘテ差留ラレタル（『大和国高瀬道常年代記』廣吉壽彦・谷山正道編　清文堂出版刊）

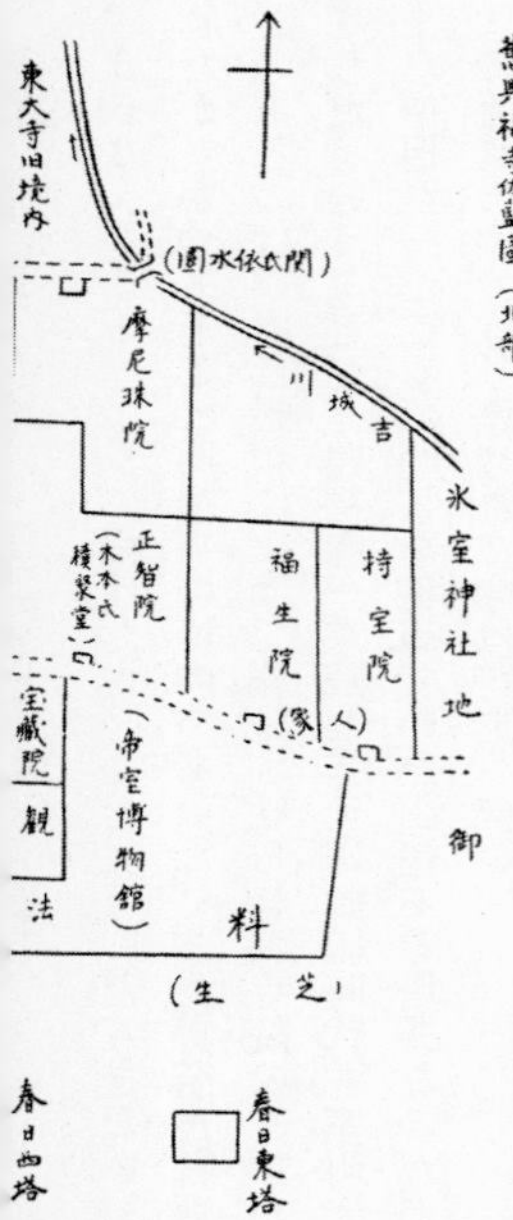

明治初期の興福寺伽藍配置図面（『新編　明治維新神仏分離史料 第５巻 近畿編（２）』名著出版より）。図中の南大門、中門、講堂、鐘楼、西金堂などは現存しない

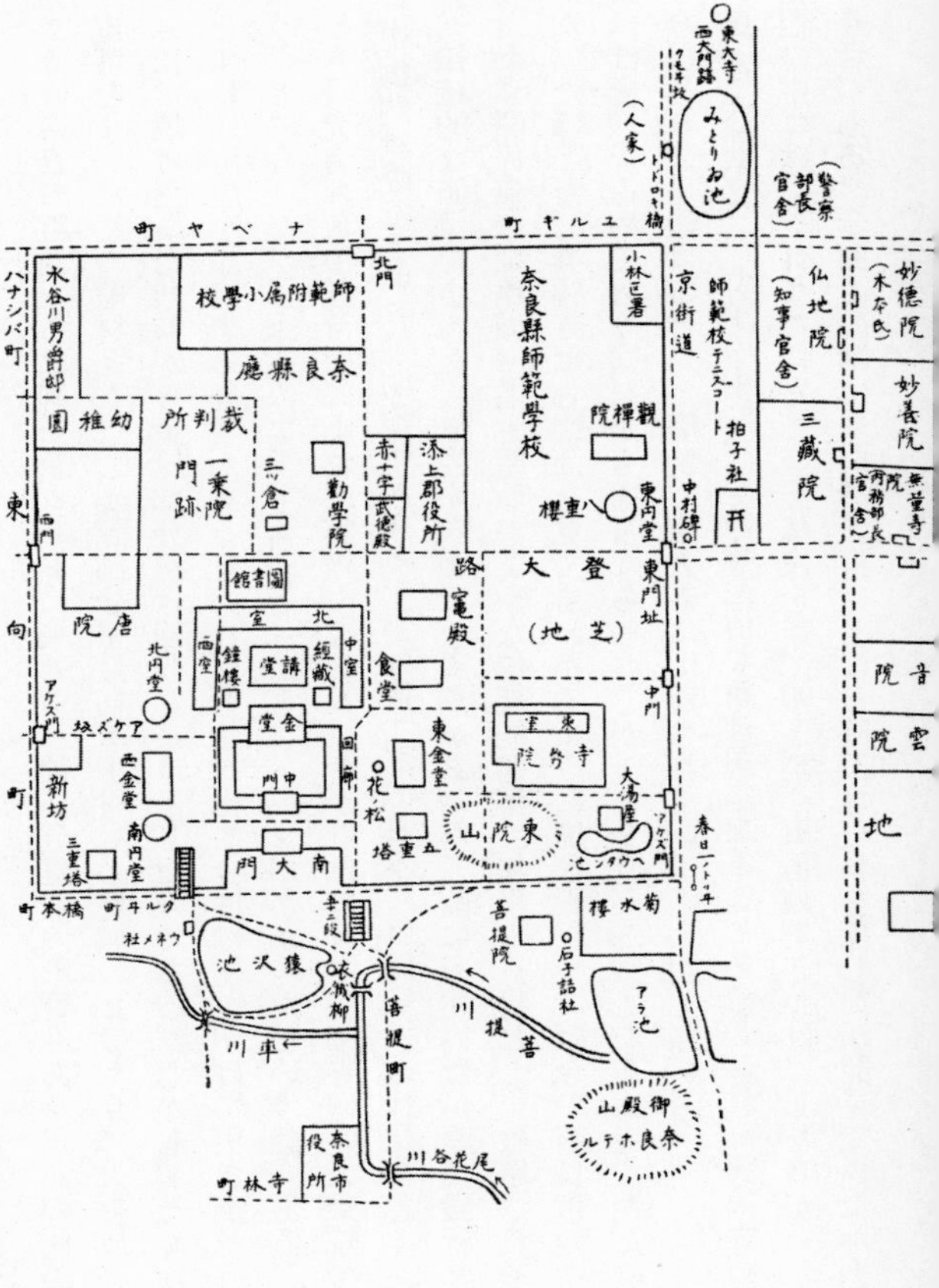
東大寺西大門跡
ナベヤ町
ハナシバ町
水谷川男爵邸
師範附屬小學校
北門
奈良縣廳
奈良縣師範學校
小林區署
京街道
師範校テニスコート
仙地院
(知事官舍)
(警察部長官舍)
妙徳院
(木本氏)
妙善院
三藏院
幼稚園
裁判所
一乘院門跡
三倉
勸學院
赤十字
武徳殿
添上郡役所
觀禪院
八重櫻
東円堂
拍子社
中村碑
無量寺
西門
東向町
圖書館
唐院
北室
西室
中室
鐘樓
講堂
經藏
金堂
回廊
中門
北円堂
西金堂
南円堂
新坊
三重塔
南大門
竈殿
食堂
大登路
(芝地)
東門址
東室
寺務院
東金堂
花松
五重塔
東院山
大湯屋
觀音院
地
菊水樓
菩提院
石子詰社
ウネメ社
猿沢池
衣掛柳
菩提町
菩提川
率川
アラ池
御殿山
奈良ホテル
奈良市役所
尾花谷川
寺林町
橋本町

要するに奈良の町衆たちは御一新ムードに乗せられ神仏分離令の影響もあり、あの優美な五重塔をまったくの廃材としてしか評価せず最初は木材も必要無いとばかりに火を放とうとした。焼け落ちた残骸から金属部分だけ回収しようとしたのである。しかし、そんなことをすれば町屋が類焼する危険があるという反対論が出て今度は綱をかけて引き倒そうということになったが、さすがに東京（新政府）からストップがかかったという話である。もっとも研究者の藪中五百樹《やぶなかいおき》によれば実際にストップをかけたのは、興福寺塔頭大乗院の坊官中御門胤隆《なかのみかどたねたか》だという。明治維新から十年前後までの日本には国家の近代化を急ぐあまり、伝統的な価値をまったく無視するような風潮があった。前にも述べたが廃仏毀釈とはまったく関係無い姫路城や名古屋城のような伝統的建築も無用の長物として破壊されそうになったほどだ。興福寺は古図面を見てもわかるように廃仏毀釈までは今の奈良市の中央部ほぼ全域を占めており、しかも通常なら一つしかない金堂が三つもある大寺だったのに、今は周りの塔頭はほとんど廃絶し東大寺には残されている南大門も無い。

司馬遼太郎《しばりょうたろう》のエッセイの中に、この時還俗し新神司になることを命じられた興福寺の元僧侶の中には、それまで拝んでいた仏像を斧で叩き割り風呂の焚きつけにした者がいたという話がある。今回この話について裏付けとなる確かな史料を探したが発見できなかった。誇張された「都市伝説」かもしれない。ただし、真実である可能性はゼロとは言えない。隠岐島では廃仏毀釈のおり破壊された仏像や仏具には糞尿がかけられたのだし、奈良でも内山永久寺の本尊仏は相当大きな仏像であったはずなのに残骸すら残っていないのだから、興福寺の仏像も叩き壊され薪として利用されたことも考えられる。興福寺五重塔も一度は火をかけられるところだったことも合わせて考慮すべきだろう。中国の文化大革命の時もそうだったが、いつの世にも政府の方針を笠に着て乱暴を働くお調子者、つまり「虎の威を借る狐」がいる。もちろん中御門胤隆や、姫路城の保存を進言した中村重遠《なかむらしげとお》のように時代の風潮に惑わされない者もいる。どちらを見習うべきか言うまでもあるまい。

廃仏毀釈によって寺院等の徹底的な破壊が行なわれたわけだが、それを進めた側の勢力を後押ししたのが、多川興福寺貫首の文章にある寺領の没収である。このことが意外に認識されていない。明治初年の版籍奉還《はんせきほうかん》および廃藩置県によって旧大名領は国家に没収された。しかし、とくに奈良県つまり大和国ではそれを免れた部分が多くあった。それこそ寺院および神社が持っていた寺社領だったのである。たとえば興福寺は春日社と合わせて二万一千石を幕府から与えられていた。これも旧大名領と同じく新政府のものとしなければ近代国家はできない。そこで神仏分離令の後に、この寺社領を没収する命令が出されたのである。これが寺院にとっては決定的な打撃だった。経済的根拠を絶たれてしまったからである。いわゆる兵糧攻めだ。もちろん、寺院だけでなく神社のほうも領地を没収されたから、この点ではおあいこなのだが、神社に関して明治新政府は保護政策を取った。この寺社領の没収とほぼ同時期に、新政府は江戸時代の宗門人別帳《しゅうもんにんべつちょう》を廃止し合わせて新戸籍法を制定した。江戸時代には幕府の事実上の下部機関として戸籍を管理していた寺院の役割を奪ったのだ。そして神社の氏子《うじこ》制度は逆に法制化し農村などでは住民の情況が村の鎮守社に把握されるようになった。幕府が寺院に委託していたことを、新政府は神社にやらせた、と言っていいだろう。また新政府は全国の神社を官幣社《かんぺいしゃ》、国幣社《こくへいしゃ》、郷社《ごうしゃ》、村社《そんしゃ》などと格付けし、社格に応じて国家から祭のたびに幣帛《へいはく》料を送った。幣帛とは本来「お供《そな》え」であり、神々の好みに合わせるべきものだが、それを金銭に換算し一律に支給したというわけだ。兵糧を絶たれた寺院との差はきわめて大きい。

つまり寺領の没収などの手段で新政府はあらゆるところで、仏教側の糧道を断とうとしたわけで、以下のようなこともやっている。

一八七二年(明治五)三月二日には、「往来または戸ごとにあい立つ托鉢の禁止」とされ、僧侶が托鉢することは出来なくなりました。翌三月三日には、神武天皇祭典を村ごとの鎮守で必ず行うようにと厳命しました。同月僧侶や尼にも今後は平民同様に村鎮守社から「氏子札《うじこふだ》」を渡すので、神武天皇祭典の遥拝や天長節（十一月三日明治天皇の誕生日）をはじめ村鎮守の祭礼に参加するようにと命じました。

（『曹洞宗近代教団史』曹洞宗総合研究センター刊）

■明治天皇の伊勢神宮参拝で〝格下げ〟された全国神社の総元締め

ここで、新政府が神仏分離令以外にいかにして神社を重んじ寺院を敵視する政策を取ったか、神社側の視点からまとめておこう。幸いにもこの『曹洞宗近代教団史』に簡潔にまとめられているので、それを参考に以下記述する。

そもそも一八六七年（慶応3）に翌年の明治維新の大前提として発せられた王政復古の大号令が「諸事神武創業のはじめにもとづき」何事も行なうと宣言していることが、きわめて重要である。

これから為される新政策は、すべてを変革する「革命」では無く、関白《かんぱく》とか征夷大将軍《せいいたいしょうぐん》のような神武《じんむ》創業以後に設けられた制度等をすべて白紙に戻す「維新」、つまり現代風に言えばコンピュータのリセットボタンを押すことであるというのが、明治新政府の建前いや神学であった。イギリスの植民地から独立したアメリカ合衆国が、「あらゆる人間は神の下に平等」という神学を持っていたように、幕末から明治にかけての日本人は、天皇家初代の神武天皇の権威という「神学」によって、新生日本をまとめようとしたのである。

江戸時代には日本という国には外敵はいなかった。ところが幕末に欧米列強という強大なる敵が出現したため、それに対抗するため日本は民族団結の原理を必要とした。この点、そもそも平和的融和的で、織田信長、豊臣秀吉、徳川家康の懐柔以来きわめておとなしくなってしまった仏教は、民族団結の原理にはならない。だから一部の為政者たちはこれを捨てようとした。まさに廃仏毀釈である。

一方、神道も本来は戦闘的では無いが、徳川家康の朱子学奨励以来融合が進み、朱子学が本来持っていた攘夷（外国敵視および蔑視）と尊皇（真の主君に対する忠義）の要素が入って、民族団結の原理にしやすい状況が生まれていた。だから明治の指導者たちは国民統合の原理として天皇を選んだのだ。

もっとも、その結果、大日本帝国も朱子学の毒に冒され、きわめて独善的排他的な国家になってしまった。

それは後のことなので、話を明治元年（１８６８）に戻すと、前年に代表として総裁（有栖《ありす》川《がわ》宮《のみや》熾仁《たるひと》親王）、議定《ぎじょう》（仁和《にんな》寺宮ら数名）、参与（岩倉具視《いわくらともみ》ら数名）の三職《さんしょく》を定めていた新政府は、この年現在の「省」にあたる八局を設けたのだが、この中の一部局であった神祇事務科が、その後の改変で太政官（行政機構）から独立し、神祇官となったのである。

そして、この神祇官が独立した一八六八年（明治元）三月十四日に、あの「五箇条の御《ご》誓文《せいもん》」が発布されている。五箇条の御誓文は明治天皇が開国近代化政策の完全履行を皇祖皇宗つまり始祖である天照大神および初代神武天皇にお誓い申し上げるという形式である。ここにおいて天皇家の祖先である天照大神と並んで初代天皇である神武天皇の地位が高められたということだ。

また翌一八六九年（明治2）三月になると明治天皇は初めて伊勢神宮《いせじんぐう》に参拝している。これ以前、全国神社の総元締めと言うべき神社は京都の吉田神社《よしだじんじゃ》であった。そもそも吉田神道（唯一神道）の発祥の地であり、江戸幕府によって吉田家は日本全国の神社神職の任免権を持っていたのである。ところがこの参拝により、吉田神社は地方の一神社に格下げされ伊勢神宮が全国神社の第一位となり、しかも国家の宗廟《そうびょう》とされた。宗廟というのは天皇家の祖先の霊が宿るところという意味である。

そして一八七一年（明治4）になると、伊勢神宮を筆頭に格付けされた全国の官幣社、国幣社、郷社、村社などの祭祀の費用が公費で賄《まかな》われることが太政官布告で決められた。ではこのような国家主導で決められた方針に反発抵抗した人間は、仏教側にはまったくいなかったのか？

もちろんそうではない。たとえばこの年に旧松本藩領で、信仰を捨てて帰農することを求めた役人に対し反論した僧侶のエピソードが伝えられている。僧侶の名は曹洞宗の安達《あだち》達淳《たつじゅん》和尚で、彼は役人の岩崎作楽を次のようにやり込めた。

岩崎掛役は、安達達淳和尚に廢佛毀釋の事由を說き、歸農勸誘中、元來佛には虛言多し、地獄極樂と云ふものは、この世にあるならば出してこれを見せよと云ひたるに、達淳は掛官に向ひ、唯今御目に懸くべきにより、暫時御待ち下されたしとて、一室に入りて白裝束を着て、白木の三寶へ短刀を載せ、徐々に出來りて、岩崎掛官の前に三寶を置き、端坐して言へる樣、地獄も極樂も御目に懸けんとす、地獄極樂は此世のものにはあらず、唯今御目に懸くるにつきて、愚僧は已に身を清め用意を整へたり、貴官もこれより御用意あるべしと申したれば、岩崎掛官驚き、血相を換え大聲叫びて曰く、よし、下れと（以下略）

（『新編 明治維新 神仏分離史料 第五巻 中部・北陸（2）編』辻善之助・村上専精・鷲尾順敬編　名著出版刊）

また、日本古来の怨霊信仰に基づく廃仏毀釈への反発もあった。仏像を破壊したり汚損させたりすれば祟りがあるのではないかという「草の根」の反応である。しかし、一方で「種痘《しゅとう》をすると牛になる」とか「血税とは文字どおり血を国家に納めることだ」という迷信が科学知識や教育の普及で解消されていく中、このような祟りを恐れる心情も旧時代の迷信として排除されていった。もちろん、それは霊的なものに対する畏怖《いふ》が日本人の心情の中から払拭されたということでは無い。そういう畏怖の対象から仏教色の強いものは排除されたということで、この違いを認識することはきわめて重要である。

■「仏教を滅亡に導く陰謀」と受け止められた「肉食妻帯解禁」

全国に廃仏毀釈の嵐を生んだ神仏分離政策は、新政府（太政官）が出した一連の布告によって日本全国に通達された。その最初のものが「これからは神仏つまり神社と仏閣を明確に分離せよ」という「神仏判然令《しんぶつはんぜんれい》」であり、先に述べたようにこれに続いて寺領の没収、托鉢《たくはつ》の禁止等が布告され仏教教団の屋台骨が揺さぶられた。

しかし、これらにも増して仏教側が政府の強力な攻撃、いや巧妙な謀略として受け止めたのは、じつは一八七二年（明治5）四月二十五日に出された太政官布告第一三三号「自今僧侶肉食妻帯蓄髪等可為勝手事」であった。江戸時代には（本願寺系の僧侶以外は）固く禁じられていた肉食《にくじき》（獣肉に限らず生き物を殺して食うこと、釣りなども含まれる）、妻帯《さいたい》（正式に妻を娶《めと》ること）、蓄髪《ちくはつ》（頭を剃らずに髪をのばすこと）を、今後は「勝手」つまり自由にやってよい、江戸幕府はとくに妻帯（女犯《にょぼん》）を法律で厳罰に処したが明治新政府は一切干渉しない、ということなのである。

これをなぜ仏教教団潰しの陰謀と受け止める者が仏教側にいたのか、そして実際にそういう意味を持っていたのか、それを検討分析するためには日本いや世界仏教史の概略を知る必要がある。約二千五百年におよぶ仏教史を本気で語れば文字どおり一冊の本になってしまうが、昔からの『逆説の日本史』の愛読者ならよくご存じのように歴史を鳥瞰図のように見渡すのがこのシリーズのお家芸でもある。

さっそくそれを始めよう。

言うまでも無く今から約二千五百年前、現在のネパール国の地でシャカ族の王子として生まれたゴータマ・シッダッタつまり釈迦が始めた宗教である。シャカ族の王子として何不自由無く生まれ将来も約束されていた釈迦だったが、そのうちに人生というものが生病老死など多くの苦しみに満ち満ちていることに気づき、その苦しみから逃れるために修行生活に入った。出家という。地位も名誉も財産も妻子も全部捨てて、一重の衣を纏《まと》って托鉢で生きるのである。そして修行の末に釈迦が悟ったのは、人間の苦しみとは生命、財産、妻子など様々な物事に執着することにあり、その執着を捨て去ることがもっとも重要だということであった。つまり人間は釈迦のように、すべてを捨てて修行生活に入るべきなのである。欲望を肯定するから執着が起こり苦しむことになるということは、少なくとも悟りを求める修行者は財産や妻子など持ってはいけないことになる。まさに妻（女）そして子供こそ人間（男子）を惑わせる執着の最たるものだからだ。

しかし釈迦の死後数百年経って、そうした釈迦の仏教に対する根本的な批判が始まった。男子がすべて妻帯をやめれば社会は滅んでしまう。また出家して悟りを求めるのは天才の道でもある。それだけのことをやっても悟りを開けるのは何億人に一人もいないかもしれないからだ。

そこで出家せずに家にとどまった在家信者を悟りの道に導く、新しい仏教を目指そうという革新運動が起こったのである。それを始めた人たちは自らの仏教を大乗仏教と呼んだ。前にも述べたように悟りに導く大きなバスのような乗り物という意味であり、それに対して個人の悟り（救済）しか目指さない従来の仏教を小乗（1人しか乗れない乗り物にたとえた）仏教と蔑《さげす》んだ。もちろん差別語だから現在はこの言葉を使わず長老たちの仏教という意味で上座部《じょうざぶ》仏教などと呼ぶ。部派仏教という言い方もある。タイやベトナム、スリランカ等で今も信仰されているのはこのタイプの仏教である。

本来、大乗仏教は歴史上の実在人物である釈迦とは何の関係も無い。その死後に生まれたものだからだ。にもかかわらず大乗仏典には釈迦が登場し「これまでの教えは方便（仮のもの）であった。本当の教えはこれから私が説くものだ」と言う。つまり大乗仏典の「釈迦如来」は歴史を超越した絶対的存在なのである。

では、出家も修行もせず、妻子を持ち家庭生活を営む普通の人間が、どうやって悟りを開くことができるのか。まずそうした「凡夫《ぼんぶ》」（平凡な人間）でも必ず悟りを開き仏になれるということを保証している経典がある。それが通称『法華経《ほけきょう》』、正式名称は『妙法蓮華経《みょうほうれんげきょう》』である。中国の高僧の天台大師智顗《ちぎ》がこの妙法蓮華経こそ大乗仏典（いわゆる「お経」）の最上位に置くべきであるとして、これをもっとも重んじる宗派を開創した。中国天台宗《てんだい》である。その中国天台宗を平安時代初期に現地で学び、帰国後日本天台宗（天台法華宗）を開いたのが最澄《さいちょう》である。

最澄はこの天台法華宗を開創するにあたり、日本仏教にきわめて重要な変革を加えた。それは、在家信者が出家して僧侶となる時に、より厳しい戒律を守り抜くことを誓願するのだが、それを菩薩戒《ぼさつかい》でよいとしたことである。それまでの日本仏教での戒律とは、奈良時代に日本に招かれた中国僧鑑真《がんじん》がもたらした具足戒《ぐそくかい》というきわめて厳しいものであった。簡単に言えば具足戒とは、僧侶は在家とは違い厳しいルールを守らねばならず、妻帯どころか女性に触れることすら禁止するような戒律だが、むしろそれまでの仏教世界の常識であった。ところが菩薩戒はこれも一言で言えば、どんな凡夫でも悟りを開けるという法華経の教えに基づくもので、淫《みだ》らな性行為はダメだが女子との交流については寛容な部分がある。

これが日本天台宗の基本となったことは、後世に対する影響がきわめて大きかった。最澄とともに唐に留学した空海《くうかい》（弘法大師）が伝えた密教は、その後密教の枠内での発展しかしなかったが、最澄が創立した比叡山延暦寺で学んだ僧侶たちは、法華経の教えに基づきその教えの実現を求めて様々な宗派を開いたからである。

だが法華経には大きな欠点がある。すべての人間は仏になれる（悟りを開ける）と保証していながら、では具体的に何をすればいいかということがまるで書いていないのだ。その方法は各自が見つけなければいけない。

そこで法然《ほうねん》や親鸞《しんらん》や一遍は、釈迦如来の他に悟りを開いた存在である阿弥陀如来を「一《ひた》向《むき》」に信仰することにした。阿弥陀は四十八の誓いを立て、その中に凡夫でも自分を念仏すれば必ず自分の支配する極楽浄土に往生《おうじょう》、つまり生まれ変わらせてやるという誓いを立てているからである。このもっとも重要な誓いを本願《ほんがん》と言う。言うまでも無く本願寺とはその本願を信じる人々たちの宗教団体である。この世で凡夫が修行して悟りを開くのは不可能だから、「先輩」である阿弥陀に頼るためその浄土に生まれ変わる。そうすれば阿弥陀の指導のもとに悟りの道が開ける。すなわち往生（極楽浄土への生まれ変わり）は成仏《じょうぶつ》（悟りを開いて仏に成る）を確定することになる。しかも、往生するには念仏すればよい。他ならぬ阿弥陀がそのことを「お経」の中で保証してくれているのだから、念仏さえすればどんな凡夫でも極楽往生して成仏できるというのが、鎌倉新仏教の浄土宗であり浄土真宗であり時宗であった。

一方、同じ鎌倉新仏教でも、本来釈迦は厳しい修行によって悟りへの道を開いたのだからそれを見習って修行し瞑想し、具体的には達磨《だるま》大師のように座禅することによって、悟りの道を求めるのが禅宗の立場で、これが栄西《えいさい》の臨済《りんざい》宗や道元《どうげん》の曹洞《そうとう》宗になった。

これらの宗派に対する批判者が日蓮《にちれん》である。日蓮の時代には鎌倉幕府は弱体化し平穏な時代では無かった。その原因を日蓮は浄土宗や曹洞宗などの「誤った仏教」の流行にあると考えた。彼らは、本来もっとも大切な経典であるはずの法華経を蔑《ないがし》ろにしているからである。法華経に帰るべきだ、というのが日蓮の主張であった。しかし、最澄以来の天台法華宗のやり方では、膨大な漢文で書かれた法華経をまず読破せねばならず、そんなことは庶民には到底不可能である。

そこで日蓮は庶民にもわかりやすく、「妙法蓮華経」という「お経」を「信じます」と宣言すれば法華経の功徳《くどく》を得られるとした。具体的には「南《な》無《む》妙《みょう》法《ほう》蓮《れん》華《げ》経《きょう》」と言えば救われる。確かに阿弥陀如来は「念仏すれば救ってやる」と言った。仏のお言葉であるから多くの人が信じた。

しかし、「タイトルを言っただけで救われる」と法華経に書いてあるわけでは無い。それは日蓮の言葉である。それを信じる人は法華経を信じると同時に、日蓮の言葉も仏の言葉のように信じているわけだ。まさに「日蓮大菩薩」であり、日蓮は人間を超越した存在であり信仰の対象でもある。だから、浄土宗は法然宗とは言わないし浄土真宗は親鸞宗、時宗は一遍宗、臨済宗は栄西宗、曹洞宗は道元宗とは言わない。しかし、日蓮宗とは言うわけだ。

これをそれまでの法華信仰の本拠である比叡山延暦寺から見れば、日蓮は法華経の教えをねじ曲げた大悪人であり、日蓮宗は邪教であり、その信徒は皆殺しにしてもよいということになる。

だからこそ『逆説の日本史　第十巻　戦国覇王編』で紹介したように、天文法華《てんぶんほっけ》の乱において天台宗は比叡山の僧兵を繰り出し、洛中《らくちゅう》の日蓮宗寺院をすべて焼き討ちし信徒を虐殺したのだ。宗教的原因による反対派の虐殺事件は、現代でもイスラム国などが行なっているところであるが、じつは日本でも昔は頻繁に行なわれてきたことなのだ。宗派が同じでも、天台宗の山門派《さんもんは》（延暦寺）と寺門派《じもんは》（三井寺《みいでら》）の抗争のような「内ゲバ」も盛んだった。

とくに平安時代中期以降、「ケガレ忌避思想」の影響で朝廷が国軍を事実上廃止し国家の治安が著しく乱れた時代に、地方に武士が発生し寺院には僧兵集団が生まれたこと、同じく政府が弱体化した室町時代後期の戦国時代に僧兵集団が鉄砲の採用などによって強化されたことは、日本史の特徴としてもう少し認識されていいと思う。中世のキリスト教社会などと比較して見ればその違いは歴然としている。神社にも神人《じにん》と呼ばれる専属兵士がいたのだが、寺院の僧兵に比べて影が薄いのは、やはり死穢を嫌う神道勢力が「葬礼」「医療」など死穢に触れる稼業を、伝統的に仏教側に委任したことに由来するのだろう。宗教でありながら、どこか血なまぐさいところが日本仏教にはある。

その僧兵の鎮圧に手を焼いた織田信長、豊臣秀吉、徳川家康は、比叡山焼き討ち等の手段を用いて仏教勢力の武装解除に成功するとともに、その強大なパワーを国家権力に取り込むために寺領を与え檀家制度を設け、寺院をキリスト教監視所および戸籍管理の下部機関として権力機構に組み込んだ。

一方で、家康そして徳川幕府は、僧侶の妻帯などは悪として国家の法律で取り締まった。戦国時代の僧兵たちがまったく戒律を守らず、人を殺し女を犯す人々だった事実を頭に入れなければいけない。そうした仏教勢力をおとなしくさせるために彼らは「アメとムチ」

を使ったのである。

しかし、さらに日本人をおとなしくさせるために徳川家康が奨励した朱子学は神道と結びつき、「朱子学で言う絶対の王者とは天皇である。従って天皇に従えばよいので幕府に逆らっても問題は無い」という考えを日本人に定着させてしまった。その結果、天皇絶対化とともに神道が力を持つようになり、逆に仏教はそもそも外来の宗教ではないかということで軽んじる風潮が生まれ、徳川家にとっては神仏混淆の中では有力な神であった東照大権現（家康）の権威が相対的に低下するという計算違いも出た。

以上のような日本仏教史の流れを頭に入れていただけば、新政府の神仏分離の方針が民間で拡大されて廃仏毀釈という運動になっていった理由も、割と楽に理解できるのではないか。政府は開国した以上キリスト教を解禁せざるを得ない。つまり、これからは「キリスト教監視所」も必要無いし、「幕府の下部機関としての戸籍管理所」もいらない。だから寺領も与える必要は無いし、そもそも天皇の権威を高めるためには菩提寺（京都泉涌《せんにゅう》寺《じ》）もいらない。戒名を頂くことは天皇が仏戒を授かり仏の弟子になったことになるので、天皇家は仏教と縁を切り葬祭は神道に統一されることになった。

寺院などますます必要無いということだ。

その上で先に述べた「肉食妻帯勝手」の太政官布告が出されたので、仏教界ではこれは破戒僧を増やし仏教を滅亡に導く陰謀だと考える者もいたのである。

■「僧侶の妻帯、寺院の世襲相続は一般的だった」という歴史的事実

人間生きていく以上は「食い扶持」がいる。経済的基盤と言ってもいい。たとえ野獣であっても衣食住のうち「食（エサ）」と「住（巣）」は必要であり、これが人間となるとアダムとイブ以来「衣」も必要だ。裸で暮らすわけにはいかないからである。

ところが仏教では釈迦がそうしたように、物事への執着を絶つため衣食住はできるだけ捨てて暮らすのがよいとされた。すべてを捨てて出家した釈迦が着ていた一重の衣をパンスクーラ（サンスクリット語）と呼ぶ。中国ではこれを糞掃衣《ふんぞうえ》と訳した。「糞塵（ふんじん）中に捨てられた布を拾い集めてつくった」（『日本大百科全書』）衣だからである。

では、食はどう確保するかと言えば基本は托鉢による。修行の一環として農作業などをすることもあるが、とくに釈迦の時代はこうした作業（後に禅宗では作務《さむ》と呼んだ）も在家のなりわいであり、修行者はそうした社会的生産にできるだけかかわることなく山野で修行生活を送らねばならないからだ。

在家を重んじる大乗仏教の時代になって、仏教団体は寺領のような形で国家から寄進を受けるようになり経済的基盤は安定したが、それでも信者の修行者に対する「食の寄進」

である托鉢を受けることが、重要な修行であることは変わりなかった。

ところが新政府は既存の寺院から寺領を没収し托鉢も禁止した。先に述べたように鹿児島県では一時すべての僧侶が強制的に還俗させられ、葬祭も神式で統一された。下世話に言えば収入源の葬儀の「お布施《ふせ》」や、お盆の「読経《どきょう》料」、お墓の「供養料」も廃止させられた。こうして仏教勢力の糧道を断った上で、新政府は「僧侶は蓄髪してもいいし自由に結婚してもいい」と布告したのである。

結婚していいということは子供も作っていいということであるが、僧侶としての経済基盤は奪われている。とくに鹿児島県では僧侶の身分すら奪われた上でのことだから、当然僧侶いや「元僧侶」は生きていくために何か社会的な「正業」に従事せねばならない。となれば今後僧侶は、僧形《そうぎょう》でも無く妻子がいて普通の職業に就いている「タダの人」になってしまう。明治維新の中心的勢力であった旧薩摩藩の鹿児島県ではこの方針が徹底されたのだから、仏教勢力としては新政府がこの方針を全国に拡大するつもりであり、これを「仏教潰し」の陰謀ととらえたのである。そこで浄土宗の行誡《ぎょうかい》、真言宗の釈雲照《しゃくうんしょう》といった僧侶が抗議の声を上げた。こうした抗議は廃仏毀釈に対する感情的な反発とはまるで違うものであることはおわかりだろう。むしろ、仏教側は仏教の教義に対する挑戦と考え、仏教語を使えば「明治の法難」とも言うべき事態だとみなしていたのである。

では、この問題は「被害者側」である彼らの見解が百パーセント正しく、新政府の陰謀だと考えるべきなのか。じつはそうとも言い切れないところに、この問題の複雑さ奥深さがある。

今、私の手元にベトナム人日本史研究者のPHAM THI THU GIANG女史が日本の奈良女子大学に留学中に提出し、文学博士号を授与された論文『日本仏教における肉食妻帯問題について—その実態の歴史的変化と思想的特徴—』の一部がある。奈良女子大学の論文紹介ページに記載されているように「本研究はベトナム人である論文提出者が、来日して初めて知った、日本の僧侶の肉食妻帯の風に接して驚愕したところに端を発する研究」であり、「僧侶の肉食妻帯を、日本仏教の堕落とは捉え」ず、「むしろ日本仏教の特色と捉えた」大変示唆に富む論文である。

じつはこの論文紹介ページでも言及されていることだが、現代日本の仏教界とくに現場では、妻帯問題の研究をいまだにタブー視する傾向がある。私自身も、もう十数年前のことだが、ある仏教宗派の勉強会に呼ばれた時に研究課題としてこの僧侶の妻帯問題を持ち出したところ、露骨に嫌な顔をされ宗門に対する嫌がらせのように受け取られた経験がある。その時感じたのは現代の（当然、浄土真宗以外の）僧侶は、僧侶妻帯問題を明治以降の政府の政策による、なし崩し的な戒律破壊による悪影響と見ていることだった。簡単に言えば政府の「仏教潰し」にまんまとしてやられたという認識を持っているのである。

ところがこの認識は歴史的事実とはまったく違う。それどころか、現代のほぼすべての仏教宗派が妻帯を認めているという事実は、明治以降彼らにとって先輩にあたる多くの僧侶が苦闘の末にたどり着いた宗教的努力によるものであり、断じて単なる堕落によるものでは無い。

その証拠に、このGIANG論文には触れられていないが、一つの象徴的な歴史的事実を指摘しておこう。それは明治三十六年（１９０３）に起こった真言宗僧侶の「睾丸《こうがん》抜き取り事件」である。宗教紙『六大《ろくだい》新報』の明治三十六年十月二十五日号に掲載された「船岡師陰嚢を断つ」という見出しの記事によると、高知県の真言宗僧侶船岡芳信大僧都が外科医に依頼し自分の睾丸を切除したというのだ。なぜ船岡大僧都はそんなことをしたのか？大僧都はかねてから「僧侶も妻帯すべきだ」という主張をしていた。しかし、その主張が己の欲望を満たすためではなく、あくまで大所高所から見た教義的な主張であることを示すために、あえて性交不能の身体になる道を選んだということなのである。この行動に対しては当時から賛否両論あるところだが、少なくとも大僧都の真摯さ真面目さについては誰も否定できまい。

さて、ここでGIANG論文に戻ると、まず日本人の多くが誤解している歴史的事実がある。

それは近代以前それも江戸時代以前、妻帯を公認されていた浄土真宗以外でも、半ば公然と僧侶の妻帯のみならず、寺院の世襲相続さえ認められていたという事実である。この事実を象徴する言葉がある。清僧《せいそう》と真弟《しんてい》だ。清僧というのはじつは妻帯していない僧侶のことである。つまり、この言葉は「汚僧」という言葉こそ無いものの、仏教界には妻帯僧が当たり前のように大勢いたことを示している。これに対して真弟とは表向きは単なる仏弟子のことだが、そのうち裏の意味として先代住職の実子で寺院の後継者を示すようになった。

たとえば廃仏毀釈の時、多くの堂塔を失った奈良の興福寺も、それが日常化していた。平安末期の少納言藤原宗兼の子で興福寺の大僧都であった覚長は信宗、範円という実子がおり、しかも二人は後にともに興福寺権別当《ごんべっとう》(副住職)を務めているのである。

これらの事実は確実な史料である『尊卑分脈《そんぴぶんみゃく》』によって確認でき、宗派の違う比叡山延暦寺も例外では無いという。

「中世日本では、僧侶が女犯妻帯していただけではない。僧侶の子供に父親の財産相続権が認められており、興福寺別当を輩出するような学僧・高僧においても真弟相続が行われ、延暦寺では法流の相伝が真弟によって担われていた」(前出論文)のである。

では、なぜ平安末期に僧侶の妻帯および世襲が一般化していたのか?

それは先述したように日本仏教が最澄以来戒律軽視の傾向があることに加えて、平安時代に天皇を引退して上皇となり出家して法皇《ほうおう》となった人々が、出家後に次々と子供を作ったからだ。この論文には宇多《うだ》法皇、花山《かざん》法皇、白河《しらかわ》法皇、鳥羽法皇が実例として挙げられているが、当初は「他の天皇・上皇の子供という体裁をとっていた」のに、そのうちにまったく憚《はばか》らなくなった。このあたり藤原摂関政治が終わり法皇が権力の頂点に立つ院政の時代で、絶対的な権力を持っていた法皇たちは戒律を無視し、興福寺や延暦寺など朝廷と縁の深い寺院がそれに倣《なら》った、ということだろう。

この傾向に歯止めをかけたのが織田信長、豊臣秀吉、徳川家康であった。信長については、この論文に言及は無いが、信長を中心とする武家勢力が、僧侶でありながら殺生戒《せっしょうかい》を犯す仏教勢力つまり僧兵集団に強い反感を持っていたことは紛れも無い事実であり、そのことも含めて、平安時代以来ずっと蔑ろにされていた仏教の戒律を復活させたのは僧侶では無く、政治家である彼らだったのである。なぜ、そんなことをしたのかということはこの論文であまり深く探求されていないのだが、やはりそれは戦闘集団であった彼らを本来の宗教団体に戻すためであっただろう。そして、そうした傾向を大きく変換したのが明治新政府なのだが、それをアドバイスしたのは禅僧鴻雪爪《おおとりせっそう》だと、この論文は指摘している。

覚えておられるだろうか？　明治維新直前に去就に悩む佐賀藩の鍋島閑叟《なべしまかんそう》を木戸孝允《きどたかよし》とともに説得し、官軍支持に踏み切らせた人物である（第21巻『幕末年代史編Ⅳ』参照）。備後国《びんごのくに》因島《いんのしま》出身で曹洞宗の僧侶となり松平春嶽《まつだいらしゅんがく》、木戸孝允、大久保利通《おおくぼとしみち》らの知遇を得て、維新後は新政府の宗教顧問のような立場を得た。そして新時代の「宗教改革」を志し、新政府に次のように建言したのである。

鴻雪爪によれば、政府が国是を改革し、知識を広く求めて、欧米と交流しようとするならキリスト教を解禁するしかない。文明開化の時代、欧米と交流する以上、彼らの宗教、文化も認めなければならないという。一方、キリスト教の教えに頼って、民衆の心を掴もうとすると、他国に侵略される。キリスト教を解禁し、統制できなくなれば人心が動揺し、そこから内乱が始まる。そのため、決して急いで解禁してはいけない（中略）時代の要求で日本は前と同じようにキリスト教を禁止するわけにはいかない。「外教」とされるキリスト教を禁止するよりも、寧ろ「内教」を盛んにするほうが急務である

（前出論文）

こうした雪爪のキリスト教に対する見解をキリスト教への偏見ととらえるのは、的外れ

な考え方だ。日本人が伝統的にイメージするキリスト教とは十六世紀に日本にやって来たスペインやポルトガルを中心にする戦闘的なキリスト教で、南米ではインカ帝国が彼らによって滅ぼされ無理矢理キリスト教国に変えられてしまったことは歴史的事実である。それから三百年、キリスト教も大きく変わったが、それは情報としても実態としても鎖国体制の日本には伝えられていなかった。しかもこの時代は欧米列強つまり白人キリスト教国による世界植民地化が進められていた時代である。そのことを考えれば雪爪の危惧は決して杞憂では無いことがわかるはずだ。

そこで雪爪は彼自身が内教と呼んだ、古来日本で信仰されてきた神道や仏教を強化することによって、欧米列強の侵略から日本を守ろうとしたのである。この時代の日本人、とくに明治維新を遂行した日本人の脳裏には、常にアヘン戦争によって清国が完膚無きまでにやられたことへの恐怖があり、また黒船（に象徴される列強の軍事的優位）に対する恐怖があったことを忘れてはならない。

鴻雪爪は当時の新政府に絶大な信用を持つ宗教人であった。だからこそ雪爪の建言に従って「妻帯勝手」の太政官布告が出されたわけだが、これを悪意に満ちた仏教潰しととらえた人々が仏教側に少なからずいた。そして、それは決して曲解とは言えないのはすでに述べたとおりだ。

　では、なぜ雪爪は妻帯を解禁することが日本仏教界の改革につながると考えたのだろうか？　それは日本仏教が当初から難問としていた、戒律というものをどうとらえるかという問題に、一つの方向性を示すためであった。

■仏教を捨て神道に転じた鴻雪爪が「僧侶の妻帯解禁」を進めた真意

「妻帯勝手」を認めた太政官布告第一三三号の陰の仕掛け人である鴻雪爪。ある意味でこれほどわかりにくい人物はいないかもしれない。

『日本人名大辞典』（講談社刊）には、「おおとり‐せっそう【鴻雪爪】（１８１４‐１９０４）江戸後期‐明治時代の宗教家。文化11年1月1日生まれ。曹洞《そうとう》宗の僧となり、維新後、軽率な廃仏論をいましめ、肉食《にくじき》妻帯禁令の撤廃につとめる。明治4年還俗《げんぞく》し、教部省御用掛、東京芝金刀比羅《ことひら》神社の神職などをへて、神道御岳教管長となった。明治37年6月18日死去。91歳。備後《びんご》（広島県）出身。本姓は宮地。字《あざな》は清拙。別号に鉄面清拙。著作に『山高水長図記』など」とある。

　まず注目すべきは、彼は太政官布告第一三三号の時点では曹洞宗の僧侶であったにもかかわらず、その直後に還俗つまり仏教を捨てて神道に転じ神道家になって生涯を終えていることだ。つまり、仏教側から見れば「妻帯解禁」という絶妙な「仏教潰し」の一手を放った上で、仏教から神道に転じた「裏切り者」とも見えないことも無い。現に手元にある『曹洞宗近代教団史』（曹洞宗総合研究センター編）は明治以降の曹洞宗の近代化を語ったものだが、鴻雪爪の名が一切出てこない。別に「裏切り者」と明記してあるわけでも無いのだが。

では、雪爪の真意はどこにあったのか？　それがわかりにくいのは他にも理由がある。雪爪の著作は少なく、政府関係者に送った建白書も残っていない。つまり史料が無いのだ。

そこで建白を受けた側の記録を見ると、直接それを受け太政官布告第一三三号を実現させた江藤新平《えとうしんぺい》によれば、雪爪は僧侶に肉食妻帯を禁じることは「行ふ可《べ》からざる法（そもそも守ることのできないルール）」であって、それを強制することは「陽守陰犯」を招き僧侶の堕落につながる、と考えていたという。「陽守陰犯」の意味はあえて解説する必要も無いだろう。

すでに述べたように、江戸時代、仏僧は特権階級であった。税金は納める必要は無く、寺院は幕府という行政機関の下部組織であり、信徒は改宗を禁じられていたから僧侶はそれ以前の時代と比べて信徒獲得競争からも解放された。いわば檀家制度という「ぬるま湯」に浸かっていればよかったのだ。もっとも、これは仏教界だけでは無く、すべての階層に徳川家康そして江戸幕府が強制したことであった。足軽でも戦争さえ続けば関白になれるという、過度な競争社会であった戦国時代を終わらせるためには、身分を固定した無競争社会にするのが一番いいからだ。それで「徳川三百年の泰平」が実現した。また、それゆえに幕府は仏教界に「ぬるま湯」というアメと同時に、戒律重視というムチも加えた。本来は教団内のルールである「妻帯（女犯）禁止」を国法での罪にすることだ。たとえば戦国時代において僧兵の巣窟であった延暦寺や興福寺は、じつは出家した高級公家の実子（真弟）によって継がれる「軍団」であった。平和の確立のためには公家勢力とその背後にある天皇家を、「仏教軍団」からぜひとも切り離す必要がある。この意味でも妻帯禁止は幕府にとって実利のあることであった。

そして、もう一つ江戸幕府が戒律重視を徹底したのは、僧兵集団が女犯戒と並んで不殺《ふせっ》生戒《しょうかい》（人を殺してはならない）を守らなかったからだろう。不殺生戒を守れば戦闘集団にはなれない。仏教軍団を完全に武装解除するためには政治的に弾圧して反発を招くより、もともと仏教の根幹にある不殺生戒を徹底させることがもっとも効果的である。

せっかくお世話になっておきながらこんなことを言うのは大変恐縮なのだが、じつは先ほどから非常に参考にさせていただいている論文を書いたベトナム人GIANG女史も、その論文の基礎史料を提供した多くの日本史の専門学者も、私の知る限りこの点を見逃していることが非常に不満である。つまり僧侶の妻帯解禁問題の陰にはこの問題が、つまり不殺生戒についても戦国時代に戻そうという考え方が、あったのではないかということだ。ものすごく突飛に聞こえるかもしれない。しかしこの『逆説の日本史』シリーズで何度も試みてきたように歴史を山の上から下の川の流れを確かめるように見れば、このことは納得していただけると思う。

繰り返すと、戦国時代は近代以前日本唯一と言ってもよいくらいの実力主義の社会であった。足軽が関白になれる社会である。しかし、その大前提には常に戦乱の世でなければならないということがある。そこでこの戦乱を収めることに最終的に成功した徳川家康は、恒久的な平和を築くため逆に身分を固定し、戦乱につながるような競争社会を徹底的に排除した。また仏教軍団の牙を抜くためそれ以前は軽視されていた戒律を徹底させた。武器の改良も禁じた。だから日本は「三百年」平和であった。

ところが、無競争であるがゆえに非常に安定した社会を、戦国時代と同じ実力主義の戦闘優先の社会に切り替えなければならなくなった。幕末から明治へかけてである。その理由はおわかりだろう。黒船《くろふね》ショックである。西洋のキリスト教諸国いわゆる欧米列強に、アジアもアフリカもすべて植民地化されてしまうかもしれないという恐怖が、この時代の多くの日本人の脳裏にあったことを忘れてはいけない。明治維新とは、アヘン戦争で亡国の危機に瀕した清《しん》国の二の舞を演じないよう、日本を欧米列強と戦える国家にしようという運動であった。

最初は攘夷というのがそのスローガンになった。しかし、その攘夷の急先鋒だった長《ちょう》州《しゅう》藩が、戦国時代の大砲で下関で欧米列強に戦いを挑み惨敗したことにより、そんなやり方では絶対勝てないことがわかった。そう悟った人々が最後の勝者となり明治政府を作った。その最大の目的は、繰り返すが日本を欧米列強の侵略に負けない強い国家とすることだ。そのためには当然実力主義の競争社会にせねばならないし、また「士農工商」の別無く市民一人一人が国家のために戦う、まさに長州の奇兵隊《きへいたい》のような軍隊優先の国にしなければならない。江戸時代と正反対の国家を早急に作る必要があったのだ。だから徳川家康と江戸幕府が行なってきた政策はことごとくひっくり返さなければならない。家康のやったことは、日本を無競争社会にすることによって平和を恒久化するというものだったからだ。

また江戸時代には一国平和主義が可能だったが、幕末にオランダ国王のウィレム二世が幕府に忠告してくれたように、蒸気船の発明以後それは過去のものとなった。海に囲まれていたからこそ世界一安全な国だった日本だが、蒸気船（黒船）は帆船では絶対に搭載できない巨大な砲で、国土をいかなる方向からも艦砲射撃で攻撃できる。つまりここで日本は世界一危険な国に転落した。そのことを日本人に思い知らせたのが前述の下関（馬関《ばかん》）

戦争であり薩英戦争だった。

鴻雪爪はこの時代の人間だ。松平春嶽や木戸孝允や江藤新平とも親しいから、もう小手先の攘夷ではどうしようもないことはわかっているし、彼自身も「外教であるキリスト教に対し内教（神道・仏教）を強化しなければいけない」と言っている。


ここでよくよく考えていただきたい。なぜ内教を強化しなければいけないのか？　それは端的に言えば欧米列強の侵略をはね返すため、もっと直截に言えば日本が彼らに戦争で負けないようにするためであろう。近代化あるいは文明開化もそれ自体が目的では無く、あくまで欧米列強に負けないよう日本を強化するためである。もう一度この時代の多くの日本人の脳裏にどんな恐怖があったか思い出していただきたい。そうすれば雪爪の行動とその意図が、史料など無くても手に取るようにわかるはずだ。

維新の志士が西洋の戦術や技術を研究したように、宗教家である雪爪はキリスト教のことを研究したはずだ。キリスト教国家はなぜ強いのか？　その理由を知らねば欧米列強には勝てないからである。

キリスト教という宗教もじつはもっとも基本的な戒律「十戒《じっかい》」で「人を殺すこと」を禁じている。しかし実際には欧米列強の国民たちはキリスト教徒でありながら、戦争の時は武器を取り母国のために戦っている。「不殺生戒」など無視していることになる。もっとも完全な無視では無く、たとえばプロテスタントの国アメリカには従軍牧師などがいて兵士の相談に乗ったり葬祭を司ったり、いわば宗教の戦争協力体制が「見事に」整っている。

雪爪はそうした国家と戦うためには、日本の宗教も不殺生戒を絶対に守るなどと言っていたら負けてしまう。彼らに勝つため、少なくとも負けないためには、アメリカのような体制を整えなければならないという思いがあったに違いない。

では、「牙を抜かれた温和な仏教」を「戦える仏教」にするにはどうすればいいか？幸いにも日本にはかつて僧兵という「戦う僧侶」がいた。武蔵坊弁慶《むさしぼうべんけい》は本職の武士よりははるかに強かった。しかも、彼ら僧兵集団は対立したこともあったが、基本的には朝廷そして天皇の味方であった。ならば、それを復活させることは、まさにお国のためであり沈滞していた仏教教団にも活《かつ》を入れることになる。このような考えから、雪爪はまずその第一歩として僧侶の妻帯を認めることによって仏教勢力を、少なくとも「戦える」という点に於いて戦国時代に戻そうとしたのだろう。

こういうことを言うと、保守的な歴史学者から必ず返ってくる反論が「そんなことについて史料は無い」である。「史料が無ければ対応する事実が無い」という相変わらずの史料絶対主義で、そういう頭の固い人間には何を言ってもムダかもしれないが、もう一度だけ言おう。明治維新は何のためになされたのか？　欧米列強に戦って勝てる国、負けない国を造るためだったということを再認識して欲しいのである。

あるいは、「僧兵の復活」が目的ならばなぜそれをストレートに言わないのだ、という反論があるかもしれないので念のために答えておくと、改革には段階というものがあり、いきなり最終目標を達成するのは、新しいことに拒否反応を示しがちな人間社会の常識から見ても基本的に不可能であるという、歴史の法則をご存じないのかということである。明治維新だってそうだったではないか。

この段階で雪爪が仏教界に望んだのは第一段階としての世俗化だったろう。真宗化と言ってもいい。浄土真宗のように公然と妻帯できるようになったほうが、欧米とくに英米型の市民社会に近づけると考えたのではないか。

とくに英米と言ったのは、アメリカは牧師が妻帯できるプロテスタント中心の国だし、イギリスもイギリス国教会（カトリックからの分派）が中心で司祭の多くは妻帯できる体制だからだ。一方、フランスはカトリックで神父が妻帯できない国である。

明治の創成期、日本海軍は当初から薩摩閥を通じてイギリスの強い影響を受けていたが、幕府に続き長州閥を通じてフランスの影響が強かった陸軍がプロイセンに傾斜するようになったのは、普仏《ふふつ》戦争（１８７０～71）でフランスがプロイセンに負けたからだと言われている。つまり軍政家で後に「陸軍の法王」とまで呼ばれた山県有朋《やまがたありとも》はそこでフランスからプロイセンに乗り換えたわけだが、この「乗り換え」の動機の一つにプロイセンの宗教があったのではないか、と私は考えている。こう言えばおわかりのようにプロイセンもアメリカと同じくプロテスタントの国なのである。新生日本を宗教的にも欧米列強に対抗できうる国家にしなければならないと考えた雪爪が、普仏戦争の結果をどうとらえたか、もうおわかりだろう。史料は無い（笑）が「カトリック国よりもプロテスタント国のほうが強い。見習うべきは彼らの体制だ」だろう。ちなみに雪爪が新政府に僧侶の妻帯を認めるよう建白書を提出したのが明治四年（１８７１）でそれを受けて太政官布告第一三三号が出たのが翌年一八七二年、つまり普仏戦争の全容が日本に伝わった直後である。

また、一九〇四年に亡くなった雪爪に従四位《じゅしい》を贈ると政府決定した時の内閣総理大臣は長州閥の桂太郎《かつらたろう》であった。その直前に総理を務めていたのは、まさに「足軽から関白になった男」伊藤博文《いとうひろぶみ》であった。日本海海戦でロシアのバルチック艦隊を撃破した日本海軍の作戦参謀秋山真之《あきやまさねゆき》も従四位である。雪爪もそれぐらい国家に貢献したと評価されたのだ。その伊藤博文が大日本帝国憲法を作るにあたってどこの国の憲法を参考にしたか、それはよく知られていることだから書くまでもあるまい。

歴史とは人間の営為だ。政治史とか宗教史とかに細かく分類するのでは無く、あくまで総合的に理解するものなのである。

■「日本仏教のプロテスタント化」を完成させた田中智学の「僧侶肉妻論」

日本の仏教には、あきらかに戒律軽視の伝統がある。

天台宗など旧仏教もそうだが、鎌倉新仏教もそうだ。その代表とも言うべき浄土真宗は宗祖親鸞がいち早く捨戒《しゃかい》（戒律を捨てる）した。だから信徒の死後に僧から授けられる名も「法名《ほうみょう》」と言い「戒名」とは言わない。そして明治初期の「宗教改革」を実行した鴻雪爪が、これからの日本国民にとってもっとも理想的宗教と考えていたのは、仏教の中では真宗であったと私は推測している。もちろん雪爪は曹洞宗の僧侶だったのだが、それを捨てて還俗したのも（結果的には神道家になったが）、そう考えていたからではないか。

なぜなら日本仏教の中でもっとも西洋諸国それも日本が模範とすべき非カトリック国（プロテスタントおよび英国国教会）に一番近いのが、真宗だからだ。アメリカ、イギリスあるいはプロイセンといった国々では、聖職者が妻帯し家庭を持つことができるし、そうした市民社会の中から兵士が召集され、強力な軍隊を形成している。雪爪から見ればまさに理想国家であったに違いない。

現代の日本人は、先の大戦で数百万人を失った痛切な体験のため、何事も平和第一で戦争を否定する価値観を持っている。それ自体は、あきらかに行き過ぎの面はあるにせよ、悪いことでは無い。だが、その価値観を絶対のものとして他の時代を見てはいけない。各時代には各時代の基本的な風潮あるいは理想がある。

この時代、つまり十九世紀後半の日本人にとって理想とすべき国家像とは「強い国家」であった。もっと具体的に言えば「欧米列強の植民地にされない、彼らとの戦争に負けない国家」であった。たとえば日本人が明治年間ずっと悩まされてきた欧米列強との不平等条約改正問題、いずれ詳しく述べることになるだろうが、欧米列強の代表とも言うべきイギリスが不平等条約改正に応じたのは、何がきっかけだったかご存じだろうか？　無論、悪名高き「鹿鳴館《ろくめいかん》外交」などでは無い。イギリスが日本をきちんとした国家として認めたのは、大日本帝国憲法が制定された時でも無く、日本が日露戦争に勝った時だった。イギリスは日本をそこで初めて「一人前」と認めたのだ。オピニオンリーダー福澤諭吉が『脱《だっ》亜論《あろん》』で示した目標にそこでたどり着いたと言ってもいい。日本人の大好きな「話し合い」つまり平和的な外交交渉では百年かけても無理だったろう。日本だけが他の道を行こうとしても「文句があるなら戦争で決着をつけよう」というのが国際ルールだったから、やはり軍事力を身につけなければ文字どおり「話にならない」のである。

この時代は「世界戦国時代」だったと考えればもっと理解が早いかもしれない。戦国時代の日本には「戦う仏教徒」がいた。旧仏教を代表する僧兵に対し、新仏教を代表するもっとも勇猛な軍団はいったい何だったか？　真宗（本願寺）の一向一揆《いっこういっき》ではないか。最新兵器の鉄砲を大量に装備した織田信長軍団つまりプロの職業軍人を、最後まで悩ませたのが「家に帰ればよき父でよき夫である市民」の集団としての一向衆だった。これを復活することはまさに新生日本にとっての急務であると、「宗教の整備」をしようとした人々は考えた。その先駆者が鴻雪爪だったのである。

　戦国時代の常識では、大名同士の縁組みも国家戦略を念頭に分析しなければならない。「世界戦国時代」も同じこと。ずっと先の話になるが日本が韓国併合をした後に、日本の「王族」となった李垠《りぎん》殿下に嫁いだのは皇族梨本宮《なしもとのみや》家の出身の方子《まさこ》妃であった。そして大正に入って東本願寺第二十四世大谷光暢《おおたにこうちょう》法主に降嫁したのは久邇宮智子《くにのみやさとこ》女王、つまり昭和天皇の妃である香淳《こうじゅん》皇后の妹であった。昭和に入って天皇と本願寺法主は相婿《あいむこ》つまり義兄弟の関係にあったということだ。再び言うが日本という国を消滅させないために、あらゆる分野であらゆる知恵を振り絞り体制を整えることが、黒船ショック以降の日本人の課題だったのだ。

　しかし、妻帯解禁にも「仏教を堕落させる陰謀だ」という声が少なからず上がったのだから、雪爪が目指したと思われる「日本のプロテスタント化」はすんなりと進んだわけでは無い。だが、その中でも後から振り返れば節目になった時期はあった。

それは一八九〇年(明治23)である。それまで国民皆兵つまり徴兵令の完全施行が政府の目標ではあったが、対象者全員を召集するだけの予算を出せないという事情もあり、仏教の僧侶に対しては兵役の義務を厳しく課さなかった。いわば「お目こぼし」が常態であった。ところが徐々に外国との戦争が可能な状態に様々な制度が整備されてきたことを踏まえ(結果的にはこの4年後に日清戦争が起こる)、政府は僧侶の特別扱いを一挙に廃し全員が徴兵の対象になるという徴兵令の改正を実施した。

当初、仏教界はこの方針に「われわれは仏陀《ぶっだ》の教えを守るものであり、不殺生戒を犯すことになる兵役に就くことはできない」と激しく反発したのだが、この反論には矛盾があることがおわかりだろう。「戒律を守れ」という「仏陀の教え」を、日本の仏教者は少なくとも「女犯戒」においては守っているとは言い難いからだ。

ここで一時は議論が止まっていた、「僧侶の妻帯は是か非か」という問題が再び熱く議論されるようになった。

宗派ごとに様々な議論が重ねられた。先に紹介した真言宗大僧都の「睾丸抜き取り事件」もこの延長線上にあるのだが、この中でもっとも整備され日本の仏教界に大きな影響を与えた理論がある。田中智学《たなかちがく》の「仏教僧侶肉妻論」だ。この人も鴻雪爪と同じようにわかりにくい人物であることは間違いない。

田中智学　たなかちがく　［1861—1939］

明治～昭和期の宗教家。国柱会（こくちゅうかい）の創始者。江戸・日本橋の生まれ。本名巴之助（ともえのすけ）。鐘宇（しょうう）、巴雷（はらい）と号した。父の医師多田玄竜（げんりゅう）は、法華（ほっけ）信者。幼にして父母を失い、東京・江戸川一之江の日蓮宗妙覚寺で得度、二本榎（えのき）大教院などに学んだが、やがてその教学を疑い、還俗（げんぞく）して1880年（明治13）に横浜に蓮華（れんげ）会をおこして祖道復古、宗門改革を目ざした。84年には東京に進出して在家仏教の立場から立正安国会を創立、87年には日本最初の仏教結婚式を制定、また教学の府として鎌倉に師子王（ししおう）文庫を設立する。さらに1914年（大正3）には、有縁（うえん）の諸団体を統合して教行を統一して、檀家（だんか）制度によらない信仰者の組織である国柱会を創始した。この間、日蓮主義組織教学を大成、また日本国体学を創建した。編著は『日蓮主義教学大観』『本化聖典大辞林』など200種に及ぶが、なかでも『宗門之維新』に啓発された高山樗牛（ちょぎゅう）をはじめ、姉崎正治（まさはる）（嘲風（ちょうふう））、石原莞爾（いしはらかんじ）、宮沢賢治、中里介山（かいざん）、田中光顕

（みつあき）ら多くの人々を感化した。

（『日本大百科全書（ニッポニカ）』小学館刊）

田中智学についてはこれまで二度ほど触れたことがあり、今後も満州事変や石原莞爾《いしはらかんじ》との絡みで触れることになるだろうが、ここで注目したいのは「日本最初の仏教結婚式を制定」するなどして「檀家制度によらない信仰者の組織」国柱会を立ち上げた、という事績である。

ちなみに国柱会とは日蓮の著書『開目抄《かいもくしょう》』にある言葉「われ日本の柱とならん」にちなんだ団体であり石原莞爾や宮沢賢治も会員だったのだが、この項目で以前に紹介した論文『日本仏教における肉食妻帯問題について—その実態の歴史的変化と思想的特徴—』の著者PHAM THI THU GIANG女史は、智学を日本的仏教の構築者としてきわめて高く評価しているのである。それは端的に言えば智学の論文「仏教僧侶肉妻論」に示されているというのだ。

倫道ノ大本、実ニ男女ノ関係ヨリ先ナルハナシ。男女ノ関係ハ情ノ依テ発スル所、欲ノ依テ成ス所、道ノ以テ繋ル所、此事若シ一脚ヲ失セバ、父子兄弟ノ倫常モ為ニ破壊ニ坐

シ、済世利民ノ道モ為ニ失堕ニ帰セン
（『仏教僧侶肉妻論』〈『日蓮主義研究』師子王文庫〉）

〈大意〉
人間の倫理の根本は男女関係にある。男女の関係は愛情によって生まれ、その欲望によって形成されるものであると同時に道徳につながるものだ。もしこれが破壊されれば親子兄弟の間の倫理も破壊され、国家経営の道もうまくいくものではない。

それにしても釈迦ことゴータマ・シッダッタの仏教とまったく違うものだなあ、と感想を抱くのは私だけではあるまい。そもそも大乗仏教が生まれた時点で仏教は大きく変容したのだが、この日本的仏教はさらに中身を改変し夫婦という男女関係をあらゆる社会の根元に据えているのである。

釈迦にとってもっとも大事なことは悟りを開くことであった。そのためにあらゆる執着を捨てる必要があった。執着の最大のものは家族に対する愛であり、だから釈迦は妻子を捨てて出家した。だからこそ仏教は仏の「慈悲」は重んじるが「愛」は重んじない。むしろ愛とは愛欲つまり悟りを妨げるものと見る。密教で信仰されている愛染明王《あいぜんみようおう》は、愛欲（という悪徳）を菩提心に導くからこそ信仰されているのだ。

むしろこの「日本的仏教」はキリスト教に似ている。キリスト教の基本は「愛」である。もちろんそれは神の人に対する愛が基本であったのだが、そのうち人間同士の愛も大切にするようになった。

戯画的に言えばここに三人の野球選手がいるとしよう。それぞれ日本人、中国人、アメリカ人である。明日はチームとって絶対大切な試合がある。そうした時は親が危篤でも帰らないのが日本人選手だ。なぜなら日本人がもっとも大切にするのは「和」であり、集団の目的を優先することだからだ。一方、親が危篤なら必ず帰るのが中国人選手だ。なぜなら彼らには「孝」こそもっとも守るべき道徳だからだ。そして妻が病気ならば明日が日本シリーズで、自分が登板しなければチームは負けてしまうという状況でも帰るのが、アメリカ人選手である。彼らにとってもっとも大切なのは「愛」だからだ。

愛は確かに執着ではあるが、それ自体大きなエネルギーを持つ感情でもある。だから愛染明王も信仰された。そして、国家の立場から見れば、家族への愛を愛国心に転化させ、国のために戦うという形に持っていくこともできる。

だが、これはキリスト教では可能だが、愛をよからぬものと考える従来の仏教では絶対不可能なことだ。愛国心も国に対する執着に他ならないとするのが本来の仏教の立場である。おそらく智学はそこを変えようと思ったのだろう。そうしなければ大日本帝国の仏教徒は決して戦争で戦うことができず、「国の柱」となることもできない。

こういった方向、つまりプロテスタント的国家が遠い視野の向こうに見えていた鴻雪爪が、まず日本人の伝統的感覚ではもともと「無理」で「自然に反する」妻帯禁止を廃止の方向へ導き、それを受けて田中智学が夫婦を倫理の根本におくという形で日本的仏教を完成させたということだ。イギリス海軍をお手本にした日本海軍がイギリス海軍によく似ていたように、プロテスタントを模範にした日本的仏教がそれに似てくるのは当然と言えば当然の話だ。

ここでプロテスタント国家における「一般信徒が戦える状態」とはどのようなものか、戦場での実例では無いが、アメリカで最近放映されたドラマのなかに実態を彷彿とさせるようなシーンがあったのでご紹介しよう。ドラマのタイトルは『THE UNIT』（CBS放送制作）。兵士ボブ・ブラウンが従軍牧師（チャプレン）のランツに疑問をぶつけるシーンである。

Bob「Well look, the Bible says, thou shall not kill.」

（でも聖書には、〝thou shall not kill〟（汝、殺すなかれ〈『十戒』〉）とあります）

Lantz「No. It says, thou shall not murder. Is that a small point?
（違う。聖書が意味しているのは〝thou shall not murder〟だ。この違いは些細なものだと思うか？）

さて、従軍牧師ランツはこの後どんな論理を展開したか？

■信長、秀吉、家康が成し遂げた「武教の完全分離」という大偉業

いかに戦争とは言え敵を殺すこと、つまり「殺人」は許されるのか？
そもそも神は預言者モーゼに与えた人間がもっとも守るべきルール「十戒」の中で、「thou shall not kill.（汝、殺すなかれ）」と命じているではないか。そんな兵士ボブ・ブラウンの問いかけに、従軍牧師（チャプレン）レンツは何と答えたか？

Lantz「It says, thou shall not murder. Ok the two words in Hebrew are quite distinct and so the use is quite intentional. Murder is the unnecessary and immoral taking of life.」
（聖書は thou shall not murder と言っているんだ。わかるか？ この二つの言葉（"to

Kill”と“to murder”）はヘブライ語ではまったく異なる。従ってその使い方もかなり意図的に区別されるわけだ。“To murder”とは不必要かつ不正に命を奪うことだ）

もちろん若い兵士は簡単には納得はしない。

Bob「Well, is the taking of life ever necessary ?」
（でも、人の命を奪うことが必要なことなどあるのでしょうか?）

Lantz「You know that it is. Would you ever kill an intruder that came to your home in the middle of the night to harm your family ? Would you ?」
（わかっているはずだ。もしも真夜中にお前の家に侵入者があり、家族を傷つけようとしたらどうする?）

Bob「Some say that taking of life is never justified.」
（でも、人の命を奪うことはどんな場合でも正当化されないと言う人もいます）

Lantz「Those people, soldier, employ others to protect them so that they will never have to face that choice. Do you hear me ?」

（そういった連中は自分たちの身を守るためにカネで他の人間を雇うのだ。そして自分たちは「人の命を奪うという選択」に決して直面しなくても済むようにする）

〈※英語のセリフは、米TVドラマ『THE UNIT』（CBS放送制作）より引用〉

従軍牧師が言っている「ヘブライ語ではまったく異なる」というセリフは嘘では無い。確かにこうした言葉はヘブライ語に存在し、だからこそ英語でも kill と murder という二つの単語があり、たとえば He was killed in the war.（彼は戦死した）とか She was killed in a car accident.（彼女は交通事故で死んだ）とは言うが、He was murdered in the war. とはまず言わない。そう言うとしたら、まさにこの若い兵士が言っているように「人の命を奪うことはどんな場合でも正当化されない」と考える絶対的反戦主義者が「彼は戦争で殺された」などと主張する時である。それは彼らにとって「不必要かつ不正に命を奪うこと」だからだ。

ではこの従軍牧師の論理は完全無欠かと言えばそうでも無い。若い兵士が言っているように、英語の聖書では「殺すなかれ」は not kill であって not murder では無い。だから一般市民の常識を軍人の常識に変える必要がある。そのために従軍牧師が必要なのだ。「戦える国家」にするためである。

この論理は言うまでも無く諸刃の剣だ。アメリカ合衆国の敵であるＩＳ（イスラム国）にも「従軍牧師」はいて、若い兵士の「コーランは殺人を禁じているのではないか」という疑問に同じような理屈で答えているに違いないからだ。

本稿は『逆説の日本史』であって『逆説の世界史』では無いので、外国の事例紹介はこれぐらいにするとしよう。

だが強調しておきたいのは、多くの日本人はこうした理屈を海の向こうの話、つまり「対岸の火事」のようなものと思い込んでいるが、日本でも織田信長以前はそれが常識であったことを、この『逆説の日本史』では何度もお伝えしたはずだということである。その中でも、中世から近世にかけて武家社会のバイブルとも言うべき書だった『太平記秘伝理尽《たいへいきひでんりじん》鈔《しょう》』に、仏教勢力側の次のような「殺人正当化」の論理があったことを思い出していただきたい。

人の命を亡ぼす事を罪とせず。たまたま心有る人、「それは仏戒を破り給ふに成り侍《はんべ》るらん」と謂《い》へば、「仏《ほとけ》も魔《ま》を降伏《がうぶく》し、菩《ぼ》薩も慈悲の殺生《せつしやう》有り」と答ふ。大に非なり。

仏の衆生を助けんがために悪魔を払ひ給ふと、菩薩の衆生を渡《ど》（度）せんための慈悲の殺生とは、雲泥万里《うんでいばんり》の異《い》なり。其故は、仏菩薩は、魔《ま》を悪《にく》しと思ひたまはず。又、自《じ》の利養（利益）のためにしたまはず。今の山門の衆徒《しゅと》は、名利《めいり》の為に、事を仏法に寄せて、多くの人民を殺害《せつがい》す。（中略）誠に以て浅間敷《あさまし》き事にや。

（『太平記秘伝理尽鈔2』今井正之助他校注　平凡社刊）

〈大意〉

（彼ら僧兵は）人を殺すことを罪だとは考えていない。心ある人が「それは殺生戒を破ることではないか！」と諭したところ、連中は「これは悪魔を倒すためであり、この殺人行為は仏の慈悲だ」とうそぶいた。ふざけるな。真の仏は魔をも救おうとするものであるのに、奴らは自分たちの利益のために仏法を守ると称して多くの人々を殺しているではないか。何という救われぬ連中であろう。

まさに正義（あるいは大義）のための殺人は許される、という論理である。だからこそ、近代以前の日本には「殺人集団」である僧兵が存在した。そうした理論を邪教と考え撲滅を目指したのが信長、秀吉、家康であった。とくに先鞭をつけた信長は偉大だ。この『理尽鈔』にあるように、信長以前から当時の武士たちはこの理屈はおかしいと考えていた。軍事を担当する武家ならともかく、宗教勢力は本来人を殺さずに生かす立場であるはずだからだ。それでも撲滅に立ち上がらなかったのは、僧兵たちを抱える仏教勢力が強大な力を持っていたからである。それゆえ信長以前の武将は苦々しく思いつつも仏教勢力と妥協することしか考えなかった。武田信玄《たけだしんげん》などその典型である。

しかし、信長だけがその牙城に挑み、比叡山焼き討ちや一向衆大虐殺などという、あまり評判のよくない手段を取ることによって、何とか実現の方向に持っていった。政教分離ならぬ武教分離、平たく言えば宗教勢力の武装解除である。宗教と武力の完全分離と言ってもいい。

この世界史上、私の知る限り誰もできなかった大偉業を信長、秀吉、家康は成し遂げた。ところが日本の歴史学界はそういうことがまるでわかっていないものだから、たとえば信長は無辜《むこ》の人間をあまりにも殺し過ぎたなどと教える。そうした教育を受けた人々が、その偉業を成し遂げた信長を、理解するどころか虐殺者として糾弾することになる。『信長嫌い』というエッセイを書いた作家藤沢周平《ふじさわしゅうへい》がその典型である（第10巻『戦国覇王編』参照）。もちろん藤沢周平が悪いのでは無い。悪いのは藤沢のような偉大な作家の目を曇らせるような誤った歴史教育を進めてきた日本の歴史学界である。

そして信長の行為は我々人類に一つの大きな教訓を与えている。それは狂信的な宗教集団が、自分たちを絶対の正義とし武装して、その主張を通そうとする場合、これを解体するには相手が屈服するまで殺し続けるしかないという冷厳な事実である。

もちろん人命は尊い。できるならそんなことはしたくない。信長もそうだったろう。人によっては信長を「血に飢えた野獣」にたとえるが、もしそうなら本願寺が信長に降伏した後、関係者の大量処刑が行なわれたはずだ。

しかし信長は確かに降伏前は大量の信徒を殺しているが、本願寺が降伏し武装解除に応じた後は誰も処刑せず布教の自由も完全に認めているのである。一揆勢には最愛の弟や有能な部下を何人も殺されているのだが「戦犯」の追及も一切していない。「血に飢えた野獣」ならそんなことはあり得ないことはおわかりだろう。

話を明治初期の日本に戻そう。

すでに述べたように、僧侶の妻帯問題をきわめて前向きにとらえ、これを仏教改革の柱に据えたのが日蓮宗の「行者《ぎょうしゃ》」とも言うべき田中智学であった。行者と言うのは、彼は一度は出家したものの還俗して在家の信者として生涯を過ごしたからだ。

後に日本の軍国主義のスローガンとされ「侵略」を正当化したとされる「八紘一宇《はっこういちう》」という用語も智学が作った。八紘一宇とは、神武（じんむ）天皇が大和（やまと）橿原（かしはら）に都を定めたときの神勅に「六合（くにのうち）を兼ねてもって都を開き、八紘（あめのした）をおおいて宇（いえ）と為（せ）んこと、またよからずや」（日本書紀）とある。ここにあるのは「八紘為宇」という文字であるが、1940年（昭和15）8月、第二次近衛（このえ）内閣が基本国策要綱で大東亜新秩序の建設をうたった際、『皇国の国是は八紘を一宇とする肇国（ちょうこく）の大精神に基」づくと述べた。これが「八紘一宇」という文字が公式に使われた最初である（以下略）。

（『日本大百科全書（ニッポニカ）』小学館刊）

公式に使用されたのはここに書いてあるとおりだが、この「八紘為宇」から「八紘一宇」という新語を造語したのは、あくまで田中智学であった。「日本の天皇を中心に世界が一家になる」ということだ。わかりやすく言えば、法華経（妙法蓮華経）の根本精神である「一天《いってん》四《し》海《かい》皆《かい》帰《き》妙法《みょうほう》」の実現、つまりすべての人類が法華経に帰依すれば世界は平和になるという信仰に基づいたものであり、天皇がそのリーダーになるというものである。

もっとも、そういう見方に対する反論もある。智学自身は「八紘一宇」が「日本軍国主義」のスローガンにされるとは夢にも考えていなかったし、そもそも戦争自体に批判的であったというものだ。確かにこのスローガンが公式なものとなった時には智学はとうの昔にこの世を去っていたし、智学自身戦争には批判的ではあった。しかし、戦争絶対反対論者では無い。つまり理不尽な暴力に対する抵抗まで否定はしていないということだ。これは一歩進めば戦争正当化につながる。

■仏教は「殺人」を肯定しなかったから滅びた？

ところで、よくご存じのように仏教発祥の地であるインドでは仏教は一度滅びた。考えてみれば不思議なことではないか。これほど世界で多くの信者を獲得している宗教がなぜ発祥の地のインドでは滅んでしまったのか？ それはやはりインド仏教つまり本来の釈迦の教えを伝える仏教は、どんな形でも「殺人」を肯定しなかったからではないかと、私は考えている。あくまで仮説ではあるが、過去数年かけて釈迦生誕の地ネパール、仏教開眼の地インドの仏跡を巡っての感想はそれだ。

「祇園精舎《ぎおんしょうじゃ》の鐘の声、諸行《しょぎょう》無常《むじょう》の響きあり」と『平家物語』は語る。祇園精舎とは古代インドのコーサラ国にあった仏教の寺院（精舎）のことで、釈迦もしばしば説法したという由緒ある場所だ。しかし、約一千年の後『西遊記』の三蔵法師のモデルとなった玄奘《げんじょう》が訪ねた時には廃墟になっていた。まさに「諸行無常」だ。その玄奘が学んだナーランダ大学も今は建物跡が残るのみ。すべての仏像、経典、文化財は仏教を邪教とするイスラム教徒に徹底的に破壊された。「僧兵」がいなかったからである。

インド仏教の流れを汲むチベット仏教のダライラマ十四世も、中国の侵略行為に対してあくまで非暴力による抗議の姿勢を貫いている。大変素晴らしいことだが、これは現代社会だから通用する態度であって、帝国主義の時代だったら暗殺されていたかもしれない。

当たり前の話だが、歴史の評価というものはきわめて難しい。織田信長の評価もそうだが、最近ネットサーフィンをしていたら教育勅語に対する否定的な評価が目立つことに気がついた。何も知らない若者が教育勅語っていったい何ですか？　と聞いた時に、そんなものは国民を戦争に駆り立てる軍国主義の源流であって一切価値が無いなどと答えているケースもあった。これはあまりにも一面的な歴史の見方だ。実際、教育勅語には「一旦緩急あれば」つまり国家に万一のことがあれば、国民は天皇のために戦わなければいけないという文言はある。それは事実だから、国民を戦争に駆り立てるものだという評価はまったく根も葉も無いデタラメとは言えない。根拠はある。しかしそのような言い方は、たとえば坂本龍馬《さかもとりょうま》も高杉晋作《たかすぎしんさく》も西郷隆盛も、自分の手で人を殺した経験があるから殺人者であり、人間としては価値が無いなどと評価するのと同じことだ。

龍馬は確かに寺田屋で役人に取り囲まれた時、高杉晋作からもらったピストルを発射し役人を一人射殺している。それは事実だが、だからと言ってもし彼がその時逮捕されていたら、薩長同盟もうまくいかなかったかもしれない（盟約の事実はあったが、完全に成立したのは桂《かつら》小五郎《こごろう》が龍馬に保証を求めたからであり、寺田屋事件で逮捕されていれば当然その保証はなされなかった。つまり同盟自体うまくいかなかった可能性がある〈第21巻『幕末年代史編Ⅳ』参照〉）。龍馬はあの時点で日本のためにはあのような形で脱出するしかなかったのであり、それを人殺しだからダメだなどと言うような評価はきわめて一面的な見方だということがわかるだろう。

教育勅語に対する批判も同じである。右も左もわからない若者に、そういう一方的な刷り込みを与えるのは、天皇に関することは何でも「悪」だとする日教組教育の体現者かあるいは、そういう人たちに洗脳されてしまった被害者かもしれない。そういう人はこの『逆説の日本史』シリーズを読んでいないかもしれないが、せっかくだから歴史というものをもっと柔軟に立体的に見るコツをお教えしよう。

それは一言で言えばジャッキー・チェンはジャッキー・チェンなのに、安倍晋三はなぜシンゾー・アベでは無いのか、という問題である。

念のためだが、決してふざけているのではない。

ジャッキー・チェンはなぜジャッキー・チェンなのに、安倍晋三はなぜシンゾー・アベでは無いのか？

まず大スターのジャッキー・チェンのことはよくご存じだろう。彼はもともと中国人で陳港生《チャンコンサン》が本名だが、Jackieという英語名は単なる芸名では無い。彼はイギリス統治下の香港《ホンコン》で生まれた「香港人」だから英語名を持っているのだ。では、なぜ香港はイギリスの植民地だったのかと言えば、一八四一年に清国がイギリスとのアヘン戦争に敗れ、翌年の南京《なんきん》条約で香港を奪われたからである。結果的にはその後の外交交渉で香港は一九九七年に中国に返還されたが、この時点では租借つまり期限後の返還では無く永久割譲であった。しかも、イギリスはその後アロー戦争を清国に仕掛け香港島の対岸の九龍《クーロン》半島まで奪い取った。一八六〇年、日本では大老井伊直弼《いいなおすけ》が桜田門《さくらだもん》外《がい》で暗殺された年である。

そんなことは「対岸の火事」だと思っている日本人が今でもきわめて多いのだが、ここで思い出してもらいたいのは、そのわずか四年後の一八六四年に長州藩が英米蘭仏の四か国連合艦隊を相手に戦い、惨敗を喫した下関戦争の後始末の話である。あの時、列強を代表したイギリスは和平交渉で日本側に何を要求したか？　下関の沖合にある彦島《ひこしま》の租借である。『第二十一巻　幕末年代史編Ⅳ』で述べたように、高杉晋作が徹底的に抵抗したこともあって、イギリスは彦島を奪うのをあきらめた。

しかし、日本がその後、朱子学にこだわって清国のように自国の改革に失敗していれば、つまり明治維新が実現できなかったら、彦島だけでなく対岸の下関もイギリスの植民地となり一九九七年にようやく返還されましたということになったかもしれない。そうなれば、香港人と非常に情況のよく似た「下関人」が我々の歴史に存在していたかもしれないのだ。当然、下関人は英語名を持つことになる。

ところで安倍晋三首相の選挙区はご存じだろうか？　じつは下関市周辺で彦島もその中に入っている。まかり間違えばシンゾー・アベの本名（日本名）が安倍晋三である、ということになったかもしれないのだ。

これで冒頭の「ジャッキー・チェンはジャッキー・チェンなのに、安倍晋三はなぜシンゾー・アベでは無いのか？」という問いが、歴史というものを考えるコツであるという意味がおわかりになったかと思う。

ついでに言っておけば前節で述べたような「教育勅語は国民を戦争に駆り立てるもの」などと短絡的に断定する人間は、植民地支配についても「民族の独立を奪うきわめて悪質な行為」という評価しかできない。確かにそれが評価の大部分であることは事実である。しかし、ここであらためて香港人のことを考えてみよう。香港人はなぜ本土の中国人に比べはるかに人権を守り自由を尊重し民主主義を理解しているのか？　それはイギリスの統治を受けたからだろう。イギリスが香港を奪った経緯は、貿易赤字を解消するために中国にアヘンを売りつけ、当然の権利として怒った中国を戦争で屈服させるという、弁護の余地の無い非道な行為ではあった。しかし、その結果生まれた植民地支配が香港人という、中国民族の中で台湾人と並んでもっとも民主的な人々を生み出したことも事実である。

このように歴史上の出来事はそのほとんどが功罪を持つものであって、一方的に悪いと決めつけられることはほとんど無い。一方的に決めつけるのでは無く、そうした功罪に留意することも歴史を見るコツの一つである。

ところが冒頭のような「ジャッキー・チェンはジャッキー・チェンなのに……」などという設問を作ると必ずケチをつけてくる人々がいる。そうなったら歴史は変わってしまうからジャッキー・チェンが香港で生まれたとは限らないし、安倍晋三の父親は下関出身では無かったから、そもそも「シンゾー・アベ」が生まれた可能性もほとんど無い、などという批判である。

もちろん歴史のファクターはきわめて複雑だから、大きな部分で歴史が変われば小さな部分も大きく影響される。それは当たり前でありじゅうぶんにわかっている。しかし、私は多くの人間によりわかりやすく歴史を理解してもらいたいから、あえてそういう言い方をしているのだ。それをこんな言い方で批判するのは、まさに理不尽な言いがかりである。

こういうことを言う歴史学者に共通する欠点が「歴史・if」を認めないことだ。「歴史・if」おわかりだろう、「もしもあの時、歴史上の事実と違うことが起こっていたら、歴史はこう変わっていただろう」という推論のことだ。たとえば「関ヶ原の戦いで石田三成《いしだみつなり》が勝っていたら、その後歴史はどう変わっていたか?」だ。

ところが頭の固い歴史学者の中には、実際に起こった事実だけをチェックすればいいのであって、そのような架空の情況を推論するのはムダであり邪道であるとの考えの持ち主がまだまだいるようだ。だからこそ「歴史・ifは認めない」とか「邪道だ」などと言う人間がいるようなのだが、正直言って私はそういう人々の頭の中身がまったく理解できない。人間の世の中の多くの部分は「推論」によって成り立っているということを、こういう人々はご存じないのかとすら思う。

たとえば海で溺れかかった人を救助した人間を警察や自治体が「人命救助」で表彰する場合、それは「もしもあなたが助けなければこの人間は死んでいたでしょう」という「推論」が前提になっている。ではそこに「いや、その人が助けなくても自力で泳ぎ着いたかもしれないじゃないか」「救急隊が間に合っていた可能性もある」だから「もしも助けなければ溺れた人は死んでいたでしょう、という事実として確定してもいない推論で表彰するのはおかしい」などとケチをつけてきた連中がいたら、人はその連中を何と評するだろうか？　「頭がおかしい」であろう。

「歴史ｉｆは認めない」などと言う歴史学者はそれと同じである。いかなる歴史学者でも、たとえば「幕末、井伊大老が開国を決断した」などという歴史上の事績に対して的確な評価をするためには、「もしも開国していなかったらどうなっていたか？」つまり「歴史ｉｆ」を考えているはずなのだ。そうでなければ評価などできない。それゆえ「歴史ｉｆは認めない」派の学者も、自分の専門分野では必ずそういう作業をしているはずだ。つまりこういう人々は自分の仕事の分野では当たり前のように推論を使いながら、人がそれを使うと「邪道だ」とか「けしからん」などと言い出すのである。あきれてものが言えないとは、このことだろう。

■国民全体が抱いていた「清国は東洋の主役の座から降りるべき」という思い

歴史を見るもう一つのコツは、これはすでに述べたことだが「当時の人々の気持ちになって考える」ことである。しかしこれもきわめて難しい。今と昔では常識がまったく違う場合もあるからだ。しかし、この編で問題にしているテーマは決してそうでは無い。早い話が一八六四年の長州藩の人々の気持ちになって考えていただければよい。日本人は中国に対してライバル心を持っていた。だからこそ江戸時代「日本のほうが中国だ」（山鹿素《やまがそ》行《こう》の『中朝事実』など）という言い方も流行した。

しかし、これはコンプレックスの裏返しであることはちょっと考えればわかることだろう。その、本当は畏敬の念を抱いていた偉大なる中国がイギリスという野蛮で無法きわまる国（日本もフェートン号事件ですでに被害者であったことに注意〈第17巻『江戸成熟編』参照〉）に、しかもあきらかにイギリスのほうに非があるアヘン戦争を仕掛けられ惨敗し領土を取られた。それがほんの四年前なのである。そして攘夷を決行しガイジンなど我々が追い払ってみせると大言壮語していた長州軍は、あっけなく四か国連合艦隊に惨敗した。

そういう状況で人は何を思うか。このままではいけない、日本をもっと強くし欧米列強に負けない国にしないと彼らの植民地にされてしまうぞ、と思うはずである。それが長州人の、いやすべての日本人の思いだったのだ。

少し話は先走るが、日本のキリスト教徒の先駆けである内村鑑三《うちむらかんぞう》は日露戦争には反対だったが、それに先立つ日清戦争には容認の姿勢をとった。それに対して「キリスト者ともあろう者が戦争を認めるとは何事だ」という批判があるが、じつはそれは「教育勅語は国民を戦争に駆り立てる悪そのもの」という批判と同じで、当時の歴史的状況をまったく理解していない短絡的批判であることがわかるだろう。

当時の大日本帝国で官も民も等しく思っていたことは、日本を軍事強国にしなければならないということで、もう一つ付け加えればいつまでたっても近代化できない清国はこのあたりで「東洋の主役の座」から降りるべきだ、それがアジア全体の利益になり欧米列強の植民地化にも歯止めをかけられる、という思い（思い込みというべきかもしれないが）が国民全体にあったのである。そうした状況を無視して「とにかくキリスト者なんだから戦争に反対しなかったのはおかしい」などと批判すべきでない。現代の日本と当時の日本では状況も常識もまるで違うのだから。

もっとも当時の人々の気持ちになって考えなければいけないのは、当時の歴史的状況を正確に認識し真の歴史を分析するためである。そこに感情移入し状況を絶対化してはいけない。たとえば、先述のように一口に植民地化と言っても必ずしも「罪」ばかりでなく「功」もあるのが普通だが、それを植民地獲得の正当化に用いてはならないし、逆に謝罪の道具にしてもいけない。日本には前者はダメだが後者は良心的だと考えている研究者もいるが、それは結局歴史の真実を歪めることにつながることは、第一章「近現代史を歪める人々」で逐一述べたことだ。

また、これも少し先走る形になるが、日本は日露戦争に勝利し列強の仲間入りをした。とくに東郷《とうごう》平八郎《へいはちろう》大将率いる聯合艦隊がロシアのバルチック艦隊を撃滅した日本海海戦は、世界海戦史に残る見事な「完全試合」であった。しかし、戦国の名将武田信玄が言っているように「十分《じゅうぶ》の勝ち」(完勝)はよくない。それは「驕《おご》り」と「怠《おこた》り」を生むからだ。そして「驕り」が生じた軍は次の戦いで必ず敗れるのである(第21巻『幕末年代史編Ⅳ』あとがき参照)。

昭和史を概観すれば武田信玄の「予言」どおりになっている。帝国陸海軍はその後、とくに陸軍において「天皇の軍隊だから負けるはずはない」という驕りを生み、その結果武器の近代化の遅れという「怠り」を生んだ。第二次世界大戦を明治三十八年式歩兵銃で戦っていたのがその典型である。皮肉なことに日本陸軍の祖と言われる長州藩の大村益次郎《おおむらますじろう》は幕府との決戦において徹底的に戦術と銃器を近代化することによって勝っている。しかし、その教訓はまったく生かされずに、逆に同じ四境《しきょう》戦争で高杉晋作が絶望的な状況の中から敵軍を下関に誘い込み、いわば「本土決戦」で逆転勝利を収めたという歴史的事実ばかりが「教訓」として尊重された。

その結果どうなったかはご存じのとおりである。

話を戻そう。この章の目的はいわゆる「戦前の日本」つまり大日本帝国が欧米列強と戦える国家になるために思想・教育の分野でいかなる「改革」をしたかを分析検討することであり、すでに仏教については分析した。しかし、それだけでは不じゅうぶんだ。鴻雪爪の言う「内教」は仏教と神道だからだ。そして、大日本帝国は神道を国家神道に改変したというのが常識となっている。では、その国家神道とはいかなるものか？　代表的研究者である村上重良は次のように定義する。

神道の一形態で、近代天皇制国家が政策的につくりだした事実上の国家宗教。神社神道を一元的に再編成し、皇室神道と結び付けた祭祀（さいし）中心の宗教である。王政復古を実現した新政府は、１８６８年（明治１）祭政一致、神祇官（じんぎかん）再興を布告して神道の国教化を進め、神仏判然令で神社から仏教的要素を除去して、全神社を政府の直接の支配下に置いた。71年、政府は全神社を国家の宗祀とし、社格を制定して、神社の公的地位を確立した。皇室の祖先神天照大神（あまてらすおおみかみ）を祀（まつ）る神宮（伊勢（いせ）神宮）は、全神社の本宗（ほんそう）と定められた。82年、祭祀と宗教の分離が行われ、国家神道は、非宗教、超宗教の国家祭祀とされた。（以下略）

（『日本大百科全書（ニッポニカ）』小学館刊）

こうした見解に対して真っ向から異を唱える研究者もいる。

■「大日本帝国には『国家神道』という言葉は存在しなかった」という事実

「国家神道」という言葉が一般的になったのは、何と言っても歴史学者村上重良が、同名タイトルの『国家神道』（岩波書店刊）という本を世に問うてからだろう。その定義は村上自身が百科事典の項目執筆者として書いているとおり「近代天皇制国家が政策的につくりだした事実上の国家宗教。神社神道を一元的に再編成し、皇室神道と結び付けた祭祀（さいし）中心の宗教」で「非宗教、超宗教の国家祭祀とされた」（『日本大百科全書（ニッポニカ）』小学館刊）ものである。

しかし、とくに最近の若い人は知らないようだが、戦前つまり明治維新から昭和二十年（１９４５）の敗戦まで大日本帝国にあった「国家の宗教体制」は、じつは国家神道と呼ばれていなかったし、そもそも「国家神道」という言葉自体一般的な日本語として存在すらしていなかった。

ではいつから存在するようになったかと言えば、まさに昭和二十年アメリカ（正式には連合国）の占領下に入ってからなのである。

国家神道 明治維新から、第二次世界大戦の敗戦に至るまで、国家のイデオロギー的基礎となった宗教。事実上の、日本の国教といってよい。ただし、「国家神道」の名は、日本自体においては使われていず、「神道」「神ながらの道」、または「国体」と呼ばれていた。敗戦後、State Shintoの訳語として、「国家神道」の名が一般化された（以下略。『国史大辞典』吉川弘文館刊　項目執筆者柳川啓一　傍線引用者）

注意すべきは、日本いや戦前の大日本帝国と大戦争し原爆使用によってようやく勝利を収めたアメリカ合衆国の研究者らによって、この言葉は造られたということだ。もちろんアメリカ人だから日本の歴史に詳しくないなどと言うつもりはない。優れた研究者も大勢いるし、それは偏見というものだろう。しかし近代の戦争というものは軍事面にとどまらず宣伝戦でもありイデオロギーの戦いでもある。そうした国家戦略の観点から歴史が歪められることは珍しくない。現代の日本でも中国あるいは韓国との関係にそれがある、と私は考えている。ましてや戦争、つまり直前まで殺し合いをした相手の「定義」なのである。

ちなみに、今では当たり前のように使われている「天皇制」という言葉も、明治には存在せずその体制を表現しようとすれば、「国体（正確には國體）」を使うしかなかった。その状態から「天皇制」という言葉が生まれたのは、もちろん理由がある。

天皇制　天皇が君主として国家を統治する体制。明治以後から第二次大戦の終戦に至る明治憲法下での体制。広義には、象徴天皇制を含めていうこともある。［補説］大正末期に、日本共産党がはじめて用いたといわれる。（『デジタル大辞泉』小学館刊　傍点引用者）

おわかりだろう。戦前「天皇制」という言葉を口にすることは、それ自体「批判」だったのだ。だから、昭和二十年夏に連合国のポツダム宣言を受諾するか否か揉めた中で、軍部が最後まで主張したのは「天皇制の存続」などでは無く「國體の護持」であった。いつだったか時代劇の職人のセリフに「権利」という言葉が出てきて目をまわしたが、もちろん江戸時代にそんな言葉は存在しない。職人（町人）は士農工商のなかで「工」という分（分際）を守らねばならず、「お上」に逆らうことなど絶対に許されない。それとは異なり、国家は王侯貴族の独占物では無く国民全体のものだ、という思想が生まれてこそ国家は国民の「権利」を守らねばならないという発想が出てくる。だから幕末まで日本語に「権利」は存在しなかった。そこで先人は「right」という英語を苦心惨憺して「権利」と訳したのである。正確な用語を用いるのは正確な歴史認識のためにはぜひとも必要なことだ。確かに「天皇制」という言葉が現代では「悪口」で無く用語として定着したように、そうした言葉を用いた方が便利な場合も少なからずあるが、何度も言うように「当時の人々の気分になって考える」ためにはこのセンスは欠かせないものなのである。

では、そもそもアメリカ側の視点で見た「国家神道」とは、さらに詳しく言えばどういうものなのか？　村上重良は次のように説明している。

明治維新にはじまる天皇絶対化は、帝国憲法の制定によって、ついに神聖不可侵な神としての天皇に到達した。天皇の新たな属性として設定された神観念は、日本人の宗教を貫くシャマニズムに発する人神、生き神の観念とはかけはなれた、一神教的な神観念であり、ほとんどキリスト教の神観念に近いものであった。／天皇を絶対化して神とするという、近代天皇制国家の指導層の発想は、つよくキリスト教の影響を受けており、現人神となった天皇は、人間から隔絶した絶対の真理と至高の道徳の体現者に仕立て上げられた。

（『天皇の祭祀』岩波書店刊）

つまり「近代天皇制国家が政策的につくりだした事実上の国家宗教」は天皇という「現《あら》人神《ひとがみ》」をキリスト教のように絶対的な信仰の対象としたと言うのである。

ちなみに、この宗教の特徴について村上は前出の著書『国家神道』において「そのファナティックな復古の絶対化と排他性は、あきらかに神道の伝統とは異質であった」と述べている。この点についてはまったく賛成で、さらに私見を述べれば、その「熱狂的な復古主義」と「排他性」は紛れも無く朱子学がもたらしたもので、従来の儒教を変質させたと同様に日本の神道も変質させたということだろう。

本当にこの朱子という人物は後世に膨大な害毒を流した人物である。昔「歴史ｉｆ」の問題として、「朱子さえ歴史からいなくなれば東アジア世界はどんなに幸福だったか」などと考えたこともあるのだが、よくよく考えてみれば本当に悪いのは芸術や遊芸にうつつを抜かし国（北宋）を滅亡させた、「世紀のバカ殿」徽宗《きそう》皇帝であろう。たとえ朱子が歴史からいなくなっても、徽宗が招いた靖康《せいこう》の変（１１２６年。『逆説の世界史　第１巻　古代エジプトと中華帝国の興廃』参照）以後の南宋は、必ず朱子のような哲学者を生んだに違いないからだ。あくまで原因は徽宗で朱子は結果に過ぎないのである。

■戦後の「ゆりかえし」に毒された人々による洗脳にダマされるな

話を戻そう。現代史を少しでもかじった人間なら、いやそれ以前に国民の常識として、「天皇は戦前現人神であったが、戦後『人間宣言』をしてその信仰に終止符を打った」という知識があるだろう。つまり、その事実は逆に確かに戦前には「現人神を信仰の対象とする国家神道」なるものが存在した証拠だと多くの人は考えている。ここで改めて「人間宣言」とはどういうものであったか、ひもといてみると、

天皇人間宣言　1946年（昭和21）1月1日、昭和天皇が発した自己の神格否定の詔書。太平洋戦争の敗戦後、教育民主化の一環として、連合国最高司令部（GHQ）民間情報教育局のヘンダーソンと学習院教員ブライスが中心となって、天皇が神格否定の詔書を発表する構想がたてられた。宮内省関係者や幣原（しではら）首相などの検討を経たうえ、天皇の発意で五箇条の誓文が加えられ、詔書案は完成した。この詔書は、国家神道（しんとう）の廃止を指示した神道指令に続いて、戦前天皇制の思想的側面に改革を加えたもので、詔書中に「国民」の用語が登場（従来は「臣民」）した最初のものでもあった

（『日本大百科全書（ニッポニカ）』小学館刊　項目執筆者赤澤史朗）

であり、その原文の「神格否定」の部分だけ引用すれば

朕ト爾等国民トノ間ノ紐帯（じゅうたい）ハ、終始相互ノ信頼ト敬愛トニ依リテ結バレ、単ナル神話ト伝説トニ依リテ生ゼルモノニ非ズ。天皇ヲ以テ現御神（あきつみかみ）トシ、且日本国民ヲ以テ他ノ民族ニ優越セル民族ニシテ、延（ひい）テ世界ヲ支配スベキ運命ヲ有ストノ架空ナル観念ニ基クモノニモ非ズ。

（前出同書）

となる。あえて訳すまでもあるまい。現御神とはいわゆる現人神のことであるから、村上の主張するところの「国家神道」は、戦前に用語としては存在せずとも実体としては厳然と存在したことは確実であるように見える。

ところが、ここ数年の間に、国家神道という用語は戦前の状況を正確に表現したものでは無いし、現人神に対する絶対的な信仰など存在しなかった、などと主張する論者が現われた。その主張はこの分野の第一人者である新田均《につたひとし》皇學館大学教授の著した『「現人神」「国家神道」という幻想』（神社新報社刊）に詳しい。

だが、その論旨を紹介する前に少し「地ならし」が必要かもしれない。と言うのは、世の中には新田の「皇學館大学教授」という肩書き、あるいは「神社新報社」という出版社名を見ただけで、「どうせ右翼だろう。天皇を擁護しようとする立場からいい加減なことをデッチ上げているに違いない」などと頭から偏見の目で見る人々がまだまだいるからである。私の一方的偏見によれば、こういう見方をする人はいわゆる「昭和一ケタ」生まれか、その世代に父母を持つ人、あるいは「昭和一ケタ」世代が書いた著作あるいは主導した報道機関や教育機関に洗脳されてしまった人々である。いや、じつは偏見と言うのは謙遜(笑)であって、これが真実だと私は確信している。その証拠に国民作家司馬遼太郎も次のように言っている。とくに「昭和一ケタ」の方にはぜひ読んで貰いたいので少し長めに引用する。近くにそういう人がいたら、ぜひ読ませてあげてください。

たとえば、私は大正十二年（一九二三年）にうまれた。「ボクの青少年期は、天皇ということはあまりいわれませんでしたよ」と、昭和初年うまれの人に言っても、説明するのに、大変な言語量が要る。とくに、七、八歳あるいは十歳下の昭和一ケタうまれの人たちにそんなことを言うと、奇異な目でみられる。齢《とし》の差はどれほどもないじゃないか、ということもあり、それにいまはともにジジイなのである。ジジイ同士がたがいの小差を言いあうのも滑稽だが、じつは大差があるようで、昭和一ケタあたりにうまれた人達は、太平洋戦争が絶望的段階に入った昭和十八年にはすでに中学生や女学生になっていただけに、精神の上で、最大の戦争被害者だったといっていい。なにしろ、鋭敏な少年の感受性をもっている。（中略）そういう少年たちが、天皇陛下のために爆雷を抱いて敵の戦車にとびこめとか、竹ヤリでアメリカ兵を突き殺せなどといわれれば、それが絶対価値になってしまう。／それだけに、ゆりかえしもつよかったようだった。／私は、戦後、京都大学の担当記者になって、はじめてこの年齢層の人たちに大量に出会ったのだが、たとえば戦前史については〝天皇制〟というただ一点でとらえ、それをめぐっての賛否の論がはげしく、私などは見守るほかなかった。／ただ論者たちにとっての旧日本とは、明治以後でなく、少年期をすごした昭和十八年ごろから敗戦までのたった二、三年の陰惨な時代に代表されていた。その時代の中学生にとって、「天皇」とは、畏敬以上に恐怖の名称だったろう。それは少年をして竹ヤリで敵兵を殺させ、少年もまた死ぬという存在だったのである。

（『この国のかたち　二』文藝春秋刊）

ちなみに『国家神道』の著者村上重良も昭和一ケタ（昭和3年）の生まれである。

ただし、こういう論旨の展開では、かえって逆に彼らに対する偏見を植え付けることになるのではないか、と思う読者もいるかもしれない。そういうセンスは貴重であり、ぜひ大切にしていただきたいのだが、この問題に関しては事情が異なる。いわゆる戦後のマスコミ界、教育界、学界は、まさに司馬遼太郎が指摘しているように「ゆりかえし」に毒された人々の天下であった。それは第一章「近現代史を歪める人々」で繰り返し紹介したとおりだ。若い人はご存じないかもしれないが、つい最近までは「岩波書店（あるいは朝日新聞）は良心的な出版物や新聞を出しているが、皇學館とか神社新報社などは右翼の巣窟で悪である」などという偏見を持つ人々が大勢いた。いや、あなたもそうかもしれない。

しかし、もういい加減ダマされるのはおよしなさいと、私は声を大にして申し上げたい。告白するが、私は著者が「昭和一ケタ」生まれで、刊行が朝日新聞社か岩波書店だったらもうそれだけで「この本はまたデタラメを書いているんだな」と思ってしまう。もちろん偏見だ、しかしそこで読むことを止めたら彼らと「同類」になってしまうので、中身はちゃんと読む。ほとんどの場合失望するが、「嘘のつき方」の勉強にはなるし（笑）、まれに「昭和一ケタにもちゃんとした人はいるんだな」と思うこともある。しかし、歴史を執筆することが仕事でなかったら、おそらくそうした本は読まなかっただろう。この文章を読んで「それは言い過ぎではないか」と思ったあなた。第一章「近現代史を歪める人々」は読んでくれましたか？　読んでくれたのなら、思い出してください。日本の「良心的歴史学者」が書いた岩波新書の『昭和史』には、「朝鮮戦争は韓国の奇襲によって始まった」などという、デタラメの極致が書かれていたことを。そして、その歴史学者は元軍人だから、常識的に考えたら到底犯すはずの無い「ミス」であったことを。

つまり、これはミスでは無くあきらかに捏造であったにもかかわらず、この人物はいまだに歴史学界で糾弾もされず、それどころか権威として認められていることを、どうか思い出していただきたい。

■明治、大正期の初等教科書には一切記載が無い「現人神」なる単語

さて、それでは新田均皇學館大学教授の『「現人神」「国家神道」という幻想』（神社新報社刊）で展開している学説の検討に入ろう。

その主張の根幹はこの本の前書きでも述べられているように村上重良『国家神道』（岩波書店刊）以来日本人の「常識」となった（以下〈　〉内は『「現人神」「国家神道」という幻想』からの引用）、〈『明治憲法が『天皇ハ神聖ニシテ侵スベカラズ』と定め、天皇が現人神とされて以来、国が国民一般に対し国家神道思想の教育を行い、それが国家を支える統治する思想として支配的となり（中略）その時代には、まさに国家機関が宗教活動を行っていたものであった」（平成四年、愛媛県知事玉串料等奉納事件・高松高裁判決）〉という考え方を、〈はっきり言うが、冒頭に示したような認識は思い込みに基づく「幻想」にすぎない〉と真っ向から否定することである。

もう、お断わりする必要は無いかもしれないが現代史に関する岩波書店の書籍や朝日新聞社の記事に、まったく信用がおけないものが存在することは紛れも無い事実である。それはこれまで具体的な実例、すなわち客観的な証拠を示し証明したとおりだ。しかし、だからと言って神社新報社の書籍がすべて正しいと言えるわけでは無いし、その逆でも無い。当たり前の話だがその内容を個々に吟味検討するしか的確な評価はできない。

では、具体的にどうするかと言えば、やはり客観的な証拠を示して証明すればいいのだ。

ちなみに海の向こうの韓国では、これも第一章で紹介したように、古文書のデータという客観的証拠から「日本の植民地時代、韓国人はこれまで言われたほど収奪されていたわけでは無い」という新説を出した専門学者が、その結論が「親日的」であるという理由で徹底的にマスコミに批判された。そんな批判をするくせに彼らは肝心のデータを見さえしなかった。それが韓国の現状である。日本も朝日新聞社、岩波書店が「良心的言論機関」として昔のように力を持ち続けていたら、韓国のようになっていただろう。いわゆる「従軍慰安婦問題」の発端となった「強制連行」についてデタラメの報道を何十年もタレ流していたのは朝日新聞社であったことを考えるべきだろう。

さて新田説に戻ろう。それは客観的証拠に基づいた論理的にして理性的な結論なのか？

新田はまず次のように主張する。

ひょんなことから現行中学校歴史教科書の記述の比較検討をやらされることになり、その作業をやっている中でハッと気がついた。政府が国民に持ってほしいと考えていた天皇観というものがあったのなら、それはまず教科書に書き込まれるはずだ。だから、その移り変わりを知りたいのなら、当時の「修身」や「日本史」の教科書を調べればいいのだと。

（前出同書）

確かにこれは万人を納得させる方法論であろう。アドルフ・ヒトラーにせよ、毛沢東《もうたくとう》にせよ、北朝鮮の金日成《キムイルソン》、正日《ジョンイル》、正恩《ジョンウン》らの独裁ファミリーにせよ、一つの思想を強制し人民をコントロールしようとする人間あるいは組織は、必ず「子供の教科書」から洗脳工作を始める。幼いころから始めれば始めるほど、洗脳は効果があるからだ。この見方に異論のある人間はいないだろう。それゆえ、もし大日本帝国が「現人神崇拝」を国民に強制することを意図していたのなら、当然歴史教科書や道徳の教科書に、天皇は現人神である、という記述が早くから登場するはずである。

考えてみれば、この教科書の分析および各時代における比較検討は、『国家神道』の著者である村上重良あたりがすでに行なっているべきものなのだが、不思議なことに村上も村上説の継承者である学者たちも誰もやっていない。平成になって新田が初めて行なった。盲点になっていたのである。そして、読者も予想されるとおり、その結論は驚くべきものだった。

なんと現人神（現御神）という単語が初めて初等教科書に登場するのは、明治でも無く大正でも無く昭和それも昭和十六年になってからなのだ。

大正生まれの司馬遼太郎が「ボクの青少年期は、天皇ということはあまりいわれませんでしたよ」と言うはずである。

■伝統的キリスト教式結婚式の実体は「ドライでロジカル」である

ここでお詫《わ》びしたい。本題から少し脇道に入ることをお許しいただきたいのだ。もっともテーマからまったく離れようというのでも無い。むしろ深く関連している。『逆説の日本史』シリーズの昔からの読者ならば、私がしばしばそういうことをやってきたことをご存じのはずだ。そして、それは決して本題を遠く離れた無駄話で無いこともご存じのはずだ。

頻繁に講演活動している。もちろん経済的理由もあるが、最大の目的は『逆説の日本史』

で展開している新しい（そして正しい）歴史への見方を、もっと多くの皆さんに知ってもらいたいからである。講演活動では日本国内全都道府県でやっていないところは一つも無く、三十年以上も続けている。また『逆説の日本史』自体も三十年近く連載を続け単行本を二十三巻まで出すことができた。

それだけやったのだから、『逆説の日本史』のコンセプトもかなり多くの日本人に理解していただけたのではないかと心中密かに自負していたのだが、じつはそんなに甘いものでは無いということをつい最近思い知らされた。この稿を書いている現在、私は講演活動で博多に滞在しているのだが、たまたまネットを見ていて目に留まったひとつのコラムに、正直言って暗澹《あんたん》たる気分になったのである。自分が三十年にわたってやってきたことは、いったい何だったのかとがっくりしたと言ってもいい。もっともそのコラムの筆者に怒りをぶつけようとか文句を言おうなどという気はまるで無い。むしろ同情する。なぜなら、この人はあきらかに日本の間違った歴史教育の被害者であるからだ。ただ、やはり言うべきことは言っておかねばならない。大変、気の重い話ではあるが、本題に入ろう。

そのコラムというのは雑誌『東洋経済』の電子版である『東洋経済オンライン』に二〇一七年六月四日にアップされた、「フランス人の結婚は『ロマンのかけら』もない参列者の前で『財産分与法』すら読み上げる！」というタイトルのもので、皮膚科専門医の岩本麻奈という女性が筆者のようだ。『逆説の日本史』シリーズの愛読者なら、このタイトルを見ただけで私が何を言わんとしているかわかるだろう。
以下、主要部分を引用する。まず写真の説明として（ご本人の文章では無いかもしれないが）次のようにある。

アムールの国フランス。結婚式はさぞロマンチックなのでは、と思いきや、意外にも超合理的でした。

そして、ここからが本文だろう。

〝街中でウエディング姿を見かけるというのはラッキーシンボルなの。1960年代は8割が教会で結婚式を挙げたのだけど、最近は少なくなったわね。だから余計、目撃するとツイている、っていうのよ〟～イザベル　教会ボランティア
結婚自体も非常に合理的に行われます。フランスでは、事前に結婚を公知のものとする義務があり、その結婚に異議のある者は申し立てを行うことができます。とても極秘婚などはできません。

法的な婚姻手続きは、マリアージュ・シヴィル（Mariage civil：民事婚）といって、市役所で市長が主宰して簡素なセレモニーを行います。日本での〝入籍〟に簡単な儀式がくっついたようなものを想像してみてください。婚姻手続きをするためには、互いの情報を公開するための書類を準備する必要があります。その1つに医師が作成した婚前健康診断書があります。持病を隠していたといったトラブルを防ぐだけでなく、将来子どもを持てるかどうかを証明する目的もあるようです。

もっとドライでロジカルとも言えるのがコントラ・ド・マリアージュ（Contrat de marriage）という結婚契約書を交わすシステムの存在です。「もし離婚することになれば、持ち家はどうする、財産はこうする」「どちらか一方が先に死去した際は、財産分与はどうする、他の一方が家にそのまま住み続けることへのウイ or ノン」等々。

日本であれば、そんな話し合いはひっそり内々に行われます。とてもセレモニー中に耳に入ってくるような内容ではありません。でも、そこはフランス。証人と参列者の前で堂々と契約書が読み上げられ、衆人環視のもとで契約内容が確認されます。なんてファンキーなの！

もっとも、特段の契約もなく、愛という幻想だけで婚姻の闇に転がり込むことも可能です。

（全文より一部抜粋）

この筆者は「衆人環視のもとで契約内容が確認」されるような結婚式は「ドライでロジカル」でしかも「ファンキー」であるがゆえに「ロマンのかけら」も無いとしている。それゆえカトリック（フランスには多い）の伝統的な結婚式は「ロマンチック」であると思っているようなのだが、じつは伝統的なキリスト教式結婚式もその実体は「ドライでロジカル」であり、「コントラ・ド・マリアージュ」と本質的にはまったく変わらないものなのである。

たとえば伝統的なキリスト教式結婚式では神父（あるいは牧師）は結婚を求める男女にそれぞれ次のように言う。「あなたはここにいる○○さんを、良《よ》きにつけ悪《あ》しきにつけ、健《すこ》やかなる時も病《やまい》の時も、富める時も貧しき時も変わらぬ愛を誓い、死が二人を分かつまで、夫（あるいは妻）とすることを誓いますか？」。先に男性に聞きイエスと答えれば次に女性に同じことを聞く。つまりこれは一種の契約であり契約条項の確認なのである。

よく見ていただきたいのだが「良きにつけ悪しきにつけ」というのはどういうことか。たとえば結婚してみたら夫が手癖の悪い人間でしょっちゅう万引きを繰り返しているとかそうした「悪しき」人間である可能性もあるだろう、ということなのである。「健やかなる時も病の時も」も同じことでたとえば結婚式場を出た途端に新婦が発病し病院に担ぎ込まれ寝たきりになったとしても、ということである。繰り返す必要も無いだろうが「富める時も貧しき時も」も同じことで、結婚の時点ではIT長者だった新郎が事業に失敗し何億円もの借金を背負うこともあるかもしれない。しかし、万一そういう不幸な事態になったとしても、それを理由に結婚を解消してはいけない。それが「変わらぬ愛を誓う」ということなのである。

そしてこの筆者は「結婚生活を持続させるには、案外この『教会で白いウエディングドレスを身に着けて、ヴァージンロードを歩き、永遠の愛を誓う』という演出が大きな牽引力になるのですよ」とも述べている。

大変恐縮なのだが、これも誤解である。キリスト教結婚式あるいはフランス人の結婚式では「永遠の愛」など決して誓われていない。なぜなら人間は必ず「死ぬ」からである。夫婦にとって最大の不幸とは言うまでも無く配偶者の死である。しかし人間である以上必ず死という事態は起こり得る。そして、航空機事故など稀なケースを除けば、ほとんどの場合どちらかがどちらかと死に別れるからである。したがって「結婚契約」にはそのことが最後に規定してある。「死が二人を分かつまで」つまりこの「結婚契約は夫あるいは妻のどちらかが死亡した時点で解消される」ということである。契約が解消されるのだから、新たに結婚することは自由である。つまりこれは双方の再婚の権利を大勢の前で認証しているのである。平たく言えば「結婚は死ぬまでよ。あなたが死んだら他の男と結婚してもいいわね」ということで、まさにドライでロジカルでロマンのかけらも無い文言なのである。

■「ウエットでイロジカル」な日本人が繰り返す欧米ではあり得ないミス

ここでこのコラムの筆者の方にも、そして私の本の愛読者で無い（笑）日本人の方々にもぜひ気がついていただきたいのは、こんなにドライでロジカルな文章を、なぜ日本人はロマンチックなものと錯覚するのかということである。

それは日本人の心の中には言霊信仰があるからだ。日本には「言葉が霊力を持ち、現実を動かす」という信仰がある。もちろん身も蓋もない言い方をすれば迷信に過ぎない。しかし宗教あるいは信仰というものは、すべてそうした非合理なものを信じることであって日本人が「言霊という非合理」を信じてきたことは歴史的事実なのだ。

たとえば最近の受験生はどうか知らないが、私が受験生のころは本人の前で「滑る」「落ちる」などという言葉は禁句とされた。「縁起でも無い」ということだ。「受験の結果に悪影響を与える」ということでもある。科学的論理的に考えればわかることだが、実際にはそんなことはあり得ない。にもかかわらず日本人はそれを言われたら嫌な気分がする。それはなぜか？　心の底で「言葉が現実を動かすということ」つまり言霊を信じているからである。だから縁起でも無いこと、つまり起こって欲しくないことは言ってはならないという感情に支配される。

昭和十六年、日本はアメリカとの大戦争に踏み切った。一方で中国と大戦争しているのに、この上アメリカ（正確には英米仏などの連合国）と大戦争したら勝てるわけがない。しかし「アメリカと戦争したら負ける」とは誰も言えなかった。「言えばそうなる」からである。だからすでに述べたとおり、それに近いことを言った海軍大将山本五十六は命を狙われた。一方で軍部もマスコミも冷静な判断は伝えずに、勝てる勝てると大合唱した。

その結果どうなったかはご存じのとおりである。そして、これだけ痛い目に遭ったにもかかわらず、言霊信仰が日本人の深層心理にずっと残存しており歴史的事象を動かしているという教育はまったくなされていない。口幅《くちはば》ったい言い方で恐縮だが、そういうことを初めて日本史上本格的に指摘したのは私である。

言霊に影響されている日本人にとって一番苦手なのは危機管理と契約である。危機管理とは本来「起こって欲しくは無いが起こり得ること」、つまり新郎が式場を出た途端車に轢《ひ》かれ半身不随になるということでもいいし、海の向こうにとんでもない軍事独裁国家がありそこからミサイルが飛んで来るということでもいいのだが、そうした事態を事前に予測あるいは想定し、的確な手段を講じておくことである。しかし、日本人は深層心理にある言霊信仰のためにドライでロジカルな対応はできず、ウエットでイロジカルつまり情緒的で非論理的な反応しかできない。現実をありのままに見ようとせず、ただただ「縁起でも無いこと言うな」と反発するだけだ。

だから第一章で書いたように北朝鮮のミサイルの脅威を的確に指摘した組織はバカ者扱いされ、「あれは平和目的の人工衛星の実験だ」などという北朝鮮のミエミエの嘘をありがたがる新聞が「良心的言論機関」としてもてはやされ、フランスならとっくに廃刊になっているところを言霊を信じる善男善女に支えられ今も生き残っているということにもなる。

当然日本人は契約も苦手である。その典型的な事例が二〇〇〇年十月に起こったH２ロケット分担金支払い拒否訴訟だろう。

これも何度か紹介したので簡単に述べると、運輸省（当時）と気象庁が作った気象衛星を宇宙開発事業団がH２ロケットで打ち上げたが失敗し、衛星が宇宙の藻屑と消えた。その後、運輸省と気象庁は打ち上げ代金の残金を支払わないと言い出し、一方宇宙開発事業団はとにかく打ち上げたんだから支払ってくれと譲らず、結局裁判に持ち込まれたという話である。

前にも述べたが、こんなことは欧米先進国では絶対にあり得ない。なぜ「絶対にあり得ない」とまで言えるかというと、双方が交わした契約書の中に「打ち上げが失敗した場合の費用分担方法」に関する規定がまったく無かったことが、裁判にまでもつれ込んだ最大の原因だからである。要するに東大出のエリートが大勢いる組織でも、言霊信仰を意識していないと、ついつい起こって欲しくないこと（この場合は打ち上げ失敗）を契約書から省いてしまうという、欧米なら契約の初心者でもやらないような初歩的なミスをやってしまうということだ。

言霊という信仰を、歴史教育の中できちんと学ばせない限りこうしたミスは永遠に繰り返されるだろう。

日本人の基本的な歴史常識の無いところにいくら西洋の学問や教養を積み重ねても、あるいは完璧な語学を身につけても、文字どおり砂上の楼閣になってしまうのだ。

その最大の実例を次節でお目にかけることにしよう。

■差別を放置し民主主義の根本原則を踏みにじる「護憲派」弁護士たち

本当の歴史常識の無いところにいくら西洋の学問や教養を積み重ねても、あるいは完璧な語学を身につけても、文字どおり砂上の楼閣になってしまう最大の実例は、私は「護憲派」と呼ばれる人々の思想や行動や活動にあると思っている。

　こう言えば当然いわゆる護憲派の人々は反発するだろう。しかし彼らのグループの中核をなしている弁護士たちは、あらゆる職業の中でもっとも理性的で感情に走らず人の意見を聞くことのできる人たちのはずである。もっとも一昔前の護憲派の人々は「自衛隊なんかいらない」とか「あんなの人殺し集団なんだから」などとヒステリックに叫ぶ人が多く、それでも私が論理的に自衛隊の必要性を説こうとすると、まるで悪魔を見るような目で見られた。もちろんそういう人たちが愛読していたのは『朝日新聞』で、第一章で紹介した「迷コラム」のように「北朝鮮がやっているのは軍事用核ミサイルの実験では無く、平和目的の人工衛星の打ち上げだ」などというトンデモ報道を頭から信じ込んでいた（同じく彼らは北朝鮮が日本人を拉致《らち》しているという事実も否定していた）からそういうことになったのだが、まさか今の護憲派はそこまで非理性的ではあるまい。どうか改憲論者を悪魔扱いするような偏見にとらわれることなく、反対意見に耳を傾けていただきたい。それが民主主義の根本原則であるはずだ。

　まず大前提を確認しよう。私は日本で自衛隊と呼ばれている、世界的スタンダードで言えば「国を守るための軍隊」は日本国にとって絶対必要なものだと思っている。かつてのヒステリックな護憲派たちは自衛隊など全部廃止してしまえと叫んでいたが、今やこのような極論に賛成する人はほとんどいないだろう。戦後ずっと実施されてきた政府による世論調査でも自衛隊の必要性を認める人は年々増加し、一九六〇年代半ばには八割を超えていた。さらに「自衛隊に対する印象」では最新の調査結果によると九十二・二パーセントが「良い印象を持っている」と回答している。

しかし、日本国憲法はあきらかに自衛隊の存在を否定している。最高裁判所は巧妙に判断を避けているが、憲法第九条とくに第二項（４４０ページ写真参照）を読めばそれは中学生にとっても明白なことだ。ということは、国民の多くが自衛隊の存在を必要と認めているのに、憲法ではその存在を否定されている状態ということになる。他の国家公務員のように国民にはその必要性や存在意義が認められているにもかかわらず、憲法によってその存在を否定されているのである。確かに自衛隊法もあるし防衛省もある。だが最高法規である日本国憲法が否定している以上、自衛隊は国法上の正式な組織では無く自衛隊員も正式な国家公務員とは言えない。これが法治国家の常識であるはずだ。つまり自衛隊員は現在「不当な憲法」によって他の国家公務員とはまったく異なる待遇を受けている。平たく言えば厳しく差別されている存在なのである。

民主主義社会における最大目標に「差別の撤廃」がある。差別を撤廃し真に平等な社会を実現することを目指すのが真の民主主義社会であるはずだ。そして、その民主主義社会における弁護士の役割というのは、こうした差別そして不平等に対して敢然と是正を要求するのが、本来の役目ではないかと私は思う。

しかし、これは私の調査不足もあるかもしれないが、少なくとも私の知る限り護憲派弁護士と言われる人たちの中に、この日本国憲法がもたらす自衛官に対する不当な差別を問題視している人は一人もいない。少なくとも声高に叫んでいる人はいない。

じつにおかしな話だ。たとえ憲法がどんな理想を述べていようと、それは差別を正当化する理由には絶対にならない。それが憲法の根本にもある民主主義の基本原理だ。平和主義の理想とかどんなことを口実にしても、それは自衛隊員に対する差別つまり人権侵害を放置してよいということにはならない。この点は一刻も早く改正すべきなのである。

念のためだが、私は現在安倍晋三総理が提言している憲法改正案には反対である。それは、憲法九条第三項に自衛隊の存在を明記し認めても、第二項で軍隊の保持を根本的に否定した「戦力の不保持」を残せば、最高法規である憲法が「大矛盾」という欠陥状態のまま続くことになる。

そしてもちろん一連の安保法制にも反対である。これは憲法を骨抜きにするものだからだ。立憲国家としてはもっとも危険で行政府は厳に慎むべき行為である。

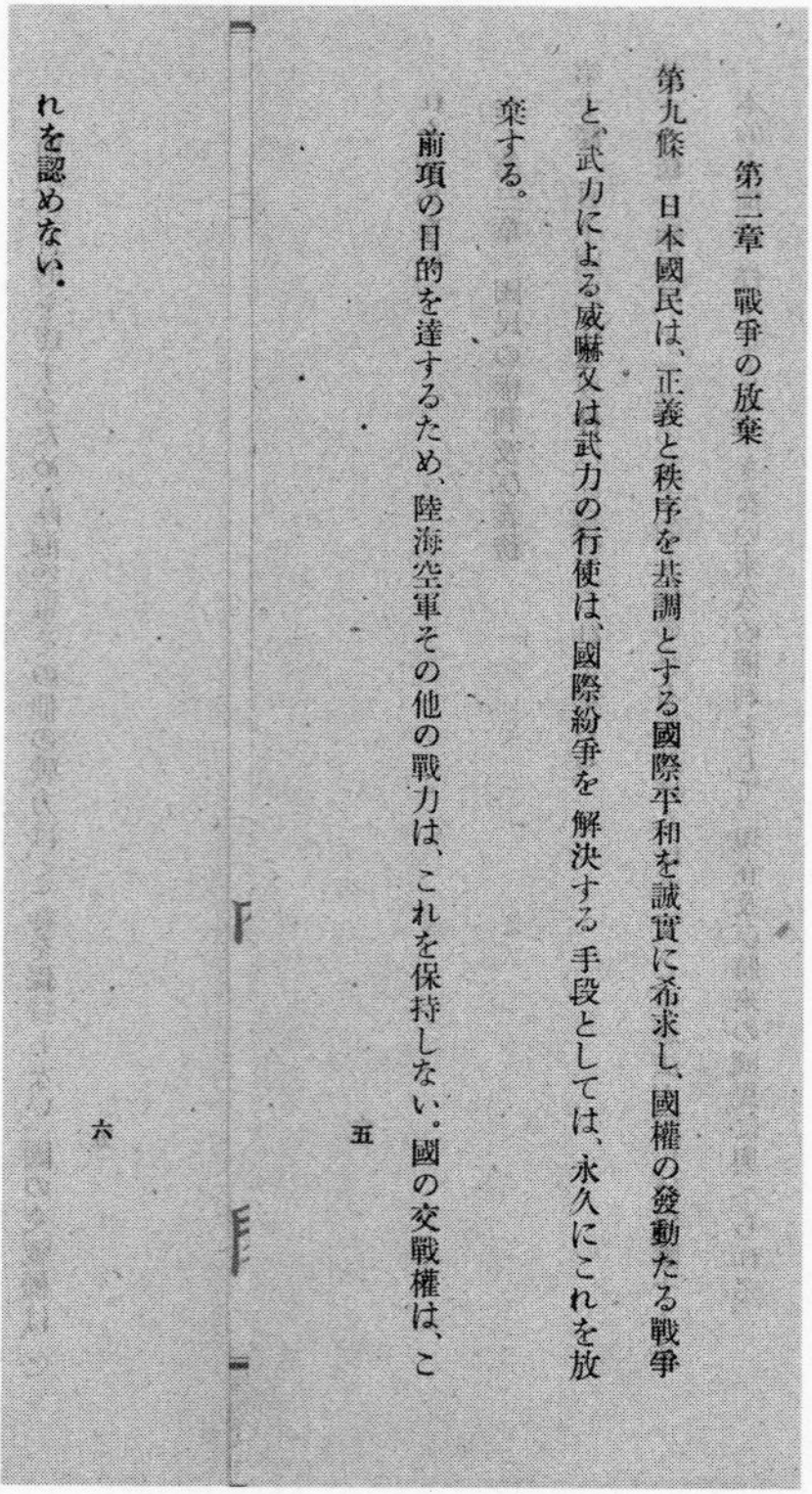
第二章　戰爭の放棄

第九條　日本國民は、正義と秩序を基調とする國際平和を誠實に希求し、國權の發動たる戰爭と、武力による威嚇又は武力の行使は、國際紛爭を解決する手段としては、永久にこれを放棄する。

前項の目的を達するため、陸海空軍その他の戰力は、これを保持しない。國の交戰權は、これを認めない。

五

六

日本国憲法第九條には、「前項の目的を達するため、陸海空軍その他の戰力は、これを保持しない。國の交戰權は、これを認めない」とする「第２項」が存在する（国立公文書館蔵の日本国憲法原本より）

■「平和主義のためには犠牲者が出てもやむを得ない」という押しつけ

自衛隊員は不当な差別にずっと耐えてきたのである。

確かに憲法制定のころからしばらくは、前述したように「自衛隊なんかいらない」と叫ぶ人々が少なからずいた。そういう時代にはこの憲法は国民の意思に沿うものだと言えたし、自衛隊員に対する不当な差別を生み出している、とは言えなかったかもしれない。しかし、今多くの日本人はそういう空想的平和主義から脱却したのである。そうである以上、現在の憲法は自衛隊員を不当に差別していると言え、この意味で欠陥憲法である。この部分は一刻も早く改正されるべきだ。憲法の他の部分については様々な議論があり、一朝一夕に決められるものではない。しかし、この件に関しては明白な差別なのだから、他は差し置いても一刻も早くこの部分だけでも改正すべきなのである。二〇二〇年どころか今すぐにでも取り組むべきだ。

ただし九条を変えると言っても平和主義を完全に放棄する必要も無い。たとえば「日本国民は、正義と秩序を基調とする国際平和を誠実に希求し、国権の発動たる**侵略**戦争と、武力による威嚇又は武力の行使は、**自国を外部からの侵略的行為から守る以外の**国際紛争を解決する手段としては、永久にこれを放棄する。前項の目的を達するため、**自国を防衛するための最低限の**陸海空軍その他の戦力**を保持する。徴兵制はこれを認めない**」（太字部分が改訂）などとすればよい。簡単なことだ。

「歴史上多くの侵略戦争は自衛の名の下によって遂行された」などという懸念の声もあるかもしれないが、現在の安倍内閣のように安保法制の名の下に憲法を空洞化させるほうが国家にとってははるかに危険なはずである。これも民主主義、立憲主義の根本原則である。とにかくどんな理想も主義も、差別を放置し助長することを正当化はしないのである。そして国民の安全を守るという点から見ても、今の憲法九条は欠陥条項であると言える。憲法はそもそも何のためにあるのか？　国民が安全で平和で幸福な暮らしをするために国家を縛ること、それが憲法の目的である。この点に関しては、たとえ護憲派弁護士であろうと無かろうと異論は無いはずだ。問題は現在の憲法を字義どおり実行する限り、国家は国民の安全を守れないという点である。

今にも北朝鮮からミサイルが飛んでくるかもしれない。それを完璧に防ぐことは不可能だとしても、自衛隊いや軍隊が日本に存在すれば予想される人的被害を少しは減らすことは可能だろう。しかし、ミサイル探知および迎撃能力などの戦力を一切持たないということになれば　北朝鮮に限らずどこかの国あるいはＩＳのようなテロ組織の侵略や攻撃があった場合、必ず国民に犠牲者が出ることになる。そのような攻撃があった後、国連に訴えるなどの処置をとっても初期の犠牲者を防ぐことはできない。それを防げるのは、あるいは防げる可能性があるのは、その国の軍隊だけである。

と言うことは、すでに何度も述べたように憲法にのっとって絶対に戦力を持つなと言うことは、逆に言えば「平和主義という理想のためには、ある程度犠牲者が出ることもやむを得ない」と言っているのと同じことになる。

護憲派の方々にはこのあたりをよく考えていただきたい。論理的に考えればそうなるはずだ。海外からの侵略あるいは攻撃など絶対に無いとは否定できないはずである。かつて『朝日新聞』など護憲派マスコミはこの当然の論理的予測を否定するために散々デタラメの報道をしていたことは何度も述べた。しかし、現実はそうでは無い。

そうした場合、国民を一義的に守れるのは、国民の犠牲者を一人でも減らせる可能性があるのは自国の軍隊だけだ。ならば絶対に自国の軍隊を持つべきでは無いという考え方は、じつは「平和主義という理想のためには国民から犠牲者が出てもやむを得ない」と考えているのと同じことではないか。

ここをよくよく考えていただきたい。戦前の軍部の考え方は「国体を護持（天皇制を維持）するためには国民にある程度の犠牲が出てもやむを得ない」であった。大義（理想。この場合は天皇中心の国家を維持すること）というものが存在し、それを守るためなら「国民の一人や二人、いや大勢でも死んでも構わん」というのが彼らの信念であった。

民主主義以前の考え方は、すべてこれと同じだった。中世の十字軍の時代、ヨーロッパの人々はキリスト教という「大義」のために人間が命を捧げるのは当たり前だと考えていた。またキリスト教は国教でもあり、それを信じない人間は弾圧され排除された。

しかし、それから後に成立した民主主義社会とは、いかに素晴らしい理想であれ個人に強制してはならない（それが思想の自由、言論の自由ということ）し、ましてやそうした「理想」のために罪も無い人間が犠牲になることは絶対に避けなければいけないと考えるのである。それが基本だ。

ところが護憲派であり人権派でもあるはずの弁護士さんたちの主張している護憲とは、戦前の東条英機などが主張していたこととまるで同じで「理想のためには犠牲者が出ても構わん」ということである。「理想」の内容は確かに戦前と戦後では違うが、発想はまるで同じだ。肝心なのはいかに本人が理想だと思っていても、それを他人に押しつけてはいけない。それが民主主義だということである。

北朝鮮が日本をミサイル攻撃するかもしれない状況で憲法九条を守れと言うことは、結局戦力であるミサイル防衛システムを廃棄せよと言うことだ。廃棄すれば廃棄しない状態と比べて、攻撃があった場合数万人の無辜の日本人が死んでもおかしくない。そういうことは絶対あり得ない、とは絶対に言えないはずである。現に先頃、北朝鮮は「日本が焦土になる」と恫喝してきたばかりではないか。それゆえ、今の時点で憲法九条を絶対に守れと主張することは、論理的には「万一そういう事態になり日本人が何万人も死ぬことになっても構わない」と主張しているのと同じなのである。ひょっとしたら護憲派の方々の中にも、今初めてこのことに気がついた人もいるかもしれない。しかし、論理的に考えればこれ以外の結論は無いはずだ。

にもかかわらず、護憲派の弁護士たちは自衛隊員たちへの差別を放置し、多くの国民の生命を危険に晒す主張をしながら、自分たちのことを民主主義の守護者だと思い込んでいる。実際は民主主義の根本原則を踏みにじっているのに、そのことにまるで気がついていないとしか思えない。先に述べた「砂上の楼閣」とはこのことなのである。日本の国家試験の中でもきわめて難しいとされる司法試験に合格した、きわめて頭脳優秀であるはずの人々が、なぜそうなってしまうのか。それが本当の歴史常識があるか無いかの問題なのである。

日本には古来、軍事あるいは軍人を無用の不幸を呼ぶものとして排除していこうという宗教がある。「穢れ（ケガレ）」正確には「ケガレ忌避（嫌う）」教である。これは神道の基本概念で、日本の天皇家の祖先とされる天照大神（アマテラスオオミカミ）は父伊邪那岐命（イザナギノミコト）、母伊邪那美命（イザナミノミコト）の「まぐあい」によって生まれたのではなく、イザナミの死のケガレをイザナギが禊（ミソギ。具体的には水浴して身を清めること）をしてケガレをすべて落とした時、すなわちもともと清らかな神がもっとも清められた瞬間に、（血にまみれた女陰では無く）その左目から誕生したことが『古事記』

に明記されている。

つまり日本の天皇とは死や血のケガレからもっとも隔絶し、もっとも清浄な状態で生まれた神の子孫であるということだ。これはきわめて重要なことである。

■戦争撲滅の「平和ボケ国家」から「戦う国家」へ

さて、ここで明治に戻ろう。

幕末から明治にかけての日本は、じつは現代の日本とよく似ていた。共通するキーワードは「平和ボケ」である。もっとも当時はそれを「太平の眠り」と表現していたが、同じことである。ではなぜボケるほど平和な状態になったのかと言えば、江戸時代の直前が戦国時代という「毎日が戦争」の時代であったからだ。天下人徳川家康は平和の構築を第一の政治目的とした。だから戦国の生き残りである家康自身はそうでも無かったが、その子孫たちは、平和であったがゆえに公家文化の影響を受け「ケガレに触れない」という形で貴族化していった。ちょうど平安中期の公家たちがケガレの極致である刑部《ぎょうぶ》省の役人になりたがらなくなったので、そうした部門を身分の低い公家が担当する検非違使《けびいし》という令外《りょうげの》官《かん》（律令に規定の無い官職）を設けたように、徳川幕府はお膝元の江戸の町奉行管轄の死刑囚の首斬り役には、浪人の山田浅右衛門《やまだあさえもん》を使った。ケガレを厭《いと》わぬ武士にとって首斬り役というのはむしろ名誉な地位であったが、江戸時代になると、とくに庶民の罪人の首を斬るのは歴《れっき》とした武士のやるべきことでは無いという、「ケガレ忌避信仰」の公家文化に武士たちも染まってしまったのだ。そして僧兵の武蔵坊弁慶の存在を見てもわかるように、自分たちを守るためには平気で人を殺傷した仏教界も、こうした流れの中で公家化した。家康が僧侶に本来の戒律を守らせたこと、五代将軍綱吉が出した生類憐《しょうるいあわ》れみの令がそれに拍車をかけたのは言うまでも無い。この法令は日本人に人命および生命を尊重する感覚を植え付けたという効もあったが、それ以上に本来は朝廷側の文化であった「ケガレ忌避信仰」を日本中に広めるという効果もあった。そこで幕末だ。外国人が大挙してやってきた。とくにイギリスは容赦の無いやり方でアジア諸国を植民地化していく。中国もやられた。次は日本の番だ。

この江戸時代の平和ボケで徹底的に緩んでしまった日本を、また軍事的に立て直す必要があると、明治のリーダーたちは考えたのである。

さて、「サムライの国」であるはずの日本が、じつは同時に「平安貴族の国」でもあることが、おわかりいただけたと思う。この文化的体質は遡れば「縄文《じょうもん》文化（動物を殺す文化）」と「弥生《やよい》文化（植物で生きる、動物を殺さない文化）」の対立まで行き着く。世界に類を見ない、幕府と朝廷の約七百年にわたる併存も根底にはこれがある。

だから、明治は大変だった。様々ないきさつで「弥生王」である天皇が新生国家（大日本帝国）の中心となったからだ。「動物を殺さず、軍事力をケガレとして蔑視する弥生王」が国のリーダーとなって、戦争で国権を拡張している欧米列強と戦わなくてはならなくなったからである。そこで軍隊そのものの改革だけではダメで、リーダーも含めた精神の改革が必要となった。武器がいかにリニューアルされても、それを使う人間に「戦う心」が無ければどうしようもない。しかし、日本は江戸時代、恒久平和を目指した徳川家康とその子孫が戦国の気風を一掃し平和国家を建設することに成功していたので、それを「戦う国家」に変えることはますます困難であった。

幕末から明治にかけて国民の「戦う心」を喚起し団結させたのは、皮肉なことに朱子学であった。皮肉と言うのは、これまで散々述べたとおり朱子学は「亡国の哲学」であり、さらに独善性の権化であり異民族や異文化に対してきわめて強い排他性を持っていたがゆえに、攘夷という「異国と戦う心」を日本民族に植えつける効果はあった。この点は朝鮮国、清国も同じだったのだが、科挙（朱子学試験）で官僚を選んでいた両国は朱子学の独善性に支配され、近代化（欧米列強に学ぶこと）ができずに亡国への道を歩むことになった。

日本もこのあたりで完全に朱子学と訣別すればよかったのだが、日本においては天皇の権威を保つためには欠くことのできない神道と朱子学が、江戸時代に合体していたので捨てることもままならず、そのうちその「毒」が日本全体に回ってしまい昭和二十年（1945）の大破綻を招いたということだ。だから司馬遼太郎が紹介しているように敗戦のおり練達の中国学者が「宋学（朱子学）が国を滅ぼした」と言ったのである。

江戸時代の日本の国家目標は「戦争撲滅」であった。ところが明治はそれを百八十度しかも早急に改めねばならないということになったので、鴻雪爪は戦国時代の「僧兵、あるいは一向衆」の近代的復活を目指した。これは平たく言えば「仏教改革」だが、その一方で明治新政府は「神道改革」として天皇を「現人神」に祀り上げ国民を絶対的に服従させる「国家神道」を構築した、というのがこれまでの常識であった。「国家神道」という用語自体は昭和二十年以前には存在しなかった。これはもともとアメリカ軍の用語「state shinto」であり、その日本語訳だからだ。しかし、戦前にこの言葉が日本に存在しなかったからと言って、そう呼ばれたものの実体が無かったとは言えない。戦前「國體（国体）」と呼ばれていたものと同じだと考えることもできるからだ。まさに、そう考えたのが宗教学者村上重良で、その著書『国家神道』（岩波書店刊）はこのような考えを戦後常識として定着させた。

ところが、この考えに真っ向から異を唱えたのが新田均皇學館大学教授である。新田は、その著書『「現人神」「国家神道」という幻想――「絶対神」を呼び出したのは誰か』(神社新報社刊)において、明治以来の「國史」つまり国定教科書を精査し「現人神」という用語が明治でも大正でも無く太平洋戦争開戦の年である昭和十六年になって初めて教科書に登場することを確認した。もし、大日本帝国が「天皇を現人神とする国家神道を国民に強制し、その結果国民が侵略戦争に駆り立てられていった」とするなら、遅くとも日清あるいは日露戦争のころから青少年に対する洗脳教育が始まっているはずなのに、そのキーワード「現人神」は大日本帝国の最晩年にしか登場しないのである。ならば、学校教育以外の場でそのような洗脳が行なわれたのか? それは効果の面でも費用の面でも大変考えにくいことだ。日本は国民が毎日曜日に教会に行くキリスト教国では無いのだから。

日清、日露のころにもそんな「国家神道」など無かった、ということを証明するため新田は前掲書で歴史学者大江志乃夫《おおえしのぶ》著の『兵士たちの日露戦争』(朝日新聞社刊)を挙げている。これは日露戦争に出征した兵士が故郷に送った約五百通の手紙を分析したものだが、そこには「日露戦争の兵士たちは国定教科書以前の世代に属し、その意識のなかには天皇も靖国神社もまったくといってよいほどにない」と書かれているという。大江は国定教科書以後に国家神道が強化されたことを強調したかったようだが、彼ら兵士も教育勅語については「それ以後」の世代であり、「国家神道実在説」の論者が言うように、教育勅語も国民を戦争に駆り立てる「国家神道」の一環であり、明治国家が当初から国民を「国家神道」で教化しようとしていたのなら、当然その影響を受けるはずなのに天皇という言葉はまるで登場しない。やはり、「国家神道つまり現人神を絶対神とする宗教」は日露戦争のころにも存在しなかったのだ、と新田は主張している。

ただ、ここまでは納得しても新田の最終結論である「注入すべきイデオロギーが存在しなかったのだから、イデオロギー注入装置が存在するはずがない。この短い物言いで、『国家神道』実在論への批判は尽きてしまう」（引用前掲書）を、率直に受け入れる人は少ないだろう。たとえば逆に「明治大正には存在しなくても、現人神が教科書に登場する昭和十六年ごろには『国家神道』は成立していたのではないか」などという疑問が浮かぶであろうからだ。もちろん新田はこの著書でそうした疑問にも丁寧に答えているのだが、その論証の検討の前にもう少し予備知識というか「補助線」にあたる宗教史を見ておく必要がある。

それは一向衆の拠点であった本願寺の歴史である。

■「神道派」薩摩と「仏教派」長州の激しい対立

戦国最大の戦闘集団で大坂石山に本拠を構えていた本願寺は、織田信長に降伏し一時は紀州鷺森《さぎのもり》に退去した。しかし、豊臣秀吉は本願寺を京都に移転させ相続争いに介入し組織の弱体化を図った。そして徳川家康はこれを最終的に東西に分裂させた（第12巻『近世暁光編』参照）。これにより元からあった本願寺は通称「西本願寺」（正式名称は本願寺。以下「西」と略す）となり、家康の後押しでできた本願寺は通称「東本願寺」（正式名称は真宗本廟。以下「東」と略す）と呼ばれた。

江戸時代を通じて「西」と「東」は仲が悪かった。もともと内部対立があったのを煽《あお》り立てて分裂させたからである。当然「東」は家康に恩義を感じ常に幕府の味方であり、「西」は朝廷の味方であった。この対立は幕末まで持ち越された。

幕末、長州出身（正確には周防国《すおうのくに》大島）の勤皇僧として活躍した月性《げっしょう》（西郷隆盛と入《じゅ》水《すい》した月照とは別人）は「西」の僧であった。諸国を遍歴して吉田《よしだ》松陰《しょういん》や頼三樹三郎《らいみきさぶろう》など勤皇の志士とも親しく、尊皇攘夷を鼓吹し松陰にも大きな影響を与えたという。また国防を充実するため、「西」より蝦夷《えぞ》開教使を命ぜられたこともある。後に正四位《しょうしい》を贈られたが、これは鴻雪爪の従四位より一階級上である。月性は結局病のため蝦夷開教使としては赴任できず、維新を見ることも無く四十二歳で死んでしまうのだから、これは相当高い評価と言っていいだろう。明治の立役者となった木戸孝允や伊藤博文ら長州人のひいきもあったろうが、じつはこの高評価の理由は、禁門《きんもん》の変の敗北後長州藩が一時「朝敵」となった時も、「西」が一貫して長州藩を支持し続けたからなのである。
最近、興味深い史料が「西」から発見された。次のようなものだ。

新選組宿舎「炎暑誠に、誠にもってしのぎかねる」土方、改善を懇願

幕末に西本願寺を屯所とした新選組の副長、土方（ひじかた）歳三（１８３５〜69年）が、猛暑で士気の下がった隊士の統率に困り果て、宿舎の待遇改善を寺側に懇願したという記述が西本願寺の寺務日記から見つかり、浄土真宗本願寺派の本願寺史料研究所（京都市下京区）が2日、発表した。（中略）寺務日記によると、土方は慶応元（１８６５）年6月25日に寺の担当者と面会。宿舎の建物が隊士1人当たり1畳と手狭なため、「炎暑の時節、誠に、誠にもってしのぎかねる」と訴えた。病人が出て公務がままならず、隊士からの苦情を制止できないとも明かし、「甚だ無体なる願い」と前置きしながら、本堂の阿弥陀堂を50畳分追加で借りたいと懇願した。寺側はこれを断ったが、代わりに宿舎の板間に畳を敷くとともに、壁を取り払って風通しを良くすると返答。土方は同日中に礼状を書き、「何分速やかに」と念を押したという。新選組はこの年の3月、壬生（みぶ）村から西本願寺に移り、2年3カ月間駐屯した。（以下略）

（『産経新聞』2014年9月3日付大阪朝刊）

注意深い読者はこの記事にある本願寺のことを、一瞬「東」のことかと思ったかもしれない。なぜなら新撰組は幕府側の組織であり、屯所として選ぶならば幕府に好意的な「東」を選ぶと誰もが思うからだ。しかし土方が選んだのは「西」であって「東」では無い。ではなぜ、土方は「西」を屯所としたのか。それは「西」が長州人や勤皇浪士をかくまっているという情報が入っていたからである。実際、禁門の変で敗れ朝敵とされ京都藩邸という拠点を失った長州藩では、在京都大使とも言うべき桂小五郎（木戸孝允）も物乞いに変装して潜伏しなければいけなかった時期があった。そんな時も「西」は決して長州人を見捨てずかばい続けた。この背景には皮肉なことに家康が毛利家を封じ込めた長門《ながと》・周防両国が戦国以来門徒の多いところで、しかも「西」の教区であったということもある。当然、「西」に属する門徒たちは「東」を作った家康に反感を持ったはずだ。確かな数字はわからないが、この地方出身の僧侶が「西」には大勢いたに違いない。通常、仏僧は出家すると俗世の縁から離れるのだが、本願寺は妻帯を認める宗派である、地縁、血縁は他宗の比ではない。業を煮やした土方は新撰組の屯所を無理矢理「西」に移転することによって、にらみをきかせようとしたものらしい。

ところが「西」もさるもの、決してボロを出さなかった。新撰組をわざと暑くて狭いところに押し込めたのかもしれない。とにかく長州人にとって「西」は命の恩人になったということだ。

そこで明治維新になっても長州藩と「西」の蜜月関係は続いた。ここで再び廃仏毀釈のことを思い出して欲しい。維新勢力の二本柱とも言うべき薩摩藩の地元鹿児島県では廃仏毀釈の嵐の中で仏教勢力は完全に駆逐され、藩主の菩提寺ですら破壊された。しかし長州藩の地元山口でも萩《はぎ》でも、それほどの破壊が行なわれたという話は聞かない。

なぜ薩摩と長州にこれだけの温度差があるのかと言えば、長州には本願寺とくに「西」に感じていた恩義あるいは親近感がその根底にあるからだ。「西」とは宗派が違うが、同じ仏僧であった鴻雪爪も木戸孝允とはきわめて親しい関係であった。長州は仏教界に大きく関わっており、廃仏毀釈の実施、あるいは本章のテーマでもある「宗教の整備」においても、「神道派」の薩摩と「仏教派」の長州の厳しい対立が底流にあったのである。

明治五年（１８７２）、明治維新が天皇の名をもって断行され神仏分離令も出たことに力を得た神道勢力は、政府を動かして大教院《だいきょういん》を設置させた。「神主仏従」の形で「内教」

を整備するためである。

ところが、「神祇（じんぎ）不拝を伝統とする真宗西本願寺教団からは強い不満が出て、東京の大教院および地方中教院での神仏合同布教に反対した。結局、この真宗教団の主張は政府においても認めるところとなり、75年5月大教院は解散された」（『世界大百科事典』平凡社）という結果に終わっている。

廃仏毀釈の嵐が吹き荒れ仏教各派は神道勢力の鼻息を窺《うかが》っているという状況の中、なぜ「真宗西本願寺教団」が政府の方針を撤回させることができたのか？　理由はもうおわかりだろう。

■「敵」であるキリスト教を研究し「親近感」すら抱いた僧・島地黙雷

ここで注目すべきキーマンは、島地黙雷《しまじもくらい》（1838〜1911）であろう。勤皇僧であった月性と同じ周防国の出身の浄土真宗本願寺派（いわゆる西本願寺）の僧であり、長州藩出身の志士たちとはきわめて親しかったから、月性の後継者と言ってもいいだろう。年齢は黙雷のほうが二十一歳年下である。後に盟友とも言える関係となる長州の木戸孝允は五歳年上、高杉晋作よりは一歳年上である。その高杉が下関戦争で欧米列強に惨敗した武士階級の不甲斐無さに怒り市民軍とも言うべき奇兵隊を結成した時、その趣旨に賛同して黙雷は僧侶中心の部隊「金剛隊」を結成し戦闘に参加した。

同じく木戸の盟友であった鴻雪爪が目指していたと思われる「僧兵の復活」、そして「戦士だが家に帰ればよき父で夫」という戦国の一向宗の姿を、黙雷は幕末にすでに実現していたのである。高杉の死後、天成の調整家である木戸が自分の「宗教の整備における代理人」に黙雷を選んだのも、「あの男は単なる口舌《こうぜつ》の徒では無い。ともに戦った同志だ」という思いがあったからに違いない。そして、この下関戦争は欧米列強との戦いであり、それはとりもなおさず「キリスト教徒白人」との戦いであったことを、現代人の我々は見逃しがちだ。しかし、前にも述べたようにイギリスが清に仕掛けたアヘン戦争はまさに「ヤクザのやりくち」であった。そんな無法国家がキリスト教という「邪教」によって団結し東洋の植民地支配を進めている。それが日本人の共通認識であった。

これは朱子学による異文化蔑視のもたらす偏見とは言えまい。キリスト教が邪教（黙雷は妖教と呼んでいた）であるという決めつけはともかく、「右の頰をぶたれたら左の頰を差し出せ」（『新約聖書』マタイ伝）などという教えを受けたはずのイギリス人が東洋に対して行なっていることは、「先手を打って右も左も急所も殴り徹底的にぶちのめす」というやり方であった。これはまったくの事実である。この時代になるとキリスト教の内容も断片的ながら日本に伝わっていたが、彼らが東洋に対して行なっている蛮行から類推すれば、キリスト教はこのような蛮行を奨励するとんでもない邪教（妖教）ということになる。とくに彼らと実際に戦い（おそらくは）同志を殺された黙雷は、そう痛感したはずだ。そこで本質的には宗教人である黙雷は何とかこの「妖教の浸潤」を防がねばならないと考えた。しかし、日本が開国政策に転じた以上これまでのように「キリスト教禁教令」を出して「防御」するわけにはいかない。日本の伝統的宗教を強化してキリスト教に対抗するしか無い。ここのところ鴻雪爪の提唱した「内教の強化」に似ているが、決定的な違いは雪爪の言う内教とは神道および仏教に儒教も含みどちらかと言えば「神主仏従」であるのに対し、黙雷はそれを仏教しかも真宗を中心とした「仏主神従」いや「真主神従」にすべきと考えていたことだ。

黙雷は欧米列強との実戦経験がある。すなわち「日本刀で攘夷（外国排撃）ができる」などと考えるような夢想家つまり「朱子学バカ」では無い。むしろ、その反対で徹底的なリアリストであり、中国に範を求めるなら朱子ではなく孫子《そんし》を選ぶだろう。その孫子に「敵を知り己を知らば百戦危うからず」とある。戦いに勝つためには敵をじゅうぶんに知らねばならぬ。

そのために黙雷が選んだのは、明治初頭に西洋先進国を歴訪した岩倉使節団の一員となり、欧米で宗教の実態調査をすることだった。正確に言えば当初から岩倉使節団に参加同行したのでは無く、後を追う形で渡欧した。資金は西本願寺が負担したのだが、途中岩倉使節団の福地源一郎《ふくちげんいちろう》が特命を受け少数でオスマン帝国の内情を探りに行った時には、正式に同行している。長州代表の木戸孝允の意向あってのことだろうが、黙雷はキリスト教だけで無くユダヤ教やイスラム教まで現地で学んだ。キリスト教の分野では西方のカトリックと東方のギリシャ正教との違いにも注目しているほどだ。「大宗教の東西分裂」ということなら本願寺も同じであり、黙雷にとっては他人事では無かったのだろう。

また黙雷はヨーロッパから中東のエルサレムにも行った。日本人として初めての訪問だったかもしれない。さらに帰途インドにも渡り仏跡巡りもしている。そのあたりのことは彼が著わした旅行記『航西日策』に詳しい。

『航西日策』をざっと見てみて印象的なのは、僧侶であるにもかかわらず黙雷にとって仏跡巡りはそれほど重要なことでは無く、むしろキリスト教研究が主眼であったということだ。インドの仏跡とは実在の人物ゴータマ・シッダッタ（釈迦如来《しゃかにょらい》）の足跡の地であり、釈迦では無く阿弥陀如来を唯一の仏として「選択」した黙雷にとっては、さほど重要では無かったかもしれない。

しかし、それ以上に黙雷がキリスト教にのめり込んだのは、岩倉や木戸も驚愕した西洋文明を生み出したのは他ならぬキリスト教であり、妖教などでは無い大宗教だという発見があったからだろう。
それはかりで無く黙雷はどうやら「敵」であるはずのキリスト教に「親近感」すら抱いたらしい。それは次のようなことである。

黙雷は、キリスト教の歴史を、現在へと進化してきたものとして把握した。ミトロジー（神話。黙雷は古神教《こしんきょう》などと訳している）からカトリック（旧教）、そしてプロテスタント（新教）という進化をたどり、進化の頂点に立つ新教が、キリスト教として最高の地位にあるという理解である。そして彼はこの図式を日本にも適応する。ミトロジーに神道、旧教に真宗以外の仏教諸宗派、そして新教に真宗をあてて、真宗は、卜占《ぼくせん》や祈《き》禱《とう》を禁じる点、肉食妻帯を認める点、そしてなにより阿弥陀仏《あみだぶつ》へ一元的に帰依《きえ》する点で、「本邦《ほんぽう》の新教」であるという。「日本宗教史」において進化の頂点に立つのは真宗だというのである。

（『島地黙雷　「政教分離」をもたらした僧侶』山口輝臣著　山川出版社刊）

つまり「真宗のほか、日本に宗教らしいものはない。一神教《いっしんきょう》でなければ世界でものはいえず、そして幸いなことに、真宗は一仏である」（引用前掲書）というのが、キリスト教を徹底的に分析研究した黙雷のとりあえずの結論であった。

しかし、この結論には大きな問題点というか落とし穴があった。それはこの本の著者である山口輝臣九州大学大学院准教授（当時）も指摘していることだが、この結論では真宗とともにキリスト教も優れた宗教ということになってしまう。キリスト教を排撃するのが目的なのに、これではその排撃を正当化するのは難しくなる。実際、後のことだが黙雷はこの件でとんでもない「しっぺ返し」を受けた。黙雷には九人の子供がいた（3人は夭折）が、次男の雷夢が何とキリスト教に改宗してしまったのだ。

その理由は雷夢の内心の問題だから今に至るまで不明だが、父親のキリスト教研究の結論である真宗と新教の類似性の指摘が、息子のキリスト教への親近感を生み出したことは間違いないだろう。しかし、その「親近感」はもとはと言えば父黙雷がキリスト教に強烈な敵愾心を持っていたから生まれたものだ。だからしっぺ返しなのである。

■「真宗こそ日本の宗教界の頂点に立つべき宗教である」という深意

宗教人としての黙雷の課題は、真宗と新教の類似性の発見などでは無く、仏教とくに真宗がキリスト教より優れているという「証明」をすることだったが、彼にはその時間も余裕も無かった。この点は次世代への課題として申し送られることになった。そのことについてはいずれ触れることになるだろう。

そこで、黙雷がとりあえず目指したのは何と「政教分離」「信教の自由」という、近代社会に欠かせない理念による体制の確立であった。黙雷がそれを目指したのは一見不思議に見えるかもしれないが、真宗絶対主義とも言うべき彼の立場に立ちその視点で見ると理解できる。

まずライバルである神道に絶対的優位を与えないためだ。国家主導の「宗教の整理」を容認すると、どうしても天皇家と結びついた「神主仏従」の形になってしまう。現に神仏儒の三教融合のスローガンのもとに造られた国家組織「大教院」では、芝の増上寺《ぞうじょうじ》境内に置かれた礼拝施設も『古事記』に出てくる天地創造の神「造化三神《ぞうかさんしん》（天之御中主神《あめのみなかぬしのかみ》、高御産巣日神《たかみむすひのかみ》、神産巣日神《かみむすひのかみ》）」に皇室の祖先神である天照大神を合祀したものであり、次のような根本的なルール「三條教憲」を発布した。

第一條、敬神愛国ノ旨ヲ体スヘキ事
第二條、天理人道ヲ明ニスヘキ事
第三條、皇上ヲ奉戴シ朝旨ヲ遵守セシムヘキ事これはあきらかに「神主仏従」で「仏」という言葉はどこにも無い。そこで黙雷の主導で多数の信徒を抱える東・西本願寺がここから離脱した。このため大教院は廃止に追い込まれた。黙雷は真宗こそ日本の宗教界の頂点に立つべきもっとも優れた宗教であるから、国家の統制さえ受けず自由競争の状態であるならば必ず勝てると踏んだのだろう。これはキリスト教についても同じこと。時代に逆行するキリスト教禁教令など必要は無く、むしろ時代に適合した政教分離（＝信教の自由）という「同じ土俵」で戦うべきなのである。それで勝てるし勝てばよいのだから。その戦略は「次男の裏切り」という想定外の大誤算も生んだが、全体的には成功であった。日本がキリスト教に染まってしまうという事態は何とか避けられたからである。

これは私独自の見解だが、黙雷はそもそもそれほど危機感を抱く必要は無かったと思う。本来キリスト教の儀礼であるクリスマスなどがこれだけ「日本の祭り」として取り込まれている現在でも、日本のキリスト教徒は全人口の約一パーセントである（文化庁『宗教統計調査結果』）。日本人の何でも取り入れる「多神教的体質」と純然たる一神教はそもそも水と油で、キリスト教の一神教から来る独善的で排他的な傾向は日本人の精神と根本的に相容れないのだ。真宗だって「一神教」ではないかという疑問が浮かぶかもしれないが、真宗とキリスト教の決定的違いは、十字軍を認めたキリスト教と違って本来の真宗は反対者の撲滅を許さない、というところにある。こうした「マイルド」さが真宗が日本人に受け入れられた理由だろう。

また注目すべきは黙雷が「敵に学び」様々な新事業を始めたことである。他の仏教宗派は、先述のように肉食妻帯を認めるかどうかで逡巡していたが、すでに鎌倉時代に宗祖親鸞が妻帯に踏み切っている真宗は文字どおり一歩も二歩も先を行っていた。仏前結婚式やミッションスクールをモデルにした仏教系女子校など、黙雷がキリスト教国家で行なわれていた儀式やシステムを仏教式に改変して大々的に日本に取り入れたものである。

しかし、ここで黙雷もあえて言及を避けていたと思われる重大な問題点について触れておこう。西洋のキリスト教と真宗の大きな違いである。それはキリスト教国においては国王や元首がその信者であるのに、日本においては天皇は真宗の信者では無いということである。この決定的な違いをいかにして克服すべきか。それは神道を他の宗教とは別物の「天皇家の祭儀あるいは儀礼」としてしまうことである。そうすれば神道と真宗が「同じ土俵」で相争うというもっとも憂慮すべき事態も回避することができる。

そうした運動を進めていた仏教勢力に対し、それを傘下に置こうとするなら一致団結せねばならぬ神道勢力に大きな内紛が起こった。それまで「造化三神プラス天照大神（皇祖神）」の四柱を祀るのが明治政府の神道祭祀だったが、これに対し「幽界の支配者」である大国主命《おおくにぬしのみこと》を合祀し五柱とすべきだという声が「出雲派」の神官たちから上がったのである。

これを祭神《さいじん》論争という。

祭神論争とは、明治十二年（1879）、当時国家機関である神道事務局の神殿に『古事記』に登場する「天地創造の神」とも言うべき造化三神（天之御中主神、高御産巣日神、神産巣日神）に皇室の祖先神である天照大神を加えた合計「四柱」の神が祀られていたことについて、当時出雲大社の宮司であった千家尊福《せんげたかとみ》が「大国主命」も合祀すべきだと主張。それに対し賛否両論の声が挙がり、神道界を真っ二つに割る大論争に発展したことを指す。

なぜ「出雲派」は大国主命も合祀すべきだと主張したのか。それは「顕界《げんかい》」の支配者である天照大神に対し、あの世である「幽界《ゆうかい》」を支配するのが大国主命だという教えが、日本神道史の中で発達を遂げていたからだ。国学者であった本居宣長は「死後の世界」の存在は確信していたが、そこはケガレに満ち何の救いも無い絶望の世界だった。愛妻に先立たれた国学者で神道家でもあった平田篤胤《ひらたあつたね》は、この「地獄」には耐えられなかったのか、大国主命が「幽界」の支配者で死者はそこへ行って救われると説いた（第17巻『江戸成熟編』参照）。このあたりから大国主命に新しい神格が加わり、出雲系の神社の神官たちは熱烈に支持するようになった。当然、教えは日本中に広まった。千家宮司が大国主命の合祀を熱烈に主張したのはそういった背景があった。

ところが、この論争に出雲派は敗れる。

伊勢神宮（祭神は当然、天照大神）を中心に団結した「伊勢派」が合祀を断固拒否したからである。

伊勢派はなぜ拒否したのか？　基本的には大国主命を幽界の神とする信仰が、伊勢派の反対を押し切るだけの力を持っていなかったことがある。しかし私が考えるに、何より大きいのは天照大神はそもそももっとも「ケガレ無き」状態から生まれた神であり、そのもっとも清浄な神に、幽界（死後の世界）のケガレにまみれた神を近づけることは許されない、と伊勢派が考えたからではないか。じつはそういうことを書き残した史料は、私の知る限り存在しないのだが、日本の文化に連綿として受け継がれてきた「ケガレ忌避」の伝統が、この時も守られたと私は解釈している。

もし、この時神道勢力が「天皇を現人神とする国家神道」をぜひとも立ち上げたいと考えたのなら、この件については伊勢派は出雲派に妥協すべきであったと考える。なぜならば、これから帝国建設のために多数の戦死者（犠牲者）を出すことになるであろう大日本帝国が、国家として死者を祀る「祭祀権」をいったんは放棄してしまったということだからである。

これは仏教の息の根を止めたかった人々にとってもマイナスであった。薩摩人はそう考え葬儀も神式で行なうようになり、国家の葬祭儀礼も神道式に統一しようと考えていたのだが、この結果真宗と連携した長州人を利することになり、仏教は相変わらず「葬祭」つまり「ケガレ部門」を担当するという形で生き残ったからである。もちろん、その陰にはそうした形での生き残りを目指した島地黙雷など真宗関係者の政治工作があったことも間違い無い。

■日本文化の根幹にかかわる大事件「洞村強制移転」の歪められた「横暴」

さて、この編を締めくくるにあたって、ぜひ紹介しておきたい歴史上の事件がある。時系列的には現在扱っている明治前半では無く、明治後半から大正初期にかけての話だから歴史的にはかなり先走ることになるのだが、第三章のテーマである「宗教の整備」のみならず日本文化の根幹にもかかわる重大な事件であった、と私は考えている。

それは「洞村《ほうらむら》の強制移転」という事件である。

これは被差別部落史の研究者、いわゆる天皇制廃止論者にとってはよく知られている事件と言っていいが、一般には知名度は低いと言っていいだろう。大日本帝国が天皇の神聖化を進める過程で、天皇家初代とされる神武天皇陵と礼拝施設である橿原《かしはら》神宮の整備・建立を進めていた政府が、その神域を「見下ろす位置」にあった奈良県の被差別部落の洞村を「ケガレた民」がそんな場所に住んでいるのはけしからんと、近くの狭くて不便な土地に強制移転させたと伝えられた事件である。

昭和二十年（１９４５）、敗戦によって大日本帝国が崩壊すると、天皇制を批判していた人々は待ってましたとばかりに、この事件を天皇制横暴の象徴として取り上げた。とくに昭和四十三年（１９６８）に部落問題研究所の鈴木良所長（当時）が雑誌『部落』に発表した論文「天皇制と部落差別」以後、この「横暴」は通説となった。ところが、このような主張に対し真っ向から異を唱えたのが、ほかならぬ洞村出身の辻本正教・部落解放同盟奈良県連合会執行委員（当時）だった。どうして辻本がそう思うようになったのか、そのきっかけが興味深い。かつて辻本は、鈴木説を「まるでテープレコーダーでもあるかのように」繰り返し、現地で説明にあたっていた。

「この道、ほんとうに狭いでしょう。消防車も通らないんです。家と家の間にも隙間がないでしょう。三万坪あった洞村を、わずか六千坪の所に閉じ込めるために、こうしたんですよ」。（中略）そんなある日のこと、どこの誰であったかは記憶していないが、ある人物が独り言のように、こう言った。「この道は、当時としてはたいへん広いですね。

当時は、大八車が通れば、それでよかったんですから……」。私の心の中に戦慄が走った。考えてみればその通りであり、それまでの確信は音を立てて崩れる他なかった。

（『洞村の強制移転　天皇制と部落差別』辻本正教著　解放出版社刊）

辻本はその後何をしたか？　まずは基本的なデータつまり数字の確認である。調べたところ移転地は約一万坪であったことがわかった。狭い土地に移転させられたことは事実だが、それは「五分の一」では無く「三分の一」であった。つまり鈴木説は「横暴」を印象づけるために数字の操作を行なっていたのである。ならば、他の部分も信頼がおけないとして徹底的に調査したところ、詳しくは前掲書を見ていただきたいが、結論だけ言えば洞村の住民は政府に協力し粛々と移転に応じたというのが歴史的事実だった。

だからと言って辻本は天皇制が横暴で無かったとか、洞村の人々は何の被害も受けなかったと主張しているわけでは無い。むしろその逆かもしれない。しかし歴史的事実は鈴木説とは違っていたことを綿密に証明したのである。これが歴史家として、同時にジャーナリストとしての正しい態度でもある。

当たり前の話なのだが、人間はどんな主義・主張を持っていようと自由である。しかしその主張に沿うように事実を歪めてはならない。こんなことは、残念だが欧米先進国ではわざわざ言うまでも無いことである。しかし、日本では一流とされる学者、評論家、作家、ジャーナリストあるいは新聞社、出版社などマスコミ機関で、そのもっとも基本的なルールがまったくわかっていないとしか思えない人々が大勢いるので、私は本書を書き始めるにあたって、まず「近現代史を歪める人々」から始めねばならなかった。逆に言えば辻本のような姿勢を取る人は、たとえ自分とまったく主義主張が違っても尊敬できる。

ちなみに私は神道に基づく「ケガレ忌避」が部落差別の根源にあると言う見解の持ち主だから、この点では辻本とまったく同意見である。むしろ辻本のほうが先輩だ。しかし、「天皇制」という表現はともかく、天皇が日本文化の核であるということを尊重する立場であるところが、辻本と異なるところかもしれない。

この『逆説の日本史』を通じて述べたように、もともと日本は肉食つまり血を流すことを厭わない、狩猟文化の徒である縄文人が先住民であったが、後から征服民として血を流さない農耕文化の担い手である弥生人がやってきた。だからどうしても征服者である弥生文化のほうが優位に立ち、縄文文化は蔑視される傾向がある。

これが日本文化全体の一つの大きな欠点であることは、事実は事実として認めなければいけないと思う。

そう認識していたはずの私が、ここ数年で初めて気がついたことがある。それは、この洞村からもそれほど遠くない、部落解放同盟の出発点とも言える全国水平社《すいへいしゃ》（被差別部落解放を目的とした全国組織、1922年結成）の発祥の地を記念した水平社博物館（奈良県御所《ごせ》市）を訪ねた時のことである。

そこに膠《にかわ》の製造工程の展示があった。膠とは「獣や魚の皮・骨などを水で煮沸し、その溶液からコラーゲンやゼラチンなどを抽出し、濃縮・冷却し凝固させたもの。接着剤・写真乳剤・染色などに用いる」（『デジタル大辞泉』）ものである。このあたりの被差別部落（当然、洞村も含まれる）は牛馬の皮を扱う関係上、膠の材料の供給源でもあり一大産地でもあった。膠は動物の死体に触れる工程を必要とするから、膠製造は日本においてはケガレ仕事であり、近代以前は部落民でなければ絶対に作ることができなかった。

ところで、この膠、近代以前は何に用いられたかご存じだろうか？　前出の辞書にも無い（つまり日本人の常識に無い）用途がある。それは墨（炭で作られた固形インク）の材料なのである。前掲の辞書にも「墨」の項目には「油煙や松煙（しょうえん）を膠（にかわ）で練り固めたもの。また、それを水とともに硯（すずり）ですりおろしてつくった黒色の液。書画を書くのに用いる」とある。千数百年前、中国からその製法が伝えられ、我々の祖先も二千年近くにわたって使っている墨は炭（燃料）を燃やしたときにできる煤を膠で固めたものなのである。この製法は古代から現在に至るまで一貫して変わらない。

被差別部落民がいなければ膠の生産ができなかったように、墨が無ければ日本文化はあり得なかった。『万葉集』も『源氏物語』も『古事記』も『日本書紀』も、いや雪舟《せっしゅう》や長谷川等伯《はせがわとうはく》の絵も基本的に墨で書(描)かれていた。つまり、この被差別部落民の貢献が無ければ日本文化は成立し得なかった。それはおわかりだろう。これは鈴木説的誇張でも歪曲でも無く、歴史的事実である。だが、日本人はその功績をまるで評価してこなかったそれも歴史的事実なのである。ちなみに劇場用映画のフィルムも膠が原料だった。日本のフィルムは欧米の技術を学んだメーカーによって作られたが、その原材料である膠の製造技術を蓄積してメーカーに譲渡したのは被差別部落民なのである。

彼らの功績はまだある。「墨」についての文化的貢献よりははるかに小さいことかもしれないが、弥生文化全盛で「肉食」という習慣が定着していなかった日本に、「文明開化」以後すみやかに牛肉や豚肉をどこでも食べられるようにしたのは、肉を扱い慣れていた彼らの功績である。だからこそ牛鍋やトンカツが日本料理の新たな分野として直ちに成立したのである。

アメリカ合衆国における黒人差別撤廃に生涯を捧げ、最後は反対者の凶弾に倒れたマーチン・ルーサー・キング牧師は、有名な演説で「私には夢がある」と言った。その夢とは、要するに合衆国の独立宣言にあるように、人が人として完全に平等になる日が来るということなのだが、私にも夢がある。

被差別部落民の日本文化に対する多大な貢献はあきらかであり、しかもそれは評価されてこなかったのだから、私は日本文化の頂点に立つ天皇にこの功績を評価していただきたいと思っている。

そのためにも、できれば水平社博物館あるいは洞村の移転の実態を記録保存している「おくぼまちづくり館」（奈良県橿原市）をぜひとも訪問していただきたいと考えている。

あとがき

井沢元彦

この巻は現代のマスコミ批判から始まっている。第一章だけ取り出せば、そのままマスコミ論の本になるだろう。しかし、あえて「日本史」の一環として取り上げたのは、私が常々言っているように、この世には「今日の新聞記事が明日の歴史になる」という「法則」が存在するので、マスコミ報道のやり方を検証しておくことは結果において日本史の分析に役立つからだ。

そして、本文中に何度も触れたように日本のマスコミのレベルは「欧米先進国」にくらべてきわめて低い。かつて「北朝鮮は素晴らしい国家だ」「拉致などやるはずがない」「ミサイルの実験では無く人工衛星だ」などと叫んでいた連中が、いまだにオピニオンリーダーとしてマスコミを牛耳《ぎゅうじ》っているのがその証拠だが、それは日本史の研究部門でも同様だということを理解していただければ今後は、より的確な日本史の理解に役立つだろう。

こういう人々は、あるいはこういう組織は、私や『逆説の日本史』の存在を無視してきた。無視すればそのうち消えて無くなるだろう、と思ったのだろう。そうはいかない。最後に勝つのは、真実を唱える者である。

ちなみに、韓国は左翼マスコミの天下でデタラメの歴史を子供たちに教え続けてきた。その偏向教育の最大の成果が、文在寅《ムンジェイン》政権の誕生だ。だからこそ彼らは、「反日」を絶対の正義として国民や国家をコントロールしてきた。しかし、最近韓国のなかでも良心的な歴史学者たちが、偏向教育の修正を求めるようになってきた。その画期的な成果が、本文中でも紹介した李栄薫《イヨンフン》ソウル大学元教授のグループが世に出した『反日種族主義』が、韓国でベストセラーになったことだろう。このような本はほんの十年前なら社会から抹殺され、著者は刑事罰の対象となっていたに違い無い。まだまだ少数派だが、韓国にも予断や偏見にとらわれず歴史の真実を見直そうという「当たり前」の態度が育ってきたというのは喜ばしい限りだ。時代は確かに変わりつつある。

しかし、日本にはまだまだこうした良識的な人々を応援するどころか、足を引っ張ろうとしている人々がいるのは、日本にとっても韓国にとってもきわめて不幸な事態である。こういう勢力は、とにかく韓国を批判する人間に「嫌韓」などというレッテルを貼る。たしかに、いわゆる「ヘイトスピーチ」の徒は嫌韓以外の何ものでも無いだろうが、批判とはそもそも建設的なものであり、相手に反省し改善してほしいからするものである。これとはまったく違うものが幇間《たいこもち》的な迎合だ。これも本文で紹介したように、日本を代表するはずの大新聞の主筆がやっていたのだから、何をか言わんやである。

ところで、報道の自由という点ではさまざまな問題がある韓国に、先ごろ世界のマスコミの代表でもあるニューヨークタイムズが、香港《ホンコン》からデジタルニュース部門の拠点を移した。中国が支配を強めた香港にいられないのは当然だが、その代わりに彼らが選んだのは東京では無く、ソウルだった。これも日本のほとんどのマスコミは報道しなかったが、世界では日本のマスコミのレベルが低く、自由な報道が阻害されているという判断があったからなのである。

二〇二〇年八月三十日記す

本書のプロフィール

本書は、二〇一七年十月に小学館より刊行された単行本『逆説の日本史23明治揺籃編』(『週刊ポスト』二〇一六年七月一日号~二〇一七年九月二十二日号連載の同名シリーズを収録)を文庫化したものです。

小学館文庫

逆説《ぎゃくせつ》の日本史《にほんし》㉓明治揺籃編《めいじようらんへん》

著者 井沢元彦《いざわもとひこ》

二〇二〇年十月十一日 初版第一刷発行

発行人 鈴木崇司
発行所 株式会社 小学館
〒一〇一-八〇〇一
東京都千代田区一ツ橋二-三-一
電話 編集〇三-三二三〇-五九五一
販売〇三-五二八一-三五五五
印刷所――凸版印刷株式会社

ISBN978-4-09-406827-6